JN168126

アガンベンの名を借りて

高桑和巳
Kazumi Takakuwa

青弓社

アガンベンの名を借りて　目次

バートルビーの謎（二〇〇五年） 122

マーティン・ルーサー・キング・ジュニアの時間（二〇〇六年） 164

剝き出しの生と欲望する機械　ドゥルーズを通して見るアガンベン（二〇〇八年） 191

フーコーとアガンベン　奇妙な文献学者の系譜（二〇〇八年） 221

カバー写真——Oleg Tcherny, *La proiezione è cominciata*（2006）

装丁——神田昇和

はじめに

本書は、私が二〇〇〇年から一五年まで、イタリアの現代哲学者ジョルジョ・アガンベンの思想について、あるいは彼の思想から出発して、さらに言えば彼の思想を口実にして、さまざまな機会に書いたり話したりしたものを寄せ集めたものです。

比較的長い九つのテクストを発表順に並べています。それらに、多少なりとも関連すると見なせる短いテクストがあるばあいは、それぞれの直後に置いています（こちらは発表順にしたがっていません）。

本書への収録にあたっては、主として本全体の統一性を確保するために、また発表時の文脈にある程度までは依存せずに読めるものとするために、細かな表記を操作したり、用語を統一したり、引用文の翻訳に手を入れたり、定型的な導入部分や謝辞に相当する末尾を削除したりしています。また、文献参照も網羅的に更新しています（本文発表当時には存在していなかった版なども参照しているので、本文とのあいだに表面的なアナクロニズムが生じているばあいもあります）。しかし、基本的な議論の流れには変更を加えていません。

さまざまな機会にそのつど準備されたものをそのまま集成しているため、本書には似たような説明が何度も現れます。とりわけ、アガンベンの思想の根幹についての記述はそうです。この冗長さについてはあらかじめお赦しをいただきたいと思います。

論文、書評、発表、授業、解題、後書き、コメント、スピーチといった雑多なものを一冊にまとめることに抵抗を覚えなかったわけではありません。十五年あまりにおよぶ散らかった仕事をとりあえずそのまま本にすることなど、一つの区切りをつけることができるといういわば自己満足の営みにすぎないのではないかとも考えました。

これまで、研究を進めるうえで主たる目標や専門分野を具体的にもたないこと——さらには、バカげて見えるような、誰も考えないようなテーマ設定をそのつど構想すること——をあえて自分に課してきたため、アガンベンという一人の哲学者の思想をめぐるテクストだけを寄せ集めたとしてさえ、一つの論点をめぐる筋の通った大部一巻の本が成立するはずもないということはあらかじめわかっていました。

たとえばの話、アガンベンと藤子・F・不二雄、アガンベンとキング牧師、アガンベンと新安保法制といえば、そのそれぞれには（ばあいによってはかなり無理強いされたものではあるとはいえ）何らかの関係を見て取ることができるでしょう。少なくとも、私の目にはそのように映っています。しかし、藤子とキングと新安保法制のあいだにどのような関係を見て取ることができるというのでしょうか？

しかし、その雑多さこそが逆に、本書の価値となりうる何かを担保してくれる唯一のものなのかもしれません。なるほど本書は、それもとりわけいくつかの解説的なテクストは、ある程度までは一種の「アガンベン入門」であるかのように読むこともできるでしょう。みなさんが本書をそのように使ってくださることがあれば私はもちろん嬉しく思います。しかし、正直に申して、本書が目指す第一のねらいはそこにはありません。

むしろ、私がそのつど身をもって示すことを夢見ていたのは、人が考えるきっかけはいたるところに転がっているし、そのように考えるにあたってアガンベンの著作が光をもたらしてくれることもある、ということでした。だとすれば、この機会に、彼の名を借りて雑多な思いつきを一つにまとめておくことにも意味はあるだろう、と思ったのです。

「ああ、こんなに自由に、雑然と考えていいのか！」と思っていただければ、そして次はご自分で考えはじめていただければ、それ以上に私の望むものはありません。みなさんはきっと、私よりもはるかにうまく、はるかに面白く考えることができるはずです。

「収容所時代」の生政治を問う
ジョルジョ・アガンベンの政治哲学（二〇〇〇年）

1　一九九〇年、『到来する共同体』。その背景について

ジョルジョ・アガンベンは『ホモ・サケル』（一九九五年）の「序」の最後に「本書は当初、地球規模の新秩序の血まみれの韜晦に対する回答として構想された［……］」と書いている。「新秩序」とは、共産主義を標榜する体制が崩壊したことと、それに続いて議会制資本主義が地球規模で受け容れられたこと、その国際的態勢において強者の論理が有効な批判を見ることなく展開したことを指す。

思考においてこの状況を肯定する身振りを見せたものとして記憶されているのは、フランシス・フクヤマの『歴史の終わり』（一九九二年）だろう。フクヤマは、アレクサンドル・コジェーヴの『ヘーゲル読解入門』の第二版（一九六八年）の「歴史の終わり」に関する議論を流用し、この資本

主義のなしくずし的な勝利を「歴史の終わり」の「福音」として讃えている。体制の追認である以上、これにかぎらずこの種の言説は、実際に解決されずに残っている問題を思考しないことを望む人々によって全般化的な力をもって受け容れられた。

この全般化的な傾向に対して、体制としての共産主義をけっして擁護せずに批判的な視点をもち続けることは、必要でもあり困難でもある作業だ。だがこの作業を思考の場において追求することが、幾人かの文筆家によってなされた。それは、別のしかたで共産主義的であることの追求ではなくて（その種の主張はつねに見られたが、そのつど裏切られることを運命づけられ、また、裏切られることによって自らの立場を確認するという逆説的な傾向をもつことが多かった）、別のしかたで何らかの共同体を思考することの追求という形を取った（この追求は「冷たい戦争」が終わるよりも前からおこなわれていたが、じつのところその後にはっきりとした形をとって現れ、読まれた）。

ジャン＝リュック・ナンシー。ストラスブール大学教授。彼の『無為の共同体』（一九八三年）はすでに日本語圏でも翻訳によって知られているが、その後の翻訳紹介が円滑に行かなかったため、残念ながら彼の政治的思考についての理解が進んでいるとは言えない。彼の政治的思考は、『無為の共同体』にわずかに先行する『声の分有』（一九八二年）で基礎的な姿勢が与えられており、雑駁に言えばこの姿勢にしたがってその後のすべてが展開していると言える。

マルティン・ハイデガーの「共存在」の構想を意味の地平として再定義し、あらゆる形容を非必然的なものとする「共同体」を構想する、という彼の姿勢は、しばしば「否定神学」に連なるものとして批判されることがあるが、新たな政治に身を置きうるものが主体化を経る前に（あるいはそのときに）意味の地平に同時に創設される（それが「世界」だ）という構想は、政治の条件の規定としては妥当性を欠くものではないだろう。

ナンシーのばあい、どの本から出発してもいくつかの重要な構想に同様にたどりつくことができるが、ここではとりあえず『哲学の忘却』（一九九〇年）、『世界の意味』（一九九三年）、『複数的な特異存在』（一九九六年）などの名を挙げておこう。何らの使命（民族、労働、経済……）によっても規定されることのない人間がいかにして政治的でありうるのか（同一性をもたない大衆がいかに政治的意識をもつことができるか）を思考するうえで、彼の本は措くべからざる重要性を依然としてもっている。

（否定神学について一言だけ付け加えておく。それは「……でもなく……でもなく」という定式化に存するとされ、ゆえに肯定的な立場表明から逃れるという非難がしばしばなされるが、じつのところ否定神学において（あるいはその最良のものの目指すところにおいて）問題となっているのは、否定の連鎖それ自体ではなく、それらの否定において言われていないもの自体（それを通じておのずと言われているもの自体）であり、それは言語活動の措定作用を基礎づけている何ものかに他ならない。それはつまり、共有されているものとしての言語活動自体のことだ。否定神学の神は言語活動が存在することの暫定的なしるしに他ならない。）

ジャック・デリダ。パリ在の社会科学高等研究院教授だったが、退官した（二〇〇〇年現在、まだ講義は続けている）。彼がいつから「より政治的」になったかとか、いつから「より正義を論ずる」ようになったかとかいう問いはそれ自体としては実効的な意味をもたないが（『ポジシオン』

（一九七二年）においてすでにその種の身振りの肯定を確認することは散漫な読者にとってさえ容易なことだし、たとえばジャン＝ポール・サルトルやチャン・デュク・タオを読んでいたことが無意味であったはずもないが、いまここで問題なのはデリダの思考の伝記的展開を遡行的になぞることではない）、『法の力』（一九九〇年）の読者は、誤読を誘いかねない「脱構築は正義だ」という表明を読んだあたりから、あるいはまた、論文末尾に顔を出すヴァルター・ベンヤミンの「神的暴力」の構想に「最終解決」の暴力に通じる危険を読み取る微妙な解釈を読んだあたりから、その場で何かが今日の政治に直接に関連するものとして（ふたたび）思考されている、ということを理解したかもしれない。

とはいえ、『ルヴュ・フィロゾフィック』誌が同年に刊行し、フランス内外の著名人が論文を寄せた「ジャック・デリダ」特集（四―六月号）を読むかぎりでは、デリダは依然として、「決定不可能性」の「戯れ」の人、「差延」と「脱構築」の人、あるいは端的に『声と現象』（一九六七年）や『グラマトロジーについて』（一九六七年）を書いた人として把握されており（むろんそれらも誤読ではない）、それらを通じて政治や法や正義について第一に問いただす人として姿を見せているわけではない（デリダに師事してヘーゲルに関する博士論文を提出したカトリーヌ・マラブーの論文「暴力の経済、経済の暴力」は、デリダの思考とカール・マルクスの思考の接近を試みている点で例外だ）。

しかし、『マルクスの亡霊たち』（一九九三年）を読めば、冒頭に書いたとおりの思考にデリダが動かされていることは誰の目にも明らかになる。デリダによれば「新秩序」の浮かれた「勝利」は、「共産主義の死」の喪の作業の失敗であるという。親密な人の死を前にして、人はしばしば鬱に似た状態に入るが、その反動で、躁に似た愉快な勝利感に襲われることもある。デリダは、議会制資本主義の「勝利」をこの勝利感になぞらえ、それに対するに、つねに亡霊として戻ってくるマルクス的な批判的「精神」たちを立てている。それは、存在論的な範疇化を逃れ去り、そのつど立ち戻って「新秩序」をおびやかす、存在と不在の合い間にある「精神」である。

存在（制度）へのこの亡霊の住み憑き（抵抗）を再評価する「憑在論」（hantologie）はその後もさまざまな形で展開され（むろんこれは「現前の形而上学」批判にその源泉をもってはいる）、ますます今日性をあらわにしている。ちなみに、一九九九―二〇〇〇年度の講義は、チェーザレ・ディ・ベッカリーア、ヴィクトール・ユゴ、シャルル・ボードレール、フリードリヒ・ニーチェ、モーリス・ブランショ、アルベール・カミュ、ジャン・ジュネなどによる死刑をめぐる言説の分析、あるいは人権宣言（一七八九年の、あるいはまた一九四六年の）の分析をおこなった。

アラン・バディウ。パリ第八大学教授。大著『存在と出来事』（一九八八年）は存在論、集合論、政治、精神分析を総合的に論ずる、狂気じみた難解な試みだが、それに続いた『不明瞭な災厄について』（一九九一年）や『諸条件』（一九九二年）、あるいは一九九八年に同時に出された三冊本（それぞれが存在論、美学、政治を扱う）のうちの一つ『メタ政治の提要』を読めば、政治に対する彼の姿勢をより判明に計り知ることができる。

なかでも『不明瞭な災厄について』は、デリダに『マルクスの亡霊たち』を書かせたのと同じたぐいの動機から、しかもそれと同時期に書かれており、その時期に切迫した危機感が共有されていたことが理解できるという点からも興味深い。政治に関する彼の主張は、正義の思考を必然性から解放すること、政治に関する思考を可能なものとして内的に思考すること、とても定式化することができるだろう。その重要な着想源のひとつに、大学の同僚シルヴァン・ラザリュス（『名の人類学』〔一九九八年〕）の政治的思考があることも付記しておく（エティエンヌ・バリバール、ジャック・ランシエール、フィリップ・ラクー＝ラバルト、アントニオ・ネグリ、パオロ・ヴィルノ、ルネ・シェレールらの名を落とすのは不当だろうが、ここでは詳述は割愛する）。

アガンベンの『到来する共同体』（一九九〇年）は、そのような同時代的な状況において書かれ、読まれた。冒頭に引用した『ホモ・サケル』の明かしている執筆動機を見ればそれは明らかだ（この状況は『到来する共同体』執筆時には凶兆として予感されていただけかもしれないが）。そして、このマニフェストが切り開いた小径に、『ホモ・サケル　主権的権力と剝き出しの生』（一九九五年）、『目的のない手段　政治についての覚え書き』（一九九六年）、「ホモ・サケル」シリーズ第三巻『アウシュヴィッツの残りのもの』（一九九八年）といった仕事が、里程標のように置かれていく。これらについては次いで、これまた大雑把に触れることにしよう。

2　『到来する共同体』から『目的のない手段』、『ホモ・サケル』へ

アガンベンが『到来する共同体』を書く以前に政治的思考について書いていないわけではない。はじめからベンヤミンの徹底した読者であったアガンベンにとって、政治や歴史を問わずに何かを思考することは無意味である以前に不可能だった。とはいえ、「同時代の政治を思考する」という

ことが一冊の本の形であからさまに問われたのは、やはり『到来する共同体』がはじめてのことだったと言える。少なくとも、『到来する共同体』のインパクトとはそのようなものだったし、おそらくは時代の読者がそれをそのような形として必要としてもいた。この本はそのように読まれ、引用され、あるいはほのめかされた。

『到来する共同体』は、先行する『散文のイデア』(一九八五年)などにも見られるような、ある主題を扱ったほんの数ページの短文をいくつも並べるというスタイルで書かれており、ここにおいて、誰もが「使える」わかりやすい範疇の簡潔かつ美しい提示という彼の文体上の身振りが(この身振りは、すでに日本語訳のある『スタンツェ』(一九七七年)にも見て取れるものであり、これのために彼は哲学者、歴史家、文学研究者などといった正統的な立場から除外され、良くも悪くも「オリジナルな文筆家」と見なされる栄誉に浴してきた)、幸福にも、到来する政治のための有用な範疇の提示という切迫した使命と出会うことになった。

たとえば、この小さな書物の冒頭に置かれた「何であれ」(ないし「任意」)という節は、その簡潔さゆえに彼の政治的思考を代表するものとして人口に膾炙することになった同名の概念を提示している(アガンベンの政治的思考イコール「任意の共同体」の思考、というのが、最も雑駁な――とはいえそれほど間違ってもいない――了解だ)。いかなる共同的な使命をも失い、何へと運命づけられているわけでもないことが政治的にも明らかになった人間たち(この時代に生きている私たち)にとっての共同体とはどのようなものか? それにしかじかの形容を与えて規定することはできない。そこでアガンベンは、「任意の共同体」を提示する。ここで「任意」と言われるのは、属性が何であるにせよそれぞれの属性が重要ではない、という意味での「任意」ではなく、あらゆる属性がこれこれの属性であるということがそれ自体でそれぞれに重要であるということを指し示す「任意」である。それぞれの属性は任意のものであるままに、それとしてそれぞれに欲望される（アガンベンはこれを愛の定義としてもいる）。この「任意」さ以外に、私たちの時代の共同体を規定する政治的範疇はありえない（ここにナンシーの「無為の共同体」の反響を聴き取るのは比較的容易であり、じじつ、アガンベンとナンシーはその政治的範疇の構想においてしばしば並置されてきた）。

また別の例。ジャック・デリダは一九九六—九七年度講義で、エマニュエル・レヴィナス読解に寄り添わせるようにして、アラビア学者ルイ・マシニョンを取りあげていた。その痕跡は彼のレヴィナス論『アデュー』（一九九七年）に収録された「受け容れという語」（ないし「歓迎の辞」——これはレヴィナス一周忌のシンポジウム（一九九六年十二月）の基調講演として読まれたが、基本的には講義でのレヴィナス読解を凝縮したもの）に付されたある脚註にかろうじて見られるが、そこからも推察されるとおり、講義での検討の特権的対象となったのは、マシニョンのいう「バダリヤ」だった。ところで、この「バダリヤ」についてはアガンベンがすでに『到来する共同体』で簡潔な評価を与えていた。「ゆとり」と題された節で、共同的であることの特権的な形象として、この「バダリヤ」が取りあげられている。これは、マシニョンが晩年に構想した宗教的共同体の名で、「身代わり」を意味する。その成員（キリスト教徒）は、「誰かの代わり」にキリスト教徒であることを誓約するのだ。自らが受け容れの場であるためには、そもそもの私という主体が誰かの身代わりであるという構想を受け容れればよいのだということこの発想は、後にデリダが明確なしかたで結びつけるとおり、レヴィナスの「他者の代わりの一者」、もしくは「人質」としての「主体」という構想にきわめて近い。そうした、変質を原初的に被った一者こそが、到来する共同体の場として要請される。

こうした範型を展開させる形で、アガンベンはフランスやイタリアの新聞や雑誌に、多少なりとも政治に関連をもつ今日的主題について、さまざまな論文を発表した。『イル・マニフェスト』紙、『リベラシオン』紙、『フュチュール・アンテリウール』誌、『デリーヴェ・アップローディ』誌、『マルカ』誌、『ルオゴ・コムーネ』誌、『アウト・アウト』誌……。そのなかからいくつかを選んで編まれた論集が『目的のない手段』である。

彼はそこで、政治を存在論的地位へと回復させることを主張し、そのために、いくつかの概念（ないし形象）を、従来の了解はどうあれ、政治的思考の肯定的にせよ否定的にせよ指標になるものとして再考している。それは、生、例外状態、強制収容所、人民、人権、難民、隠語、スペクタクル、身振りなどである。

例外状態。アガンベンは正当にも、カール・シュミット（『政治神学』〔一九二二年〕）を引用することから始める。いわく、主権者とは例外状態について決定する者である。ところで、何かを例外にするとはどういうことだろうか？　主権者がそれをおこなうとは、法をなす者が、自らの法の適用をしかじかのものから外すことであるが、じつのところ、その適用からの除外こそがそこでは適用をなす。法の外に置かれる者を生み出すとは、その者を単に自然状態に置くことではない。それは、（動物のような）ありのままの裸の姿にすることではない。さらに剝き出しにすることだ。主権者はその権力をつねに保持しているが、アガンベンはベンヤミン（「歴史概念について」〔一九四〇年）を引いて、今日の不安な状況を浮き彫りにする。いわく、例外状態は規範となった。私たちは潜在的には誰もが例外化される危険にさらされており、しかも、法権利はそのことに対する有効な抵抗を構成することがなくなっている。人権概念の実効的失墜がそれを証している。アガンベンはまた、収容所とは例外状態が規範となった状況のことだと定義している。したがって私たちは潜在的には誰もが、つねにすでに収容所のなかにいるのだ。ここから脱出するためにおこなわなければならないのが、この政治的状況を思考することを可能にする存在論的範疇を構想することなのである。

人民。この概念はつねに分裂を内にはらんできた。政治主体としての人民と、排除される階級としての人民との分裂である。人民主権を要求したブルジョワ革命以来の歴史は、この分裂の矛盾の拡大の歴史だと言うこともできる。政治主体としての人民は、それがどのような性質のものであろうと、排除される人民をさらに排除し、抹消しようとする。人民は、自らのなかで排除されてあるものを、例外状態へと置くのだ。アガンベンは、この分裂を抹消しようとする全般的傾向こそ、今日問いたださなければならない、とする。この視点からすれば、労働によって規定される人民（プロレタリア）が政治主体となる体制も、幾多の人民の残りのもの（ユダヤ人、同性愛者、精神疾患の患者など）を抹消することによって「血と土地」の人民を政治主体とする体制も、同様の帰結を見ることは必然である。現在では、この体制は、それぞれの人の生物学的身体を舞台として内戦を展開している（生政治的な内戦）。この、人民概念の内在的分裂を抹消させるのではなく、そのままに引き受けることのできる政治的思考だけが、今日の悲劇に正面から立ち向かうことを可能にしてくれるというのだ。

アガンベン本人によって「作業中の実験場」と形容されているこの『目的のない手段』――とはいえそれはすでに驚異的な材料と道具を揃え、すばらしい完成見本が手がけられてもいた――と前後して、「ホモ・サケル」シリーズの第一巻『主権的権力と剝き出しの生』が刊行された（ちなみに、それから三年を経て第三巻『アウシュヴィッツの残りのもの』が出されたが、第二巻は二〇〇〇年の時点では未刊だ。第一巻の末尾にほのめかされているところによれば、それは「生」概念そのものが西洋の思考の歴史においてどのように構想されてきたかを問うものであるらしく、あるインタヴューでは、その巻は端的に「生の系譜学」と形容されているが、その詳細な内容も執筆の進捗状況も知られていない）。『ホモ・サケル』第一巻は表紙には単に巻号の指示なしに『ホモ・サケル』とあり、その巻がシリーズ全体の理論的枠組みの提示であることをほのめかしているとも読める。

その枠組みは、「例外状態が規範になった」状況が（つまり「収容所」が）じつは西洋に発する政治の実現の最終局面なのではないかというスキャンダラスな仮定として提示されている（フィリップ・ラクー＝ラバルトの『政治的なものの虚構』（一九八七年）において用いられ、いささかの誤解を生みもしたはずの「ナチズムの人間主義」という、これまたスキャンダラスな表現のことを思い出しておくこともできるだろう）。

その仮定のとりあえずの図式化にあたっては、アガンベン自身が引きあいに出しているハナ・アーレントとミシェル・フーコーの逸話を持ち出すのが便利だろう。

アガンベンが特権視する文筆家ベンヤミンを除外すれば、現代の政治をその力関係においてそのままに読み解く透徹した試みをおこなった最高の研究者としては、まずこの二人が挙げられる（ベンヤミンは絶滅収容所の凶兆を感じながらも、その存在については知ることのないまま、一九四〇年に自殺に追いこまれてしまった）。アガンベンは「収容所」の「謎」の解決の難しさ（その謎は解決を見ないまま、旧ユーゴスラヴィアをはじめとするいたるところに再発している）を、この二人の視点が交差することがなかったということによって示唆している。アガンベンにしたがえば、「収容所」は「生政治」（フーコーが『性の歴史』第一巻（一九七六年）の末尾において、また一九七六年のコレージュ・ド・フランス講義『「社会を擁護しなければならない」』（一九九七年）において提示している、人民（あるいは「人口」としての住民）の生への配慮に第一の目標を置く政治を指し示す概念）が最高度に実現してしまった場であるが（「生政治」は、人間の生の権利である「人権」に基礎を置く人民主権と――また、つねに崩壊過程にあるとはいえ国民国家と――緊密に結びついている）、フーコーは「生政治」を「収容所」に関してきちんと問うこともなかったし、アーレントも「収容所」の分析にあたって「生政治」的視点をもつこともなかった。アガンベンは、この二人の視点を交差させることで困難を超えて、わずかなりとその先に赴きたい、と、慎ましいながらも決然と言う。

3 「ホモ・サケル」、そしてその生政治における展開

『ホモ・サケル　主権的権力と剝き出しの生』の全体は三部に分かれている。

第一部「主権の論理」は、これまで述べたとおりの「例外状態について決定する者」としての主権者の論理をさまざまにあとづけている。暴力と正義の関連、主権的権力に先行して前提される構成する権力（憲法制定権力）の逆説、「意味なく効力をもつ法」の問題（フランツ・カフカ「法の前」における法の形象をめぐって）などが論じられている。

たとえば、構成する権力（potere costituente）。構成（costituzione）とは、ヨーロッパ諸語では、憲法のことでもある。構成する権力とは、憲法によって構成される諸権力ではなく、それに先行して憲法を制定する源泉のことである。この権力は、自らを他の権力から例外化することによって憲法を可能にする以上、主権的権力（自らだけに自然状態を保存して他を統治するリヴァイアサンの権力）へと回収される危険をつねにもっている。憲法が制定され、正義が法権利の尊重と混同されるときには（つまり、革命時以外はほぼつねに）この危険が作動しているのであり、その危険が事実上存在しないばあいであっても、逆説は憲法改正権力の問題などとしてそのまま残る。（ちなみに、アントニオ・ネグリの同名の書物（一九九二年）の日本語訳（杉村昌昭・斉藤悦則訳、松籟社、一九九九年）の用いている訳語「構成的権力」は、「構成的」という語が、これこれの事物においてしかじかの要素が構成上本質的であることを指す「costitutivo」を想起させる（たとえば水の分子にとって酸素原子は構成的である）ので、避けるべきだろう。既存の憲法の存在自体にとって、構成する権力は、かつて法を構成した、という歴史的な権力行使以外の意味では「構成的」ではないだろう。繰り返しになるが、構成する権力は、憲法に対して「構成的」な権力のことではなく、憲法を「構成する」権力、旧体制を脱臼させ更新する権力のことである。）

心的機制との類比において語るなら、ネグリはこの構成する権力を、民主主義のリビドーのようなものとして考察していると言える。原抑圧（言語の介入）としての憲法制定を経て、リビドーが主体（主権主体――たとえば人民）へと割り当てられると、それは不可逆的な変質を被ってしまう。ネグリが抽出しようとしているのは、革命の失敗の歴史から逆説的かつ遡行的に垣間見られる、民衆のリビドーの沸騰状態、被構成権力の鎖を離れて荒れ狂う民主主義の力なのだろう。それはくだいて言えば、問題に直面するたびに、法権利に頼らずに自分たちで正義を求める思考の可能性、社会正義を求める知性のことだ。

ここに見て取れるのは、解放の思考において典型的な、ある意味では勇気づけられる姿勢ではあるが――アガンベンも、たとえばもろもろの「評議会」に見られる構成する権力を否定してはいない――、問題はある。一つは、これが必ず被構成権力との関係に入って主権的権力に簒奪されるということであり、もう一つは、例外が規範となった世界においてこの逆説が別の形を取るようになったということである。アガンベンは、全体主義国家における一党独裁を、被構成権力の傍らに構成する権力をそのまま保存する（むろん否定的な）試みとして指摘している。この状況において構成する権力をそのまま思考するには、被構成権力から切り離されたものとしてではなく、主権的権力によって例外化されているという態勢に置かれたものとして、検討する勇気をもたなければならない。常態化した例外状態――いたるところが収容所と化した状態――において、政治の可能性を思考するとは、収容所においてさえ構成する権力を思考する可能性を求めるということに他ならない。

第二部「ホモ・サケル」は、第一部で与えられた理論的枠組みをあとづけるいくつかの歴史的形象を紹介し、詳細な検討をおこなっている。「ホモ・サケル」「聖化（サクラティオ）」「捧げ者（デウォトゥス）」「生殺与奪権（ウィタエ・ネキスクエ・ポテスタス）」「王の二つの身体」（エルンスト・H・カントーロヴィチの同名の書物による）「狼人（ヴァルグス）」などであるが、それらの例の多くは古代ローマから引かれ、「聖なるもの」の原初的政治性をあばこうとしている。

ここでは、作品の題にもなっている「ホモ・サケル」について若干を述べておこう。

ホモ・サケルとは、古代ローマにおいて、親に危害を加えたり境界石を掘り出したり客に不正を働いたりした者に対する処罰に際しての命名であり、その意味は「聖なる人間」である。それは厳密に言えば処罰ではない。「ホモ・サケル」にされた者は、単に法から外されるのだ。法から外されるとはどういうことか？　儀礼による処罰（犠牲化）から排除されるということだ（彼は死刑には処せられない）。だが、法の保護から外されるのだから、誰が彼を殺しても殺人罪には問われない。犠牲化不可能性と殺害可能性という、一見すると互いに矛盾する二点が「ホモ・サケル」の特徴である。

ここで問題なのは、彼が「聖なる」ものと呼ばれているということである。この命名のために、「ホモ・サケル」の謎は解決が遅れた。十九世紀末、ロバートソン・スミスが「タブー」概念をセム族の宗教に適用して以来、「聖なるものの両義性の理論」とアガンベンの呼ぶものが人文諸科学において一世を風靡し、さまざまな矛盾が、宗教的感情の両価性という曖昧な偽概念によって説明されてしまった。じつを言えば、「ホモ・サケル」の逆説的な立場は、「聖なるもの」の両義性にもとづくというよりは、さらに人間の政治性を原初的に基礎づける、主権的権力による例外化の構造にもとづいている、とアガンベンは言う。

例外はない、と主張する権力によって、存在しないものとして措定される例外的人物。それは、政治が問題になるとすぐに、西洋の歴史の黎明期に姿を現していた。この「ホモ・サケル」は、姿を変えながら、政治の舞台に出没を繰り返してきた。アガンベンはその網羅的な系譜を展開しているわけではないが、人民主権の原則が獲得される歴史の過程のキー・ポイントで、つねにそうした形象が姿を現すことには再三注意を促している。

そして現在、地球規模で「人民」の主権が獲得されつつあると見なされるときにあって、つまりは例外状態が規範となったときにあって、「ホモ・サケル」は潜在的に普遍的なものとなった。それがあばかれたのが収容所であり、収容所が開示した政治的状況は、私たちの生きているこの世界の悲惨の前兆でしかなかったという点で恐るべきものである。

その体制の原則が「生政治」である。「生政治」とは、前にも述べたとおり、権力機構が人間の自然な生を取りこみ、統治の対象とするようになってきたことを指すためにフーコーが用いた用語である。

第三部「近代的なものの生政治的範例としての収容所」は、「ホモ・サケル」の普遍化が、生政治にもとづいて地球規模で展開していることを、さまざまな領域について指摘している。近代的な市民権の基礎の一つをなすと言われる英国法の「人身保護令状（ハベアス・コルプス）」においてすでに、護られるのが「身体（コルプス）」となっていることを指摘することから議論は始まり、大衆現象としての難民、「生きるに値しない生」としてナチ体制下で抹消された精神薄弱者たち、人権がないにもかかわらず生物学的にはヒトであることで恰好の実験材料となった収容所の人間モルモットたち、同じく全世界の監獄で恩赦の約束と引き換えに生を奪われた死刑囚たち、蘇生技術の進歩にしたがって生じた「脳死」の「おかげ」で臓器を提供することが可能になった私たちの単なる身体、これらが次々と、生政治における例外化という一つの範型のなかで読解されていく。

この議論の過程で繰り返し言われるのは、こうした範型にもとづいてこそ現代の私たちの政治的範疇は思考されなければならない、ということだ。その意味から、アガンベンは人権概念を批判する。彼によれば、人権が主張されるようになるのと、生政治における身体の例外化がなされるのは軌を一にしている。何よりも、人権はすでに、充分な政治的批判力をもてなくなっている(内戦の舞台はすでに私たちの身体のなかになってしまっているし、人権擁護の主張は「人道的」立場においてしかなされなくなっている)。アガンベンは、例外化された単なる生、単なる身体としての私たちに共通の思考を練りあげること以外に、現代の政治を批判的に思考する道はない、と考えているのだ。

単に生きていること自体を集団的思考と一致させること。この課題は立てられたばかりであり、アガンベンは思考を続けている。私たちにできることは、彼に伴走して思考し、また、彼の思考をヒントにして思考することだ。思考すべき対象は、高邁な深遠なものではない。私たちの生そのものだ。

これから少しずつ、日本語でも参照することができるようになるアガンベンの政治哲学は、いろいろな層の人々にとって参考になるにちがいない。まずは、いわゆる「現代思想」に興味をもっていながら、政治への疎通をなかなか見いだせずにいる人。また、すでに近年のデリダやナンシー、ラクー＝ラバルト、そしてフーコー、ジル・ドゥルーズ、レヴィナス、アーレントなど、遡ってはベンヤミンやジョルジュ・バタイユ、サルトル、さらにはマルクスやジェルジ・ルカーチに対して、政治的な興味をもっている人。クロード・ランズマン監督『ショア』やエイアル・シヴァン監督『スペシャリスト』の上映で一般的な認知にいたった「収容所」問題に関心を寄せている人。死刑廃止や移民問題、天皇制、臓器移植問題など各論の展開に関心を寄せている人……。だが、それだけではない。それらの問題に積極的に関わり、さまざまな限界に遭遇しているはずの活動家の人々にも、アガンベンの思考はさまざまなヒントを与えてくれるだろう。また、生の諸局面で生政治に関わることを余儀なくされている医師その他の人々にも、この思考はインパクトをもって立ち現れるだろう。だが、じつを言えば、誰よりまず、実際に生政治的体制のうちにある人々、つまりは実際の困難に巻き込まれている私たちが、アガンベンの政治的著作の最良の読者なのだ。

『人権の彼方に』翻訳者後書き（二〇〇〇年）

ジョルジョ・アガンベンは、すでに日本語訳のある『スタンツェ』（一九七七年）をはじめとして、主としてヴァルター・ベンヤミンの思考に寄り添いながら哲学・美学・詩学などを横断的に問いなおす仕事を展開してきたが、一九九〇年代に入ると、そうした仕事を出発点として、現代政治をより直接的に問いの対象にするようになった。『到来する共同体』（一九九〇年）がその一見した転回の皮切りとなるマニフェストであり、『ホモ・サケル』（一九九五年）がその理論的展開となった。本書『人権の彼方に　政治哲学ノート』（原題『目的のない手段　政治についての覚え書き』一九九六年）は『ホモ・サケル』とほぼ同時に執筆された（ちなみに、本書のフランス語版は、イタリア語版に先だって一九九五年に刊行されている）。『ホモ・サケル』が現代政治にふさわしい哲学的範疇を理論的に構想する試みであるのに対し、本書はその試みの過程でなされた素描と見なすことができる（本書収録の論文は、そのほとんどが雑誌や新聞に発表されたものである）。したがって、これは『ホモ・サケル』の理解を助ける副読本としても読むことができるし、この時代、この世界に生きる私たちにとっての政治をより具体的に検討するための論文集成としてそのまま読むこともできる。

いずれにせよ本書は、アガンベンによる政治の再検討のもつ射程を現実の例に則して理解するのに格好である。各社から順次刊行されている翻訳の脇に備えてお使いいただければ幸いである。

この『人権の彼方に』という論文集を編むにあたってのアガンベンのねらいは彼自身の書いた「序」に簡潔に読まれるとおりだが、私たち日本語使用者は、世界化した政治的状況がここで扱われている諸問題によって縁取られていること、「日本国」やその前身である「大日本帝国」に発するさまざまの問題がその布置においてはじめて十全に理解され批判可能となることに気づくだろう。歴史的規定の個別性を考慮しながらも「日本の特殊性」に関する言説から身を引き離す可能性、たとえば、一見したところまちまちに思えもする「七三一部隊」「従軍慰安婦」「薬害エイズ」「脳死」といった問題を「生政治」という同一の、惑星規模の視点から捉えなおす可能性について、読者は考えることができるだろう。

また、これは『ホモ・サケル』で全面的に展開されることだが、ハナ・アーレントとミシェル・フーコーの批判的継承の試みの一つとしての政治的思考の例を、ここに垣間見ることができる。全体主義と収容所を思考しながら生政治的視点をもたなかったアーレントと、生政治を問いながらその絶対的形象として収容所を思考することのなかったフーコーの交差する地点に位置することを欲するアガンベンの思考が、本書では簡潔にたどられている。

「冷たい戦争」が終わり、大きなイデオロギーの対立が姿を消したと見える現在、政治を思考の対象とすることは多大な困難をともなう。この困難に身を置きながら、世界に現実主義的なまなざしを向け、にもかかわらず現状を肯定するにとどまらずに政治を可能性へと導く思考が求められている。困難のなかでこの試みを続行する者たちとして、ジャン＝リュック・ナンシー、ジャック・デリダ、エティエンヌ・バリバール、アラン・バディウ、ジャック・ランシエール、アントニオ・ネグリ、パオロ・ヴィルノらの名が想起されるが、ここに、本書の作者ジョルジョ・アガンベンの名が書きこまれることは疑いを容れない。現実主義の名のもとに現状の追認をおこなって済ませる疑似思考を決然と拒否する政治の可能性を探究するにあたって、この試みは一つの卓越した模範となるだろう。

翻訳者は、何よりもこの本が、そのような現実の思考に伴走するものとして使われることを望んでいる。

『ホモ・サケル』翻訳者後書き（二〇〇三年）

本書『ホモ・サケル　主権的権力と剝き出しの生』の内容については本文を参照するにしくはないが、取り急ぎまとめるなら、主権的権力はもともと例外状態を維持しようとするものだということ、例外とされ排除される聖なるもの――これが「ホモ・サケル」と呼ばれる――は宗教にではなく政治に関わるものだということ、政治の領域が拡大されるにつれてその例外はいたるところに姿を現すようになるということ、以上の三点を論証するのがねらいだとのみ、ここには記しておこう。

本書は同名の連作「ホモ・サケル」の第一巻をなしている。これに続いて「ホモ・サケル」の総題のもとに刊行されているものには、二〇〇三年夏の時点で、第二巻第一部『例外状態』(二〇〇三年)、第三巻『アウシュヴィッツの残りのもの』(一九九八年)がある。『例外状態』では、本書第一部でカール・シュミットを参照しつつ提示されている主権と例外状態との関係がより詳細に検討に付されている。そこではたとえば、「有事」「緊急事態」「厳戒状態」といった別名も含めた例外状態の系譜がたどられ、ローマ時代の同様の制度「ユスティティウム」(法停止)をめぐる解釈が再検討に付され、例外状態をめぐるシュミットとヴァルター・ベンヤミンの見解の相違が分析される。法制史のグレイ・ゾーンをなしてきた制度を徹底的に読みなおす試みとなっているのがこの『例外状態』である。『アウシュヴィッツの残りのもの』にはすでに日本語訳が存在している(上村忠男・廣石正和訳、月曜社、二〇〇一年)。そこでは、現代における「ホモ・サケル」の化身としての「収容所のムスリム」が主題として扱われている。すなわちそれは、ナチの収容所で生きる気力を失い、仲間であるはずの収容者たちからさえ排除された者たち、すべてに屈服している姿勢が現実のムスリムの礼拝に似ていたがゆえに付けられたとおぼしい綽名をもつ「生ける屍」たちである。この窮極の「ホモ・サケル」についての証言の可能性をめぐる議論を軸として、『アウシュヴィッツの残りのもの』では語る主体に関する理論の総体が再検討に付されている。

この二冊に加えて、連作に属すると明示されてこそいないものの、同一の問題意識から書かれていると考えられる本がさらに数冊ある。以下に例として二冊のみ挙げておく。『目的のない手段』(一九九五年。日本語訳『人権の彼方に』高桑和巳訳、以文社、二〇〇〇年)は本書とほぼ同時期に刊行された論文集であるが、連作「ホモ・サケル」に当初与えられていたとおぼしい輪郭がいくつかの側面から具体的に素描されている。冒頭に置かれた四本の論文「〈生の形式〉」「人権の彼方に」「人民とは何か?」「収容所とは何か?」が本書の各所に——とりわけ第三部に——実質的に統合されたということもあり、この論文集がそれぞれの主題ごとに展開された思考の最初に定着された場であることが窺える。『開かれ』(二〇〇二年)は、後述する『到来する共同体』のような小論を連ねた体裁になっているが、その内実は、「ホモ・サケル」同様に人間と動物のあいだに陥った者たちの幸福と不幸をたどる論考である。そこでは、ジョルジュ・バタイユの「アセファル」(無頭の者)、アレクサンドル・コジェーヴの「スノビズム」、カール・フォン・リンネの「オランウータン」、進化論が理論的に想定する「ホモ・アラルス」(現在のヒトと形質的には同じだが話す能力だけを欠く者)などの紹介と検討を通じて、人間なるものを措定するさまざまな分野の企ての欺瞞が暴露されていく。

近年のアガンベンの活動の大半はこのように、連作としての「ホモ・サケル」のまわりに拡がる、より大枠のプロジェクトに属していると言うこともできる。そして、このプロジェクトの基礎的かつ包括的な視点を提供してくれる理論的著作は、やはり連作の第一巻をなす本書『ホモ・サケル　主権的権力と剝き出しの生』だと言える。

政治に関するアガンベンの思考は、本書の刊行から数年を遡る『到来する共同体』（一九九〇年）の刊行を機として、明白な形で彼の仕事の前面に登場している。そこで提示されている「到来する共同体」や「何であれの（任意の）特異性」といった範疇は、彼の政治的思考のいわば肯定的な視点を代表するものとしてある程度は人口に膾炙していた。だが、『ホモ・サケル』とこれを出発点とする数冊の本をまってはじめて、『到来する共同体』で提示されていた一種のマニフェストが主権的権力の分析という具体的な形を取ることになった。じじつ、アガンベンの仕事がイタリア、フランス、アメリカを中心に多くの読者を獲得して広範な言及の対象になったのは本書の刊行以降のことである。

この「ホモ・サケル」プロジェクトは進行中であり、今後の展開も予断を許さない。続いて刊行されるだろう巻では、例外状態に関する分析が継続されるかもしれないし、生政治の系譜がより詳細にたどられるかもしれないし、「〈生の形式〉」として提示された生との関わりに対する展望がより明確に示されるかもしれない。一つだけ確実に言えるのは、今後どのような仕事がなされるにせよ、本書で提示された「主権的権力」と「例外化」、そこで生み出される「剝き出しの生」としての「ホモ・サケル」に関する議論は、今後の彼の仕事の理論的基礎であることをやめないだろうということである。その意味でも、本書は彼の主著であり続けると言える。

この本を読むにあたって前提されている知識はけっしてわずかではない。だが、無用な皮肉やほのめかしはほとんどないので、読者は問題の核心を見失うことなく議論をたどり、個々の細部について思考することができるはずだ。文脈に不案内なばあいも、参照文献をあわせてたどれば、議論がそのつどどのような問題をめぐって展開されているのかは明確に了解されるにちがいない。

慈悲殺、臓器移植、生命倫理一般、生政治一般など、この本で扱われている多くの主題について、またそれに加えて、しばしば参照されるシュミット、ベンヤミン、ハナ・アーレント、ミシェル・フーコーといった研究者の仕事についても、幸いなことに現在では一次資料（あるいはその日本語訳）の刊行も充実し、研究や議論も活発になされつつある。そのような議論との関係のなかに置かれている本書は、議論の哲学的韜晦——一見そう思われるかもしれないが——などではけっしてない。この明解な理論書はそれらの実践を参照しつつ読まれるべきであり、ひるがえって、本書を読むことはそれらの実践に対して少なからぬ意味をもつはずだ（たとえば、本書に遺伝子操作やクローンについての言及はないが、本書の議論を拡張すれば、そのつど姿を変える「剝き出しの生」が今日では操作可能な遺伝子の水準に到達しているという理解も容易に得られるだろう）。

なお、本書に明確に言及されてはいないが、本書とあわせて読むことで新たな理解が得られるようになる著作も少なくない。たとえば第二部第五章は、カルロ・ギンズブルグが一九九一年に発表した論文「表象」——改稿のうえ『ピノッキオの眼』(一九九八年)に第三章として収録された——のことを思わせずにはいない。また、アントニオ・ネグリとマイケル・ハートの共著『帝国』(二〇〇〇年)、ロベルト・エスポジト『インムニタス(免役=免疫)』やパオロ・ヴィルノ『マルチチュードの文法』、ジャン=リュック・ナンシー『世界の創造』(いずれも二〇〇二年)などは本書の発表以後に書かれたものだが、包括的な関心領域を本書と共有しており、本書との併読から得られるものも多いにちがいない。

本書はまた、スラヴォイ・ジジェク『現実界という砂漠へようこそ』、大澤真幸『文明の内なる衝突』、西谷修『「テロとの戦争」とは何か』(いずれも二〇〇二年)、ジャック・デリダ『ならず者』(二〇〇三年)などによって——明確にであれ暗黙のうちにであれ——参照されており、その点からも関心を惹くだろう。これらの本は、二〇〇一年九月十一日にニュー・ヨークで起こった世界貿易センター・ビル崩壊をきっかけに起こった一連の出来事とそれによって表面化した状況に多かれ少なかれ触発されて書かれたものだが、本書が当初、序にあるとおり「地球規模の新秩序の血なまぐさい欺瞞に対する回答として構想」されたということ、またこの「欺瞞」が(より鮮明かつ過激になってきているとはいえ)今日も継続されているということを考えれば、この一見した時間のずれも驚くにはあたらないのみならず、本書の提起している問題はますます切迫したものになってきているとさえ言える。

じつのところ、本書の翻訳者が翻訳作業に着手して最初の訳稿を完成させたのは『人権の彼方に』を刊行した前後のことだった。当初の意図は、『人権の彼方に』に引き続いてこの現代イタリアの哲学者の政治的思考の中核をともかくも日本語で接近できるものにしようということだった。「冷たい戦争」が終わって、資本主義が地球全体になしくずし的に拡大し、それと軌を一にして各地で内戦や「テロ」、地域紛争が展開されているときに、この状況に見合った有効な批判の道具がありうるとすればそれはアガンベンの思考をおいて他にないだろうと思われたのだ。じじつ、本書冒頭の「序」と第三部第七章「近代的なもののノモスとしての収容所」、そして最後の「境界線」には、この視点からすると貴重な示唆が多く含まれている。しかし、「主権的権力は例外状態を常態として維持しようとする」という本書を貫くテーゼはさらに今日的な意味をもっている。このことは、このテーゼが「テロ」以降に発表された『例外状態』で再考されたことからも理解できるとおり、今日的な「例外状態」の時局的展開に対するアガンベンの先見の明をあらためて証明するものだが——最近の一連の災厄によってアガンベンのテーゼがより理解されやすいものになったのは歴史の皮肉だが当然の帰結でもある——、読者にとってそれより重要なのは、本書を読むことで、このような「例外化」に依拠する権力が批判可能な対象として理論的にも歴史的にもはっきりと位置づけられるということだろう。この本は、今日の諸問題に対する作者の立場を知るために使われる単純な道具なのではなく、諸問題がじつのところ何であるのかを思考するために使われる複合的な機械なのである。翻訳者としては、本書がそのように活用されることを願っている。

デリダ『獣と主権者［I］』に対するコメント（二〇一五年）

私が今日ここにいるのは、アガンベンの紹介者だからということが大きいと思います。この『獣と主権者［I］』という本の二ヶ所でアガンベン批判が展開されています。これを自分の観点から簡単に論評せよというご注文だろうと私は理解しています。

二〇〇一―〇二年度の講義は、知られているすべてのデリダの仕事のなかで、アガンベンの仕事が何はともあれある程度のページを割いて取りあげられている唯一のものです。共通のフィールドにいた同時代人である二人であり、のみならず、同じような問題、いや、同じ問題に焦点を合わせていることもしばしばあり、さらには実際に交流がなかったわけでもない二人なのに、他のところではデリダがこの規模でアガンベンに言及していないということ、しかもそのせっかくの稀な言及にもかかわらず、ここでは友情をこめた反論が展開されているどころか、容赦のない皮肉が優先されているということは人を驚かせずにはいません。

デリダが誰かにしかける論争というのは多かれ少なかれ皮肉に充ち陰湿でもあるということは、デリダ／サール論争やデリダ／フーコー論争などですでに人の知るところです。

なるほど、論争というものが一般的に言ってそのような色を帯びやすいということもあるでしょう。しかしながら今回の論難は、論争になることすら面倒だというかのように、ただの皮肉を安全なところから聞こえよがしにつぶやいているという部分があまりに大きく、そのことがなおさらこの論難をスキャンダラスなもの、物見高い人たちを喜ばせるものにしているというわけでしょう。

アガンベンへの論難のひとつめは、私の考えでは、真面目に論評するに値しないものです。そうであればこそ、この点については躊躇なくアガンベンの側に立って弁護する遊びをすることも許されるでしょう。

第三回講義で披露されている論難がそれにあたります。いわく、主権批判をしている当の者が、「これこれを言った最初の者」を名指すことによって誰よりも主権者然として振る舞う、というのです。アガンベンのことです。

最初とは先頭、頭、ヘッド、頭目、つまりは張り出し、突き出している例外的なもののことです。それを指摘する者がそれゆえに主権を帯びるというのです。

デリダはそれに対して「お先にどうぞ」という身振りをもちあげます。

しかし、ここでちょっと想像していただきたいと思います。すでに誰もが自分より先に通って行ってしまっているのに、扉を押さえて「お先にどうぞ」としつこく言う人がいるとしたら「ああ……、この人より先に通ってはいけなかったのだな」と思わないでしょうか？　慇懃無礼さとしての主権の誇示、もしくは損なわれた主権の誇示といったものも、もしかすると考えられるかもしれないということです。

つねに後から来ると主張する者が、それゆえに、主権を行使せずにいられる安全圏につねにいると言えるのか、というのは考えてみてもよい問題かもしれません。

これは皮肉の問題でもあります。ソクラテスは知らないことを知っているからデルポイの神託で最も賢い者とされた、というご存じの話ですが、それは実際には、戦略としてのしらばっくれ、すっとぼけでした。知っている者よりも遅れてやってくる、無知を装う者のこの身振りが皮肉（エイローネイア）と呼ばれました。

これは、たとえば刑事コロンボも、真相を知っている者、つまり容疑者との対話で採用している、偽りの純朴さです。そして、ピーター・フォークに似ていると言われたことのある人物についても同じことが言えます。

知をもつ者、知っていると主張する者が先にいるとおぼしいばあい、つまり、最初の者を知っている、あるいはその問題設定自体を知っている者が先にいるとおぼしいばあい、そこから巧みに主権を取り戻すには、しらばっくれるにしくはありません。つまり、バカなふり、無知なふりをして相手にボロを出させるということです。そして幸か不幸か、ボロは必ず出るのです。しかもそのボロは、バカげていればいるほど相手の主権を失墜させるように見えます。

さて、「最初に主権者と言った者が主権者だ」というこの言明において、「主権者」を「バカ」に、つまり「souverain」を「bête」に差し替えると（デリダの『獣と主権者』はフランス語では「la bête et le souverain」ですが、「bête〔獣〕」は形容詞として読めば「バカ」の意味になります）どうなるでしょうか？　「最初にバカって言ったやつがバカだ」という、ご存じののしり言葉になります。

その言葉自体が相当にバカげたものだということを私たちは知っています。実際のケンカでも、どちらが先にバカと言ったかはしだいにわからなくなっていきますし、当事者のいずれにとってもその真相自体は結局はどうでもよくなっていき、この言明は単に、ケンカに勢いを与えるだけのものとなって繰り返されることになります。私たちの文脈に戻せば、「いや、主権者はそう言うおまえだ」「いや、おまえだ」「いや、おまえだ」というわけです。

結局は、デリダも「鬼の首を取」っているのです。

この件に関しては、「少なくとも、そんなことでは、人はそれほどバカにも、それほど主権者にもならないよ」と無粋なことを言うのが、好ましい振る舞いかもしれません。無粋であるというのは、バカにも主権者にもならないひとつの方法なのでしょう。「裸の王様」を指摘する無粋な子どもは、おそらくは、バカでも主権者でもありません。

頑固に扉を押さえて開いたままにしておいても何にもならない、扉を閉めてみんなで先に行こう、と言いたいところです。

ただし、扉を押さえ続けるデリダの肩を少しだけもっておいてもいいかもしれません。第十二回講義でデリダが批判を向けるのは、古代ギリシアにおいて、それも他ならぬアリストテレスにおいて生政治の始まりを特定したとされるアガンベンです。ゾーエーとビオスの区別、単に生きているということと形容をともなう生の区別が、政治哲学の始まりとも見なせるアリストテレスの著作中に見いだされるとアガンベンが主張している、というのです。それが、少なくとも、デリダによって読み取られたアガンベンの主張です。

デリダの反論は、そもそも、アリストテレスはゾーエーとビオスをきちんと分けて使っていないだろう、だとすれば、この区別にもとづくアガンベンの議論全体が堅固さを失うだろう、それに、これらの議論に先立ってマルティン・ハイデガーが参照されてしかるべきだっただろう、というほどのものです。

アガンベンが主権的な政治における生命の排除の最初の事例をアリストテレスにおいて特定し、その排除が近代まで継続されていることを哲学史において示し、それが近代において変質を被ることで現在の生政治のありようが得られると議論している、というのが本当であれば、たしかにデリダの言いぶんにも一理はあるでしょう。

ちなみに、現在の生政治というのは、簡単に説明すれば、主権的な政治によってつねに必然的に例外として括り出されてきたゾーエーが（例外化されたゾーエーはすでにゾーエーではなく「剝き出しの生」と呼ばれますが）主権の主体が統治の対象と一致する、つまり人民主権によって基礎づけられる近代民主主義に至って、人民自身の身体・生命として人民のうちに取りこまれ、かつ例外化され、聖なるものとされる、というほどの状況を指しています（これ以上の詳細は、恐縮ですがアガンベンの『ホモ・サケル』をお読みください）。

このような議論が主権の歴史に関する無根拠な説話にすぎないかもしれない、そのかぎりで主権的な議論を呼び寄せてしまうかもしれない、という点については、全面的に否定することは困難かもしれません。実際、アガンベンによるギリシア語文献の使いかたについても、説得力のある反論がすでに出されています。

ただし、これに対してさらに反論することも可能ではあります。たとえば、デリダが批判するアガンベンの身振りは、アガンベンの議論の展開において第一に重要ではないのかもしれません。

じじつ、デリダが言うようにアリストテレスが最初ではなくても、ギリシア人が最初ではなくても、またギリシア人においてゾーエー／ビオスの厳密な区別が認められなくても、アガンベンが奇妙な文献学の身振りで、ヨーロッパの思想の歴史のなかにあとづけてみせた「剝き出しの生」の変遷は、まったく揺らぐことのないイメージを私たちに与え続けることができるように思えます。

さらにデリダを苛立たせているのは、この文献学が、明らかにハイデガー流の存在の歴史を下敷きにしているように見えながらそれへの明瞭な言明を欠き、また、それとの対決を回避しているように見える、ということのようです。しかし、それもアガンベンの仕事ではないように見えます。

こう言ってもいいかもしれません。ゾーエーとビオスの厳密な哲学的区別やその哲学的始まりが第一に問題なのではない。となると、たとえば、そこにハイデガーが入ってこないということも第一に問題にはならない。つまり、その区別以前に検討されるべき哲学的な何かがあるということも第一に問題ではない。

そうではなくて、主権的権力が働くにあたって必ず産出される例外的形象をローマの古い法律に見られる「ホモ・サケル」というものを綽名に使ってパラダイム化し、それが西洋史のなかをどのように姿を変えつつ動いていくかをたどるということ、そしてそれに「聖なるもの」の痕跡がつねに確認できることを示すこと、このことにしかアガンベンの関心はないと言ってもいいと思います。

アリストテレスへの言及は、傍証ではあれ、決定的な開始を宣言する本質的証拠ではありません。

たしかに、ホモ・サケルが姿を変えていくそのありさまを、始まりの厳密さを求めて読み取っていくと、脱構築可能な切片ばかりが得られるかもしれません。しかし、そもそもそれらは第一に問題ではない。ホモ・サケルを産出するにあたってそのつど恣意的に作動させられる例外化の実態こそが、そしてその例外化によって必要とされる恣意的・流動的な境界線の画定こそが問題であり、それをさまざまな事例を列挙することでたどっていくこと、これが『ホモ・サケル』という本のねらいなのです。

どうも、デリダの論難は的を外してしまっているように思えます。

実際には、獣に関して、動物に関して、主権に関して、この二人には、デリダが言うほどには見解の相違はないように思われます。それだけにいっそう、デリダによる論難は、先にいたはずなのにいつのまにか後になってしまった者の、「私ならもっとうまくやったはず」という、歯ぎしりまじりの難癖にしか見えなくなっています。

にもかかわらず、「アガンベンの議論は粗雑だ」という意見は、たしかにありえます。じつのところ、これはデリダにかぎらず、誰もが口にする言葉です。本当によく耳にします。あまりに容易な言葉とも言えます。しかし、その言葉は何を意味しているのでしょうか？

もちろん、粗雑でないに越したことはないでしょう。しかし、その粗雑とされる議論のすべてを念のため追うということをしないというのも、それはまた別種の粗雑さではあります。

「あけすけに言うと、理解をしばしば断念しなければなりません」。これはデリダがアガンベンの議論の全体について、冗談めかして述べていることです。しかし、実際には、デリダは『ホモ・サケル』の最初の数十ページと途中の数ページしか扱っていません。これは意図的な選択です。

『ホモ・サケル』は純然たる哲学の本であるというよりは、私に言わせれば奇妙な文献学の本であり、そしてその奇妙さにこそこの本の本領があるのですが、デリダはアガンベンを前にして、彼のいつもの身振りとは裏腹に、故意に哲学に引きこもり、自由奔放な文献学者に対して厳格きわまる哲学者を演じてしまっています。『ホモ・サケル』から引用されているのは、デリダがそのように演ずることのできる箇所だけだ、と言ってもいいでしょう。哲学ならこの奇妙な文献学の「粗雑さ」をあばくことができる、勝てる、ということです。

デリダによる検討が意図的だというのは、また別の根拠からも示すことができます。この『ホモ・サケル』という本には、じつはデリダ自身が数回にわたって登場しています。にもかかわらず、そのことにデリダのほうはまったく触れていません。

デリダへの言及の大半は、主権的権力のおこなう例外化の働きを解明するという課題を前にして、デリダ的な脱構築がうまく機能せず、単なる無限の繰り延べを帰結してしまい、主権の働きをストップさせることができないということへの論難に充てられています。

とくに印象的なのは、フランツ・カフカの「法の前」という寓話の読解に関する部分です。デリダが「法の前」を、法の権威が無限後退するなかで解決が繰り延べされることに対する農夫の失敗として読解するのに対して、アガンベンのほうは、命と引き換えに、とうとう法の扉を閉めさせることに成功した農夫、という新たな読解を提示しえています。

これは「お先にどうぞ」の扉とはまた別の扉ではありますが、この扉の譬喩がここでもまた、後へ後へと繰り延べること以外、遅らせること以外のアプローチを示している、と見なすこともできるでしょう。

デリダとアガンベンのどちらがいい、ということではなく、何をねらいとするのか、何を「粗雑さ」と見なさないのか、という話です。

以上で、粗雑なコメントの扉を閉めたいと思います。

ジョルジョ・アガンベンの政治的思考

『人権の彼方に』から出発して（二〇〇〇年）

ジョルジョ・アガンベンは二〇〇〇年現在、ヴェローナ大学教授である。草稿群（『一九〇〇年ごろのベルリンの幼年時代』最終稿や「歴史の概念について」の「補遺」など）の発見[1]やイタリア語版全集の監修[2]など、ヴァルター・ベンヤミンに関する業績でとりわけ知られ、日本語圏でもすでに、美学、歴史、哲学を横断的に再検討する『スタンツェ』の翻訳で知られているが[3]、彼がとりわけ名を広く知られるようになったのは、一九九〇年代初頭からの、政治を思考の明確な対象とする一連の論考によってである。二〇〇〇年の時点では、以下の四冊がそこに含まれる。

『到来する共同体』*La comunità che viene* (Torino: Giulio Einaudi, 1990 [Torino: Bollati Boringhieri, 2001]).

『ホモ・サケル』*Homo sacer* (Torino: Giulio Einaudi, 1995).

『人権の彼方に』*Mezzi senza fine* (Torino: Bollati Boringhieri, 1996).

『アウシュヴィッツの残りのもの』*Quel che resta di Auschwitz* (Torino: Bollati Boringhieri, 1998).

この政治的思考にとっては、『到来する共同性』がマニフェスト、『ホモ・サケル』が理論的総括、『人権の彼方に』がその副読本として役立つ事例研究、『アウシュヴィッツの残りのもの』が『ホモ・サケル』からの拡張をなしている、と言ってみることができる。

ここでは、『人権の彼方に』の射程を垣間見ることから始めよう。

1 可能性の思考

『人権の彼方に』と日本語タイトルを付した本の原題は「Mezzi senza fine」、つまり「目的のない手段」だった。ふつうに読めば「果てしない手段」とも読めるこの題だが、「目的（fine）」に「終わり」の意味、「手段（mezzo）」に「あいだ」の意味もあるため、これは「終わりのないあいだ」とも読める。この題は、この本の向かうところをあるしかたで要約しているとも言えるし、アガンベンの長年の関心を一言で指示するものであるとも言える。

これを、アリストテレスの用語を用いて、エネルゲイア（energeia）のないデュナミス（dynamis）、必ずしも現実の働きに至らない潜在性、と言い換えてみよう。アガンベンは、『形而上学』第九巻に読まれるデュナミスに関する議論を各所で引用している。[4] その議論によれば、何かができるということ（デュナミス、潜勢力）は、できるということによってつねに現実の行為（エネルゲイア、現勢力）が帰結するということ（つまり、現実の行為のないところに可能性はないということ）ではない。詩人は詩を書かずにいることもある。詩を書いていないときにも詩人は詩人であることをやめることはない。詩を書ける、ということが終わり（詩という現勢化した目的）へと必ずしも到達することなく、あいだにとどまりうること、それがここで言われる手段性でありデュナミスである。その反対に、デュナミスがない、とは、詩を書くことも、詩が書けるということもないことを指すのであり、これは現に詩を書かないということからは結論されない。そのようなデュナミスは行為には決して到達しない不毛なものではないか、という反駁に対しては、しないでいられる可能性はせずにいないこともできるという可能性でもある、という回答が用意されている。終わりに到達せずにありうるあいだ、目的に至らない手段。それがアガンベンの思考の向かうところである。

アガンベンによるこの「手段性（medialità）」の重視に着想を与えているだろう重要な思考は、アリストテレスの思考の他にもいくつか確認されるだろう。なかでも看過できないのは、ベンヤミンの思考にいわば住み憑いている「純粋な手段性（reine Mittelbarkeit）」の思考である。[5] ベンヤミンの初期の論考「言語一般および人間の言語において」では、この手段性は「純粋言語」、すなわち「手段性そのもの（Mittelbarkeit schlechthin）」として現れている。[6] 私たちが言語を用いるということは、言語によってしかじかの内容が交流するということではなく、言語そのものにおいて言語が交流可能性として交流するということだ、というこの構想には、言語活動を純粋な手段性として思考する可能性の追求が見て取れる。また、「暴力批判論」の冒頭でも、暴力批判の規準を目的の圏域から暴力そのものの圏域へ、すなわち純粋手段の圏域へと引き戻すことが要請されている。[7] 法権利の創設からも維持からも除外される暴力（「神的（göttlich）」な暴力）の考察が可能になるのはこの出発点あってのことである。

この純粋な手段性の主題はまた、「ゲーテの『親和力』」では、表現の現れの働きを停止させる「表現をもたないもの（das Ausdruckslose）」として現れる。[8] フリードリヒ・ヘルダーリンが用語として扱う、間取りとしての「中間休止（Cäsur）」がこれである。「この中間休止において、調和と同時にいっさいの表現が止み、これが各々の芸術的手段の内側で、表現のないある暴力へと場を譲る」。[9] つまり、目的としての美の表現はつねに覆いを掛けられたものであって、覆いを掛けられたものであるというところにこそ美の表現は存する。その、覆いとしての表現を「中間休止」が断絶し、そこに「表現をもたないもの」がかろうじて出現する。その、一瞬の破片、きらめきとしての真理は、現実に現れることにおいてではなく、そのように間取られることによって、つまり目的ではなく純粋な手段であることによって、作品を通じて出来事となる。

ところで、特定の言説や文学テクストがではなく、名に値するあらゆる思考がこうした間取りによって作動しているとすればどうだろうか？　思考の「それぞれの表現にあって表現のないまま残るもの」[10] の運動の残像が哲学であるとすれば？　哲学の使命は、これこれのものの実体を問うことではなくその可能性を問うことである、とアガンベンは言う。[11] 手段性ないしは可能性を問うこの哲学を作動させるのが「用語［名辞］（termine）」である。「用語法（terminologia）は思考の自体的境位であり、いかなる哲学者にとっても用語（terminus）はそれ自体の内にシステムの中核をすでに含んでいるとベンヤミンは書いたことがある。ラテン語でterminusは「限界、境界」を意味する。これはもともとは神の名であり、古典期には依然、身体が細くなって地面にぐっさり突き刺さった人間のような形象で表されていた」[12]。境界の守護神テルミヌスがその威を示す場、間取りの圏域、それが哲学の用語法である。思考がその身振りを回復し、表現をもたずに残るものを示す場をなすのは、語が語そのものにおいて分割ないし危機（crisi）を被ることのしるしとしての、用語（termine）あってのことなのである。アガンベンは、世界史が隠喩の歴史であると言うホルへ・ルイス・ボルヘスと同様に、哲学の総体が思考の身振りの歴史であると主張しているように思える。映画のフィルムの一コマに「動的切片」を見て取るジル・ドゥルーズに倣って[13]、彼は用語を哲学（思考の身振りの残像のなす運動）の動的切片であると考えているのだろう。つまり用語は中間休止として哲学的思考の流れを間取り、中断し、そのことを通じて、身振りとしての可能性をはじめて思考に取り戻す[14]。

　アガンベン自身による「思考」の定義を引いておこう。「生の形式の数々を、分離不可能な一文脈へと、つまり〈生の形式〉へと構成する関連を、私たちは思考と呼ぶ。これは、これこれの器官やしかじかの心理的能力の個別の行使ということではなく、生と人間の知性との潜在的な性格を対象とする、経験にして実験（experimentum）である。思考するとは、単に、これこれの物やしかじかのすでに現勢化した思考内容に動かされる、という意味ではなく、同時に、受容性そのものに動かされ、それぞれの思考において、思考するという純粋な潜勢力を経験する、という意味でもある」[15]。

2 身振り性の圏域としての政治

ここに問いが立つ。「目的のない手段」の哲学、「終わりのないあいだ」の哲学が、とりわけ政治的な圏域の思考、倫理的な圏域の思考として要請されるのはなぜか？『人権の彼方に』に収められた「身振りについての覚え書き」の末尾に投げ出すように書かれた省略的なテーゼ――「政治とは、純粋な手段の圏域である。言い換えればそれは、人間の、絶対的で全面的な身振り性の圏域である」[16]――が簡素な定式化となっている「身振りの政治」とでも呼べるものは、どのようなものなのだろうか？

すでに述べたとおり彼にとっての哲学が「……とは何か？」ではなく「……はどのように可能であるか？」を問うことなのであってみれば、彼がここで「人間」を問うことの意味がはっきりする。『人権の彼方に』では、さまざまな個別の主題における「人間の生の可能性」が問われていると言うこともできる。

しかし、この「人間の生」についての問いは、近年になってはじめてアガンベンを捉えたものではない。彼が、自分の長年の問いを集約するものとしているのは、人間を他と区別するものとしての「人間の声」に関する問いである。[17] 人間に固有の声とはどのようなものか？ 声と言語活動はどのような関係にあるのか？ 声の間取りをなしその限界を示すのは、言語活動の完全な不能を示すように思われる「えも言われぬ（ineffabile, indicibile）」経験ではなく（そこにデュナミスはない）、言語活動が自らを分離することの経験である、と彼は言う（これは「インファンティア［語らぬこと、幼年期］（infanzia）」とも呼ばれる。話しはじめるまでの幼児は話すことの純粋な潜勢力をもっているからである）。つまり、人間の声の可能性をそれ自体において思考すること、言語活動の限界を言語活動の存在そのものにおいて求めることである。「言語活動の経験（experimentum linguæ）」とも呼ばれるこの経験[18]に関する問いは以下のようにまとめられる。「このような経験［言語活動を言語活動として経験すること］はどのようなものでありうるのか？ これこれの対象をではなく言語活動そのものを経験するというのはどのようにすれば可能なのか？ 言語活動に関して言えば、意味のあるこれこれの命題ではなく、人が話すという、言語活動があるという純粋な事実を経験するというのはどのようにすれば可能なのか？[19]」このように問うことは「交流可能性の交流」の経験を思考することであり、言語活動の存在をそれ自体の可能性において思考することである。

限界において（テルミヌスの圏域において）言語活動を思考するとは、言語活動における、言語活動という間取りを思考することである。それは、エネルゲイアとデュナミスの判別、言説と言語の判別[20]を、人間の声の間取りとして、言語活動に必然的なものであると考えることである。この分断は、アリストテレスにおいて、人間における共同性（koinōnia）の基礎をなし、これが住まい（oikia）と都市（polis）とを可能にする。[21] この判別そのものを経験するということは、共同であることを経験することである以上、すぐれて政治的・倫理的な経験なのだ。「人間にとってエートス（ēthos）や共同体のような何かが可能となるのは、人間が言語活動のなかへと、いかなる声によって運び入れられることもないままに投げ入れられているからに他ならず、また、人間が言語活動の経験（experimentum linguæ）において、何らの「文法」もないまま、この空虚、この無声（afonia）におもむくという危険を冒しているからに他ならない[22]」。声は言語活動の間取りを経て、「表現をもたないもの」「手段」「身振り」となる。「声は一度として、自らを言語活動のうちに書いたことがない[23]」。

この「人間の声」をめぐる問いが「人間の生」へと移されたことによって、アガンベンの問いが政治的なものであることがより判然とする。人間が生きるとは、共同的であることを必然的に意味するからだ。彼が範例として引く、ギリシア人にとってのゾーエー（zōē）とビオス（bios）の判別（「「ゾーエー」［……］は、生あるもののいっさい（動物、人間、神々）に共通の、生きている、という単なる事実を表現していた。他方の「ビオス」は、これこれの個体や集団に固有の、生の形式ないし生きかたを意味していた[24]」）が、そのまま声と言語活動の判別に対応する。

重点のこの移動によって、「生」自体が統治の対象となった私たちの時代における政治が、アガンベンの言う意味での哲学の対象となる。すなわち、ここで、政治の可能性が問われる。

声もゾーエーも、公共空間においては表現されることがない。しかし、表現をもたないものであるかぎりにおいて表現そのものをなし、表現の手段となる。これは一言で言えば、疎外的状況である。アガンベンはこれを「包含的排除（esclusione inclusiva）[25]」と呼ぶ。

注意したいのは、公共空間にとって構成的であるこの状況を批判するのがアガンベンの目指すところではない、ということである。ここで問われているのは、この状況において「表現をもたずに残るもの」の可能性を取り戻すことである。彼の主張によれば、今日の統治は、いたるところでこの可能性の世界的な抹消を目指している。「例外状態」それ自体が規範となるこの世界は、「表現をもたずに残るもの」の絶滅が目指された世界を意味する。(『ホモ・サケル』の表題の「ホモ・サケル(homo sacer)」とは、古代ローマ法において、法から排除された罪人、「聖なる人間」を指す。この人物は、すでに法のもとにないので、儀礼にもとづいて殺害する(つまり死刑にする)ことができない。しかし、法の外にいるのだから、誰が彼を殺しても殺人罪を犯したことにはならない。殺せるが犠牲にできない、という存在だ。ここに、法による法からの放逐、「包含的排除」とアガンベンの呼ぶものが形象化される。)この世界にあって政治を哲学的な範疇とするということは、政治において「可能なもの」を回復するということであり、「残りのもの」である「人間の生」や「人間の声」を可能性として、つまり「目的のない手段」として、そのままに要求するということである。

今日の世界はいたるところで絶滅収容所となっている、というアガンベンの省略的かつ衝撃的な言明[26]はこの意味で理解可能なものとなる。「残りのもの」としての「人間の生」や「人間の声」が可能性としての立場を失い絶滅させられる空間のすべてを、彼は「収容所」と呼ぶ。収容所では、この意味での「可能性」が奪われる。[27]政治において「可能性」の回復を要求する(つまり政治を哲学の対象とする)とは、すぐれて批判力をもった立場の表明なのである。

したがって、要請されている「政治」とは、統治や外交における戦略という意味での政治ではない。共同性をもつということに由来する問題を、法権利をめぐる思考からも、法的なものの思考からも、支配に関する思考からも隔てて、つまりは従来の「政治哲学」から隔てて思考すること、これが目指されていることであり、それは結局のところ、「生はどのようにして可能であるか？」という問いに帰着することになる。

3　終わりのないメシアニズム

生から可能性が剝奪される例——しかも、単なる例ではなく、まさしく範疇をなす例——として、アガンベンは「ムスリム（Muselmann）」を提示する。[28] これはいわば、先述の「ホモ・サケル」の極限的形象である。

「アウシュヴィッツ」を生き延びたプリーモ・レーヴィの証言に依拠してアガンベンの語るところによれば、[29] これは収容者たちの隠語で、「屈辱と怖気と恐怖によってすべての意識と人格が無化され、絶対的きわまる無気力に至った者」[30] を指す。収容所で生き延びるすべを知らず、しだいに衰弱し、ガス室送りの選別に容易に引っかかり、姿を消す人々だ。レーヴィは彼らを「収容所の神経」[31] と呼んでいる。「つまるところ、彼らは通りすがりにいるだけであって、数週間もすれば残るのは近くの野原に撒かれる一握りの灰だけとなり、名簿の登録番号にバツが付けられる、ということが私たちにはわかっている」[32]。この「非人間」、言い換えれば「誰の記憶にも痕跡を残さずに死んで姿を消す［……］絶えず更新されるがつねに同じである無名の群れ」は、「生きている者と呼ぶのがためらわれる。彼らは消耗しきっていて自分の死を理解できないので、死を恐れることもない。そんな彼らの死を死と呼ぶのもためらわれる」[33]。この「ムスリム」たちは、収容者たちの共同性からも締め出され、死へと運命づけられている。ここで、遠からず訪れる死まで生きられる「生」とは何か？　これが、アガンベンの言う、可能性を完全に抹消された生である。「ムスリム」が私たちの時代の政治にとって特権的な形象であるというのはこの意味においてである。生体実験に用いられる者たちも、可能性のない生（生物としてのヒトではあるが人間の共同性から排除された者の生）を生きるだけであり、そもそも、すべての収容者はあらかじめ政治的な生を（つまりは、端的に生を）抹消されているため、「ムスリム」が特権的に体現する状況をなぞるより他はない。あるいは、私たちという「従順な身体」はすべて、潜在的には「ムスリム」なのだ。

　こうした可能性の絶滅に抗するのが私たちが政治を思考するうえでの務めである。アガンベンはここで、政治的要請としてのメシアニズムを名指す[34]。

　彼の言うメシアニズムとは、「世界にほとんど手をつけずにこれを全面的に変容させる」[35]何かの到来のことであり、またその到来を求めるということである。より政治的に言えば、メシアとは「宗教が法の問題に直面する場をなす形象」[36]のことである。「トーラーの完成はトーラーの侵犯である」と言うサバタイ・ツェヴィも、「私が来たのは［法を］廃止するためではなく、［これを］完成させるためである」と言うイエスも、自らの定式化そのものが曝露する矛盾を意識している[37]。この矛盾が、法とのメシア的な直面を指し示す。アガンベンによれば、キリスト教会やシナゴーグをはじめとする宗教的制度は、この意味でのメシア的おもむきを放棄する強い傾向があるかぎりにおいて受け容れられない。そのことを彼は、ローマ市民権をもつパリサイ派出身のユダヤ人におけるメシアニズムを評価することによって示そうとしている。パウロのことである。[38]

「務め（klēsis）」が、パウロにおけるメシア的転換を示す用語である。自分は神の福音のために使徒になるべく「呼び出された（klētos）」[39]と述べる彼にとって、「務め」とは、なによりもまず、神による呼び出しを意味する。[40]この呼び出しはメシア的な呼び出しである。というのは、他の箇所で、パウロは信者たちに、神からの「呼び出し」に際しては、呼び出されてあるがままにとどまるように、と勧めているからである。[41]この「呼び出し」においては、それまでの「務め」は見たところ変更を被らない。あらゆる社会的条件が、まったく（あるいはほとんど）変化しないままに同一性を失う。それがこの「呼び出し」であり、この「呼び出し」は「務め（vocation）」そのもののそれまでの様態を、その存在に手をつけないままで、呼び出しなおし、撤回する（révoquer）。この「務め」は「務め」それ自体の存在を問いの場に変容させる「務め」である。

この「務め」の「呼び出し」、すなわちメシアの到来は、したがって、時間の終わりの到来などを意味しない。つねにいまがその到来の時間だからだ。「時間は収縮している」[42]というのが、このメシア的時間の詩的表現である。すぐそこに時間の終わりが来ているということではない。いわば、終わりの時間が自ずと縮まり、その縮まりとして到来している、ということである。これが、『新約聖書』を知らなかったユダヤ人パウロが、ギリシア語の少数者的使用において、「務め（klēsis）」を「務め」そのものにおいてひきつらせ、用語と化し、メシア的時間を告知した経緯である。[43]

このおもむきを十全に理解するために、アガンベンの挙げる、もう一つのメシアニズムの例を参照することもできる。「日本的スノビズム」の例である。

アレクサンドル・コジェーヴが一九五九年に日本を旅行した際に感得したというその印象は、彼の言う「歴史の終わり」とともに到来する世界が「動物の国（Tierreich）」にならない可能性を示すものであり、そのかぎりでこれは、主体性を抹消されたと思われる「アメリカ的生活様式（American way of life）」の範型を彼に放棄させるものだった。今後は、日本が西洋化するのではなく、西洋が日本化する、というのだ。[44]

知られているとおり、自由民主主義を標榜する議会制資本主義が、（たとえば労働によって）人間を規定する全体主義に対する自らの勝利感を正当化し確証するために、このコジェーヴの着想を借りた。[45]そのため、コジェーヴが日本を見た目までが、その陣営の視点をもつものと解釈される傾向が生じている。もちろん、コジェーヴの視点を多かれ少なかれ純朴な東洋趣味が支えていないというのではないし、現に「日本国」の統治がやはり夢見られるような統治ではないことも明らかである。

ところで、アガンベンは「日本的スノビズム」の構想を肯定的に評価する。[46]それは、この構想がすぐれてメシア的時間を指示するものだからである。アガンベンによれば、私たちの時代とは、人間を規定する本質がエネルゲイアとしては何もなく、それが剝き出しのデュナミスであることが明らかになった時代であるという。言い換えれば、人間が人間であるかぎりにおいて果たさなければならない「任務」（つまりは歴史の目的）などは何もなく、あったとしても内容のないものであるということが明らかになった時代だ、ということである。[47] さらに言い換えれば、政治的存在としての人間が、はじめて言語活動の参照対象とではなく、言語活動の存在そのものと直面した、ということでもある。この時間性を「歴史以後」として捉えるにあたり、特定の任務がないというこの状況を、知性の欠如した動物的な状況とは違うものとして構想するために用語とされているのが「スノビズム」だ、ということだ。人間の「任務」が「働き（ergon）」の無化とともに汲み尽くされた後に、可能性が残される。この可能性の残りのものに仮に与えられた名が「日本的スノビズム」なのだ。

したがって、この「歴史の終わり」ないし「歴史以後」における構想は、一見そう思われるような「時間の終わり」を志向するものではなく、むしろ、「残り」の時間を志向する。残りとはつまり、「表現をもたずに残るもの」、要するに「純粋な手段性」である。その時間にあっては、時間それ自体が限界となるのであって、時間がなくなるわけでも、新たな時間が始まるわけでもない。

これは、人間を（たとえば労働によって）規定する全体主義に対する抵抗のための戦略的な時間であるが、この時間はまた同時に、自由民主主義を標榜する議会制資本主義にも抵抗するのでなければならない。「日本的スノビズム」という構想において両義性が残るかもしれないとすればこの点である。アガンベンは、コジェーヴとフランシス・フクヤマたちとを対立させることによってこれに応えている。すなわち、フクヤマたち（「歴史の終わりを国家の終わりなしで思考する者たち」[48]）の議論においては、コジェーヴの構想において取り戻されていたはずのメシア的時間が、国家的ないし超国家的水準の目的論的歴史を導く時間（ないし時間の終わり）へと変容し、つまるところ、可能性によって規定される存在論的基礎を政治に与える希望は失われる。メシアニズムが新約聖書的な制度的福音の修辞へとずらされ、到来しているはずの思考が預言されるべき思考へと変容してしまう。アガンベンはこれに抗して、「国家の終わりと歴史の終わりの両方を思考し、一方を他方に抗して動員することのできる思考[49]」を要請し、その範型をそもそも「日本的スノビズム」に見て取っている。

やはりフクヤマの福音的修辞を批判している人に、たとえばジャック・デリダがいる。[50]彼がそうしたフクヤマの修辞に抗してニーチェとベンヤミンによる批判を喚起するとき、[51]それはほとんどアガンベンと同じおもむきによるものだと言える。デリダは「それ［歴史性］を放棄しないことを可能にし、約束としての、メシア的で解放的な約束の肯定的な思考へとたどりつく道を開くことを可能にする歴史性としての出来事性の開け[52]」を要請する。そして彼は、ベンヤミンの「歴史の概念について」をめぐるある脚注で、あからさまな力（議会制資本主義の勝利感[53]）に抗するものとして、ベンヤミンによる「微弱なメシア的な力[54]」という表現を引く。[55]デリダはこれを慎重に「メシアニズム、あるいは、より正確には、メシアニズムのないメシア的なもの[56]」と呼び換えているが、これはアガンベンの言う「メシアニズム」に正確に合致するはずだ。ベンヤミンが「いまという時間（Jetztzeit）[57]」と呼ぶものがその「メシア的なもの」の時間とされているのだから、[58]それは、アガンベンがパウロから引く「収縮する」時間と等しい。「これ［無為］を、潜勢力から現勢力への移行（transitus de potentia ad actum）という形では［……］汲み尽くされてしまうことがない、潜勢力の類的な実存様態の一つとして思考すること[59]が可能になるのは、その時間においてであり、その他ではない。
この、終わりのないメシア的な時間において、身振り性の圏域としての政治が間取られて出現するのだ。

註

1　以下を参照。Giorgio Agamben, “Un importante ritrovamento di manoscritti di Walter Benjamin,” *Aut aut*, no. 189/190 (Firenze: La Nuova Italia, May–August 1982), pp. 4–6.

2　Walter Benjamin, *Opere* (Torino: Giulio Einaudi), 1 (*Metafisica della gioventù: Scritti 1910–1918*), 1982 ; 2 (*Il concetto di critica nel romanticismo tedesco: Scritti 1919–1922*), 1982 ; 4 (*Strada e senso unico: Scritti 1926–1927*), 1983 ; 5 (*Ombre corte: Scritti 1928–1929*), 1993 ; t. 11 (*Parigi, capitale del XIX secolo: I “passages” di Parigi*), 1986.

3　Agamben, *Stanze* (Torino: Giulio Einaudi, 1979 [1993]).〔『スタンツェ』岡田温司訳（筑摩書房、二〇〇八年）〕

4　以下を参照。Agamben, *L'uomo senza contenuto* (Macerata: Quodlibet, 1994), pp. 96–101〔『中味のない人間』岡田温司ほか訳（人文書院、二〇〇二年）九四―九九頁〕; “*Pardes*: La scrittura della potenza,” in *La potenza del pensiero* (Vicenza: Neri Pozza, 2005), pp. 358–359〔「パルデス　潜勢力のエクリチュール」、『思考の潜勢力』高桑和巳訳（月曜社、二〇〇九年）四三六―四三七頁〕; *La comunità che viene* (Torino: Bollati Boringhieri, 2001), pp. 33–34〔『到来する共同体』上村忠男訳

（月曜社、二〇一二年）四九—五〇頁〕; "Bartleby o della contingenza," in Agamben & Gilles Deleuze, *Bartleby* (Macerata: Quodlibet, 1993), pp. 55-57〔「バートルビー　偶然性について」高桑和巳訳、『バートルビー』（月曜社、二〇〇五年）二六—三〇頁〕; *Homo sacer* (Torino: Giulio Einaudi, 1995), pp. 51-54〔『ホモ・サケル』高桑和巳訳（以文社、二〇〇三年）六八—七二頁〕; その他各所。

5　以下を参照。Agamben, "Le geste et la danse," trans. Daniel Loayza *et al.*, *Revue d'esthétique*, no. 22 (Paris: Jean-Michel Place, 1992), pp. 9-12.〔「身振りと舞踊」、『ニンファ　その他のイメージ論』高桑和巳訳（慶應義塾大学出版会、二〇一五年）八二頁〕

6　以下を参照。Benjamin, "Über Sprache überhaupt und über die Sprache des Menschen," in *Gesammelte Schriften*, 2-1, ed. Rolf Tiedemann *et al.* (Frankfurt am Main: Suhrkamp, 1977), pp. 145-146.〔「言語一般および人間の言語について」浅井健二郎訳、『ベンヤミン・コレクション』第一巻（筑摩書房、一九九五年）一八頁〕

7　以下を参照。Benjamin, "Zur Kritik der Gewalt," in *Gesammelte Schriften*, 2-1, p. 179.〔「暴力批判論」、『ドイツ悲劇の根源』浅井健二郎訳（筑摩書房、一九九九年）二二八頁〕

8　以下を参照。Benjamin, "Goethes Wahlverwandtschaften," in *Gesammelte Schriften*, 1-1, ed. Tiedemann *et al.* (Frankfurt am Main: Suhrkamp, 1974), pp. 180-182.〔「ゲーテの『親和力』」浅井健二郎訳、『ベンヤミン・コレクション』第一巻、一四五—一四九頁〕

9　Benjamin, "Goethes Wahlverwandtschaften," p. 182.〔「ゲーテの『親和力』」一四八頁〕

10　Agamben, "Le geste et la danse," p. 11.〔「身振りと舞踊」八四頁〕　これは「身振り」の定義として提示されているものだが、「身振り」とはアガンベンにとって「あいだ」の特権的な別名である。なお、この定義に以下の註釈が続いている。「しかし、それぞれの表現にあって表現のないまま残るものとは表現自体であり、表現的な手段そのものである」。以下を参照。Agamben, "Note sul gesto," in *Mezzi senza fine* (Torino: Bollati Boringhieri, 1996), pp. 50–53.〔「身振りについての覚え書き」、『人権の彼方に』高桑和巳訳（以文社、二〇〇〇年）六一―六六頁〕

11　以下のラジオ番組（インタヴュー）を参照。*À voix nue*, 3e épisode ("La communauté qui vient") (France Culture, January 14, 1998).

12　Agamben, "*Pardes*: La scrittura della potenza," p. 348.〔「パルデス　潜勢力のエクリチュール」四二三頁〕

13　以下を参照。Agamben, "Note sul gesto," pp. 49–50.〔「身振りについての覚え書き」六〇―六一頁〕

14　用語に関する註釈が頻出するのが彼のテクストの特色であることの理由はここに求めることができる。このことを、語源へと遡行する趣味として捉えることは誤りだろう。しかじかの語がもともとどのような意味であったかを問うことは第一の問題ではない。語にそのつど用語としての身振りを回復することが問題なのである。

15　Agamben, "Forma-di-vita," in *Mezzi senza fine*, p. 17.〔「〈生の形式〉」、『人権の彼方に』一八―一九頁〕これが「形式」という語と結びつけられていることは、こうした議論が形式主義に帰着するものではないかという誤解を生むかもしれない。『到来する共同体』でなされているように、これを「ありかた（maneries）」と呼ぶほうが誤解が少なくなるのかもしれない。それは「これこれの様態における存在ではなく、自らの存在様態なるものである存在」だ、と説明されている。以下を参照。Agamben, *La comunità che viene*, p. 28.〔『到来する共同体』四一頁〕また別の箇所では、ハイデガーの思考を特徴づける「現事実性」について同様のことが言われている。以下を参照。Agamben, *Homo sacer*, pp. 167–169.〔『ホモ・サケル』二〇六―二一〇頁〕

16 Agamben, “Note sul gesto,” p. 53.〔「身振りについての覚え書き」六六頁〕

17 『インファンティアと歴史』（一九七九年）と『言語と死』（一九八二年）のあいだに書かれた未刊の草稿群は『人間の声』ないし『倫理　声についての試論』と仮に題されていた。以下を参照。Agamben, “*Experimentum linguae*,” in *Infanzia e storia* (Torino: Giulio Einaudi, 2001), p. vii.〔「序　言語活動の経験」、『幼児期と歴史』上村忠男訳（岩波書店、二〇〇七年）二頁〕

18 以下を参照。Agamben, “*Experimentum linguae*,” p. viii.〔「序　言語活動の経験」三―四頁〕この「言語活動の経験」は、カントが『純粋理性批判』第二版の序に記した「純粋理性の経験(Experiment der reinen Vernunft)」に相当するという。以下を参照。Immanuel Kant, *Werke*, 3 (*Kritik der reinen Vernunft*), ed. Albert Görland (Berlin: Bruno Cassirer, 1922), p. 20.〔『カント全集』第四巻（『純粋理性批判』上巻）有福孝岳訳（岩波書店、二〇〇一年）三七頁〕すなわち、対象を捉えるにあたって、思考を対象とすることで参照対象（経験的なもの）から思考のしかた自体を分離して思考すること（超越論的哲学）である。以下を参照。Kant, *Werke*, 3, p. 49.〔『カント全集』第四巻、八七頁〕しかし、すぐれて言語活動の存在を問うものであるこの経験を、カントは言語活動との関係において明確化するには至らなかった。

19 以下を参照。Agamben, “*Experimentum linguae*,” p. x.〔「序　言語活動の経験」六頁〕これに、決定的な表明が続いている。「〔……〕これらの問いによって縁取られる領域は、私のすべての仕事の向かう当の領域と余すところなく一致する」。つまり、アガンベンの問いはいまやすべてここに帰着する、ということである。

20 アガンベンによれば、これは、言語をめぐる問いにおいてはエミール・バンヴェニストによって明確化された。以下を参照。Émile Benveniste, “Sémiologie de la langue,” in *Problèmes de linguistique*

générale, 2 (Paris: Gallimard, 1974), p. 63 ff.〔「言語の記号学」川島浩一郎訳、『言語と主体』(岩波書店、二〇一三年)五七頁以降〕 それは次いでジャン＝クロード・ミルネールによって定式化された。以下を参照。Jean-Claude Milner, *Introduction à une science du langage* (Paris: Seuil, 1990), p. 41 ff. この点に関しては以下を参照。Agamben, "Filosofia e linguistica: Jean-Claude Milner, *Introduction à une science du langage*," in *La potenza del pensiero*, pp. 57–75.〔「哲学と言語学」、『思考の潜勢力』六七―九〇頁〕 しかしもちろん、この布石はすでにフェルディナン・ド・ソシュールによって「言語単位の二重性」の逆説として与えられていた。以下を参照。Agamben, *Stanze*, pp. 181–186.〔『スタンツェ』二九九―三〇六頁〕

21 以下を参照。アリストテレス『政治学』1523 a 10–18.

22 Agamben, "*Experimentum linguæ*," p. xiv.〔「序 言語活動の経験」一三頁〕

23 Agamben, "*Experimentum linguæ*," p. xiv.〔「序 言語活動の経験」一三頁〕

24 Agamben, "Forma-di-vita," p. 13.〔「〈生の形式〉」一一頁〕

25 以下を参照。Agamben, *Homo sacer*, p. 10.〔『ホモ・サケル』一五頁〕 彼はこれを「例外化〔外に捉えること〕(ex-ceptio)」と、あるいはナンシーに倣って「締め出し(bando)」と呼ぶ。以下を参照。Agamben, *Homo sacer*, p. 34.〔『ホモ・サケル』四四―四五頁〕

26 以下を参照。Agamben, "Che cos'è un campo ?," in *Mezzi senza fine*, pp. 40–41.〔「収容所とは何か?」、『人権の彼方に』四八―五〇頁〕

27 もちろん、逆の立場からすれば、収容所ではすべてが可能である。しかし、その意味での可能性をそこで手にしている人々(SS)には、思考がない。つまりそれは、アガンベンの言う意味での可能性へのおもむきがない、ということである。それは、身振りをもった「用語(termine)」の可能性

（思考）を廃絶することであり、まさしく「絶滅（sterminio）」である。ＳＳにおける思考のなさについては、たとえば以下に言及がある。Hannah Arendt, *The Life of the Mind*, 1 (*Thinking*) (London: Secker & Warburg, 1978), p. 4 ff.〔『精神の生活』上巻、佐藤和夫訳（岩波書店、一九六四年）六頁以降〕

28　以下を参照。Agamben, *Homo sacer*, pp. 206–207.〔『ホモ・サケル』二五〇―二五二頁〕パリの「国際哲学学院」での一九九七―九八年（冬）のセミナーも「ムスリム」を主題としていた。以下も参照。Agamben, *Quel che resta di Auschwitz* (Torino: Bollati Boringhieri, 1998), pp. 37–80.〔『アウシュヴィッツの残りのもの』上村忠男訳（月曜社、二〇〇一年）五一―一一三頁〕

29　以下を参照。Primo Levi, *Se questo è un uomo*, in *Opere*, 1 (Torino: Giulio Einaudi, 1987), pp. 89–92.〔『アウシュヴィッツは終わらない』竹山博英訳（朝日新聞社、一九八〇年）一〇五―一〇七頁〕

30　Agamben, *Homo sacer*, p. 206.〔『ホモ・サケル』二五〇―二五一頁〕起源は定かではないが、完全に屈してしまっているその様子から、神に「服する者」を指す「ムスリム」と呼ばれたとも考えられている。

31　Levi, *Se questo è un uomo*, p. 91.〔『アウシュヴィッツは終わらない』一〇七頁〕

32　Levi, *Se questo è un uomo*, p. 90.〔『アウシュヴィッツは終わらない』一〇五―一〇六頁〕

33　Levi, *Se questo è un uomo*, pp. 91–92.〔『アウシュヴィッツは終わらない』一〇七頁〕

34　ここで問題になるのは「俗的メシアニズム（messianisme profane）」の可能性である。この表現は以下のラジオ番組（インタヴュー）に現れる。*À voix nue*, 5e épisode (“Le témoin”) (France Culture, January 16, 1998). ここでの「俗的（profane）」とは、単に「世俗的・非宗教的（séculaire）」ということではない。「務め」の「非宗教化」とはむしろ、マックス・ヴェーバーが『プロテスタンティズムの倫理と資本主義の精神』において見て取ったもの（「務め（vocation, Beruf）」を単に「勤め（profession, Profession）」と読み換えること）であり、これはアガンベンの目指すところではない。そのような非宗教化は非政治化に帰着するしかないからである。

35　Agamben, "Glosse in margine ai *Commentari sulla società dello spettacolo*," in *Mezzi senza fine*, p. 65.〔「『スペクタクルの社会に関する注解』の余白に寄せる注釈」、『人権の彼方に』八二頁〕

36　Agamben, "In questo esilio," in *Mezzi senza fine*, p. 104.〔「この流謫にあって」、『人権の彼方に』一三九頁〕

37　Agamben, "In questo esilio," p. 104.〔「この流謫にあって」一三九頁〕

38　「国際哲学学院」で一九九八年十月におこなわれた集中講義（「ローマ人への手紙」の微視的読解）において、パウロ論が展開された。以下はこの講義に依拠している。

39　パウロ「ローマ人への手紙」1:1.

40　フランス語（英語）の「vocation」（イタリア語の「vocazione」）も、ドイツ語の「Beruf」（マルティン・ルターによる訳語）も、この用語における身振りを保存している。

41　以下を参照。パウロ「コリント人への第一の手紙」7:17.

42　パウロ「コリント人への第一の手紙」7:29. 時間はひきつり、縮まっている。

43　これは、（罪の内面化を遂行した者としてパウロを攻撃する）フリードリヒ・ニーチェにパウロを逆説的に接近させる読解と捉えることができるだろう。というのも、パウロのこのメシア的転換は、まさにニーチェの「永遠回帰」の経験による価値転換に等しいからである。

44　以下を参照。Alexandre Kojève, *Introduction à la lecture de Hegel*, ed. Raymond Queneau (Paris:

Gallimard, 1947 [1968]), pp. 436–437.〔『ヘーゲル読解入門』上妻精ほか訳（国文社、一九八七年）二四五―二四七頁〕

45　以下を参照。Francis Fukuyama, *The End of History and the Last Man* (New York: The Free Press, 1992).〔『歴史の終わり』上下巻、渡部昇一訳（三笠書房、一九九二年）〕

46　以下を参照。Agamben, *Homo sacer*, p. 71.〔『ホモ・サケル』九三―九四頁〕 加えてアガンベンは、コジェーヴがレーモン・クノーの『人生の日曜日』の登場人物たちにも同じ傾向を見て取っていることを指摘している。以下を参照。Kojève, “Les romans de la sagesse,” *Critique*, no. 60 (Paris: Minuit, 1952), p. 391.

47　以下を参照。Agamben, “Introduzione,” in Emmanuel Levinas, *Alcune riflessioni sulla filosofia dell'hitlerismo*, trans. Andrea Cavalletti *et al.* (Macerata: Quodlibet, 1996), p. 15 ff. ; *Homo sacer*, p. 167 ff.〔『ホモ・サケル』二〇七頁以降〕

48　Agamben, “Note sulla politica,” in *Mezzi senza fine*, p. 88.〔「政治についての覚え書き」、『人権の彼方に』一一六頁〕

49　Agamben, “Note sulla politica,” p. 88.〔「政治についての覚え書き」一一七頁〕

50　以下を参照。Jacques Derrida, *Spectres de Marx* (Paris: Galilée, 1993), pp. 97–100, 103–106.〔『マルクスの亡霊たち』増田一夫訳（藤原書店、二〇〇七年）一三二―一三六、一四〇―一四三頁〕

51　以下を参照。Derrida, *Spectres de Marx*, p. 95.〔『マルクスの亡霊たち』一三一頁〕 ベンヤミンについては以下に述べるが、ニーチェについては、彼のメシア的時間の様相を「たぶん（vielleicht）」という用語に注目して読解した以下の部分を参照することができる。Derrida, *Politiques de l'amitié* (Paris: Galilée, 1994), pp. 43–66.〔『友愛のポリティックス』第一巻、鵜飼哲ほか訳（みすず書房、

二〇〇三年）五〇―八四頁〕

52 Derrida, *Spectres de Marx*, pp. 125–126.〔『マルクスの亡霊たち』一六八―一六九頁〕

53 その勝利感は、いわゆる「共産主義」の「精神」が常によみがえる亡霊であることをじつのところ知りながら、その回帰に対する不安を隠蔽するべくなされる「成功しなかった喪の作業」における「勝利の状態」（死者はたしかに死んでいるという、躁的な多幸感をともなう執拗な肯定と信仰）として説明されている。以下を参照。Derrida, *Spectres de Marx*, pp. 115–119.〔『マルクスの亡霊たち』一五六―一六〇頁〕

54 Benjamin, "Über den Begriff der Geschichte," in *Gesammelte Schriften*, 1-2, ed. Tiedemann *et al.* (Frankfurt am Main: Suhrkamp, 1974), p. 694.〔「歴史の概念について」浅井健二郎訳、『ベンヤミン・コレクション』第一巻、六四六頁〕

55 以下を参照。Derrida, *Spectres de Marx*, p. 96.〔『マルクスの亡霊たち』一三一頁〕

56 Derrida, *Spectres de Marx*, p. 96.〔『マルクスの亡霊たち』三七八頁〕

57 Benjamin, "Über den Begriff der Geschichte," p. 701.〔「歴史の概念について」六五九頁〕

58 以下を参照。Derrida, *Spectres de Marx*, p. 96.〔『マルクスの亡霊たち』三七九頁〕

59 Agamben, *Homo sacer*, p. 71.〔『ホモ・サケル』九四頁〕

「思考の終わり」翻訳者解題(二〇〇六年)

雑誌『ヌーヴォー・コメルス』第五十三/五十四号の冒頭に置かれたこのテクスト(ページ打ちはされていない)は二ヶ国語版になっており、左ページにオリジナルのイタリア語テクスト、右ページにジェラール・マセによるフランス語訳が配置されている。これは両言語版をあわせても正味八ページしかない短文である。『ヌーヴォー・コメルス』(一九六三—九六年)は詩と哲学に重心を置く異色の文学雑誌であり、この短文は雑誌の傾向にも見合っている。ここでは、いわば詩的なしかたで(とはいえ、詩が身を委ねてしまうことのある不精確さからは慎重に距離を置き)哲学とは何か、という基礎的な問いを簡潔に立てる試みがなされている(なお、このテクストは『言語と死』(一九八二年)のフランス語版(一九九一年)末尾にも収められている。再録にあたって、前年(一九九〇年)に死去した詩人ジョルジョ・カプローニへの献辞が追加されている)。

単に味読して、アガンベンの思考につねに感じ取れるだろう音調を——声を?——聴き取っていただければよいのだろうが、少しだけ補足する。言語をめぐって生ずる「人間の声」の逆説(他の動物には固有の鳴き声があるのに人間には固有の声がない)はとくに一九八〇年代前半のアガンベンを捉えていたもので、「もの自体」(一九八四年)にも詳しい。ちなみにこの時期、アガンベンは『人間の声』ないし『倫理 声について』と題された本をまとめようとしていた。「思考の終わり」は「もの自体」などとともに、結局は実現されなかったその本に統合されるはずだったのではないかとも想像できる（なお、この計画自体は『言語と死』において部分的に実現した）。

また、文中に唐突に現れるかに見える「倫理（etica）」については、それが「通例の性格（ēthos）」という、身振りにも通ずる「振る舞い・習慣」を意味する語に由来するものであることを想起すれば理解が容易になるかもしれない。この点については、さらに『目的のない手段』（一九九六年。日本語訳『人権の彼方に』）所収の「身振りについての覚え書き」（一九九一年）も参照できる。

「もの自体」翻訳者解題（二〇〇六年）

献辞にも名が見え、本文中でも評価されているジョルジョ・パスクアーリは二十世紀前半にイタリアで活躍した古典文献学の大家で、ここでの文脈に関しては『プラトンの書簡』（一九三八年）を書いている。そこで最もページが割かれている『第七書簡』（パスクアーリはこれを真作と確言している）をめぐる部分において、「哲学的余談」が神秘主義的なものではないとする議論はすでに展開されており、アガンベンの論考に出発点の一つを提供したとおぼしい。

献辞に名のあるもう一人、ジャック・デリダについては本文中には言及がないが、「グラマトロジー」――文字や書きものや痕跡（グランマ、グランマタ、グランメー）の学と名指された書きもの《エクリチュール》論――の唱導者としての彼が念頭にある。アガンベンは近年でこそデリダの幅広い著作を参照するようになったが、一九八〇年代から九〇年代初頭までのアガンベンはもっぱらデリダをその一九六〇年代後半の貢献――とくに『グラマトロジーについて』（一九六七年。日本語訳『根源の彼方に』）と『声と現象』（一九六七年）――によって評価していた。この論文「もの自体」はまさにその典型として位置づけることができる。

ところで、この日本語訳で「言語」としたものは――イタリア語ではすべて「lingua」ではなく「linguaggio」であり、個々の言語をではなく言葉を用いること一般を指しているが――、ギリシア語では「logos」にあたる。これは適宜、「言葉」「定義」「言説」などと、基本的にはアガンベンの読みに即して訳し分けてもいるが、もちろん同じものを指す。この、「言うこと」そのものと言ってよい言語《ロゴス》が、「言うことができないもの」の探究としての哲学とのあいだに逆説的にも緊密な関係をもつ、という点に拘泥するのがこの論文で示されている姿勢だが、これは、とくに一九八〇年代前半のアガンベンの書きものを特徴づける姿勢と言える（「思考の終わり」（一九八二年）も参照されたい）。なお、この傾向はもちろんデリダの思考にも通じるものだが、ここにはアガンベンの思考ならではのいくつかの特徴がさらに確認される。そのうち三つを指摘してみたい。

第一は、アリストテレスの重要性を強調するという点である。この論文はプラトンの書簡の一節の読解として始まるが、それが、アリストテレスにおける書きもの《エクリチュール》の問題設定の出現の重要性を浮き彫りにするための綿密な助走であることが最後にわかる、という筋立てになっている。じじつ、アガンベンにおけるアリストテレスは、『形而上学』第九巻において潜勢力《デュナミス》の教説を展開する哲学者としてしばしば姿を現すが、注意深く見れば、その同じアリストテレスが、その教説をつねに言語との関係において思考していること、またアガンベンがその点につねに注意を払っていることがわかる。

(『バートルビー』(一九九三年)第一章がその典型である。そもそも、ハーマン・メルヴィルの同名の短篇小説(一八五三年)に登場する奇妙な筆生のありように迫ったこの論考では、「もの自体」末尾に現れる「自然の筆生」アリストテレスの逸話が冒頭で引かれており、まるでこの論文の続篇であるかのように読めもする。あるいはまた、ほぼ同じ観点から、デリダをめぐって「パルデス」(一九九〇年)という論文が書かれているが、そこでもやはり、同じ自然の筆生としての哲学者の形象が召喚されている。)

第二の特徴は、暗黙の参照対象としてヴァルター・ベンヤミンの思考があることである。本文中に明らかな言及は見あたらないが、言語を認識への開かれないし啓示として、交流自体ではなく交流可能性として捉える構想は、とくに「言語一般および人間の言語について」(一九一六年)をはじめとする初期ベンヤミンの論考を暗に参照するものであると言える。じつは、やはりほぼ同じ観点から書かれた「言語と歴史」(一九八二年)という論文があり（ちなみにそこでもまたデリダが文字《グランマ》の優位を提唱する者として言及されている）、そこではまさにベンヤミンのその種の思考が中心的に検討されている。これも併読されたい。

ここで、本文で幾度も強調されている、「前提化」するという言語の必然的なありようについても補足しておくべきかもしれない。これはイタリア語では「presupposizione」あるいは「supposizione」であるが、語の成り立ちをたどれば、（「あらかじめ（pre-）」）「下に（sub-）」「置くこと（positio）」となる。ギリシア語ではちょうど「hypokeimenon」ないし「hypothesis」に相当する。つまり「主体（主題）」ないし「仮説（仮定）」である（「下設」と書かれることもある）。言語は必ずこの点を経由する（むしろ、言語とはこの点そのものである）というのがここでの議論の眼目の一つであるが、つまりは、「下に置いてしまう」「主題化してしまう」ということが、いわば、もの自体の世界からの構成的な排除の形象として捉えられている。これは、ものを「境界の外に置き去る（e-liminare）」こと、とも表現されている。

この作用を強調するというのがアガンベンの思考の第三の特徴と言えるだろう。この表現に相当するものを一九九〇年代以降のアガンベンの仕事のなかに求めるなら「例外化（eccezione）」となる。『ホモ・サケル』（一九九五年）で中心的な位置を占めるこの概念は、語の成り立ちから「外に捉える（ex-capere）」こととして説明され、「包含的排除」「締め出し」とも形容される。単にどこかにやってしまうのではなく、自らの威の及ばない場へと遺棄しつつもその場へと捉えるというしかたで威を示すこと——これは主権的な権力に固有な作用であるとされ、『ホモ・サケル』では現代におけるその作用の現れが問いただされているが、その本の「序」には、その例外化のありさまを正面から考察することだけが真に政治的かつ哲学的な思考だというほどのことが書かれている。この「序」と、ここに訳出した「もの自体」末尾に書きつけられている哲学の務めに関する一文とは、文の調子のみならず内容の方向づけまでもが重なりあっており、これまた併読が示唆を与えてくれる。一九九〇年代以降のアガンベンが政治化した、というのは——翻訳者自身も便宜上しばしばこの種の図式化を用いてきたが——、半分は正しいが半分は誤りである。彼の思考の対象が今日の時事的な出来事を含む政治的事象へと大きく移行したというのは事実だが、根底では、「前提化的」な言語によってもの自体に迫るという不可能な務めが、以前と変わることなく追求されている（なお、論考「装置《ディスポジティフ》とは何か？」を読むことでもこのことは確認される）。

アレックス・マリー『ジョルジョ・アガンベン』翻訳者後書き（二〇一四年）

本書は、現代イタリアの哲学者ジョルジョ・アガンベンの思想全般への導入となる、標準的な入門書である。

アガンベンの著作はすでに大半が日本語にも翻訳されている。彼の書くものは、他のいわゆる現代思想の書き手によるものに比べれば、概してわかりやすい。作者の立場はつねに明確にされ、議論には具体的な実例が引かれる。構文も明快である。それらの著作の翻訳にたずさわってきた者としては、正直なところ、彼の著作をじかに読めば話は済んでしまうのだから入門書など必要ないだろうと思わないでもない。

とはいえ、すべての読者が彼の思想の核心に労せず到達できるとはかぎらない。じじつ、「アガンベンは難しい」という声はたびたび耳にする。もちろん、どれほど説明されてもそもそも何が問題なのかわからないというばあいには、この種の補助も役には立たない。だが、入門書によってある程度まで引き下げることのできる理解のハードルもなくはないだろう。

アガンベンのばあい、そのような可変のハードルとして考えられるものは少なくとも二つある。

第一のハードルは、四十年以上におよぶ彼の研究から多数の著作がすでに生み出されているということである。すべての著作――二〇一四年九月の時点で、日本語版の単行本だけでも十八点におよぶ――に目を通し、アガンベン思想の全体をまとまった一つのヴィジョンのもとに捉えたり、さらにその変遷をイメージしたりするというのは、いわゆる現代思想の研究者でもないかぎりは相当に困難なことだろう。

第二のハードルは、アガンベン思想がその現代思想なるものの諸特徴を帯び、多くの領域を参照するものとなっているということである。彼は近現代西洋思想でたびたび扱われてきたテーマや用語を――それを批判するためにであれ――詳細な説明を省いて参照するということが少なくない。それらのテーマや用語の典拠は多くの領域におよぶため、門外漢の読者には彼の思想が近寄りがたいものに見えても不思議ではない。また、それらの雑多な参照対象がアガンベン思想においてつまるところどのように有機的に連関しあっているかも、個々の著作を一読するだけで明瞭に捉えられるとはかぎらない。

しかし、綿密な計画と配慮をもって書かれれば、入門書がこの二つのハードルをある程度まで引き下げる役に立つこともあるだろう。本書は幸いにして条件を充たしているように思われる。

本書では、各章――言語、インファンティア、潜勢力といったテーマをめぐってそれぞれに書かれている――が個々の重要著作の紹介の場としても用いられている。通読することで、アガンベンの長い経歴に対する概観もあわせて得られるようになっている。第一章では『言語と死』、第二章では『インファンティアと歴史』、第三章では『到来する共同体』、第四章では『ホモ・サケル』と『例外状態』、第五章では『内容のない人間』、第六章では『スタンツェ』、第七章では『アウシュヴィッツの残りのもの』と『瀆聖』がそれぞれ中心に置かれ、その他の論考もふまえながら著作紹介がなされている。ただし、当然のことながら本書全体の議論の展開のほうが優先されているため、これらの著作はアガンベンの執筆順には並んでいない。とはいえ、重要著作の多くが取りあげられているため、読者は自分なりに頭のなかで著作を執筆順に並べ換えてやることで、アガンベン思想の変遷をある程度つかむことができるだろう。

　また、近現代西洋思想（とくに、いわゆる現代思想）に固有の諸文脈に対しても、本書では適度な註釈がそのつど加えられている。弁証法、基礎的存在論、認識論、脱構築、主権論、共同体論、生政治研究、近代美学、図像学《イコノロジー》、一般言語学、ロマン主義批評、メシアニズムといった個々のトピックについて、必要充分な説明を読むことができる。さらに、当然のことだがアガンベンによる各領域における問題設定も明示されている。それだけでなく、本書ではアガンベンによる全議論の軸となる特定の領域が指示され、その領域こそがアガンベン思想全体を駆動させていると主張されている。言語論がその領域である。また、アガンベン思想全体の向かうヴィジョンはつねに同一だという主張もなされている。そのヴィジョンは独特な共同体の希求によって示されるという。つまり本書によれば、言語論を出発点として特異な共同体論を描き出すというのがアガンベン思想の根幹であり、その他の領域はいかに重要であろうと、つねにこの根幹との関わりにおいてその意味を捉えられるべきなのである。

　次いで、本書の面白いところと、（作者のせいではないが）ふまえておくべき欠陥について簡単に触れておく。

　本書のおそらく最大の特色は、本書の作者アレックス・マリーがもともと十九―二十世紀文学の研究者だというところに由来している。この種の入門書は通例、「ホモ・サケル」シリーズというアガンベンの代表作のねらいと意味を同定するということを中心的任務とする。たしかに、本書でも同シリーズの代表作は充分に検討されている。だが先述のとおり、本書ではアガンベン思想の根幹は言語論だと主張されており、そこが議論の出発点になっている。さらに目を惹くのは、「ホモ・サケル」シリーズが集中的に論じられている第四章と第七章（政治と倫理がそれぞれ扱われている章）に挟まれる形で、第五章でイメージ論、第六章で文学論が検討されているということである。これらは日本語でも、著作の訳出が進んでいるにしては取りあげられることの少ない分野である。この二章は、これまでになかったしかたでアガンベン思想の読解に伴走してくれるものとなるだろう。筆が乗って作者の本領が顔を覗かせた、ジェイムズ・ジョイスやウィリアム・カーロス・ウィリアムズの分析は微笑ましい。

さて、本書の欠点のほうは、いまもなお旺盛に研究を続けている思想家について入門書を刊行するという無理な注文自体に由来している。原書の刊行は二〇一〇年である。文献参照はすべて英語訳からなされている。本書の作者は『王国と栄光』、『ニンファ』、『事物の印徴』、『言語の秘蹟』、『裸性』を英語で参照できなかった（イタリア語では読んでいたかもしれないが、英語の入門書では原書を参照することが不親切と見なされているとおぼしく、本書に言及はない）。また、『言いえない娘』、『教会と王国』、『いと高き貧しさ』、『神の業《オプス・デイ》』、『悪の神秘』、『ピラトとイエス』、『命令とは何か』、『火と物語』、『身体の使用』に至っては、そもそも原書が刊行されていなかった。したがって、この六、七年におけるアガンベンによる議論の展開が本書で充分に検討されているとは言えない。

また、この数年のアガンベン研究の成果も反映されていない。本書が刊行されたころは、英語での論文集やモノグラフの数はせいぜいが片手に余る程度だった。それがいまでは三十点に迫る勢いである。入門や総説にとどまらず、教育論、人権政策、コロニアリズム、文学、神学、映画といった個別テーマをアガンベンと関わらせた大部一巻の研究書や論文集が続々と刊行されている。個々に発表される雑誌論文は、数えあげているうちに新たなものがどこかで発表されるような状況である。本書の作者自身がこのブームに積極的に関わっている以上——彼がジェシカ・ワイトと編纂した『アガンベン事典』（二〇一一年）はそのような動きを象徴し、あるいは牽引するものとなっている——、入門書の内容を充実させるのに役に立ったはずの諸論考に目を通すことができなかったのは彼にとっても不本意だったかもしれない。

しかし、これらも本書にとって原理的な瑕疵とはならない。幸いなことにアガンベンの思想の根幹はいまもまったく揺らいでいないため、彼のこの数年の著作が本書で参照されていないとしても、読者は依然として本書の主張をアガンベン思想を理解する基礎として用いることができる。最近の新たな著作に向かうにあたっても、とくに出発点を変更する必要はない。本書の軸となっている議論を念頭に置いて読み進めれば、読者はちょうど本書に自分で新たな章を追加するかのような理解の経験に到達するかもしれない。

研究書が量産されるより前に執筆されたことも、この入門書にとってはむしろよいことだったかもしれない。いささか過剰な刊行ラッシュはアカデミズムにおける「アガンベン産業」とでも呼ぶべきものの成立を証しているが、正直なところ、アガンベンの著作が読まれることを望むべき私でさえこの騒々しい状況には複雑な感情をいだいている。そこではたしかにアガンベンが読まれている。だが、本当に読まれていると言えるのか？　本書の作者自身が最近のブーム牽引に一役買っているだけに事情は込み入っているが、この浮かれた喧騒の始まる直前に、わずかなざわめきのなかで本書が書かれたことは、簡潔な見通しのもとで議論がのびのびと展開される役に立ったかもしれない。いまであれば、何かを書くことも、何かを書かないことも、はるかに多くの意味を帯びてしまっただろう。

その他の人々を見抜く方法
ジョルジョ・アガンベンと藤子・F・不二雄(二〇〇四年)

1　ジョルジョ・アガンベン『ホモ・サケル』

ジョルジョ・アガンベンは一九四二年生まれです。一九九〇年代には、田崎英明さんをはじめとするほんの一握りの人しか日本語では言及していませんでしたが、二〇〇一年末には京都(立命館大学)と東京(東京外国語大学)を訪れて講演をしたので、もしかするとそこにいらっしゃったかたもおられるかもしれませんし、いまでは少しは知られるようになっているかもしれません。

彼は現代イタリアの哲学者です。一九六〇年代後半からすでに執筆活動を開始しましたが、当初はマルティン・ハイデガーやヴァルター・ベンヤミンの影響下で、また同時に、図像学《イコノロジー》への興味から、美学・歴史学・詩学を哲学的な視点から問いなおすような仕事をしていました。それが、一九九〇年ごろから、政治への関心を前面に出すようになりました。この経緯について興味がおありのかたはぜひ、岡田温司さんがアガンベンの処女作『中味のない人間』の解説として書いていらっしゃる「アガンベンへのもうひとつの扉」をご参照ください。[1]

一九九〇年に『到来する共同体』、九五年に『人権の彼方に』（原題『目的のない手段』）と『ホモ・サケル』、九八年には「ホモ・サケル」シリーズの第三巻にあたる『アウシュヴィッツの残りのもの』、二〇〇二年には『開かれ』、そして〇三年には「ホモ・サケル」シリーズの第二巻第一部にあたる『例外状態』が刊行されています（その他にも本が出ていますが、いま、私たちの問題にする「政治的なもの」に関わる本はおおまかに言ってこれですべてです）。

これらの本に理論的な背骨《バックボーン》を与えているのが、いまのところ彼の主著と見なせる『ホモ・サケル』です。

この「ホモ・サケル」とは何かというと、文字どおりには、ラテン語で「聖なる人間」という意味です。この人物の名が姿を現すのはローマの古い法律です。その法律によると、親に危害を加える、境界石を掘り出す、客に不正を働くなどの違犯をおこなった者は制裁を加えられるのですが、その制裁は厳密に言えば法的な処罰ではないというのです。というのも、その人は法に則って処罰されるわけではなく、その代わりに「ホモ・サケル」であると宣告され、法の外にあるものと見なされるのです。通常、法律に違反した人は、法の内部にあるかぎりは、処罰という名の儀礼・儀式に参加することができ、つまりは犠牲として捧げられることができます。しかし、ホモ・サケルになった者は犠牲となることがない（つまり、平たく言うと、たとえば死刑にはならない）反面、法からもともと排除されているので、誰によって殺害されてもおかしくないのです（ホモ・サケルを殺した人は殺人罪には問われないというわけです）。

この興味深い人物も、特定の歴史のなかにしか出てこないのであれば、それほどの注目には値しないでしょう。アガンベンがこの「ホモ・サケル」を取りあげたのは、このような存在が、体制が主権の理論を必要とし、問題が法的なものに抵触するたびに、生み出されてきたからです。法において法の例外とされる（法によって法の外に置かれる）という逆説的な状況を特権的に示すのが、この「ホモ・サケル」なのです。

『ホモ・サケル』の第一部では、このような「法の例外」が生み出される論理的な構造が、まずは図式的・理念的・思弁的に検討されます。そこでの主人公は主権者、つまり何が例外であるかを決定しこれを生産する側の者、「ホモ・サケル」が誰であるのかを決める側の者であり、その者の行使する法です。主権者はそのようにして、例外化の対象を法の適用から除外しますが、つまるところその除外こそが主権者を主権者たらしめるのです。自分の威力の及ばないところを生み出すというしかたで示される、主権的権力のこのような逆説的な作用をアガンベンは「締め出し」と呼び、これこそが主権を定義づけると言います。そして、その主権的権力の矛盾があらわになるのが、例外の空間が法の空間と区別できなくなる状況であり、そのような状況が日常化してきているのが今日の世界だ、という不吉な示唆が第一部の最後でなされます。

第二部では、そのような主権者によって「例外」とされるほうのさまざまな形象が、西洋の歴史のなかにたどられ、再検討に付されます。その冒頭に登場するのが、「ホモ・サケル」です。ここでまず問いなおされるのは、この「聖なる」人物の担わされる聖性の意味です。というのは、アガンベンによれば、この聖性こそが、政治と生のあいだに生まれる問題を明確に捉えることを阻んできた元凶だからです。つまり、問題が中心に近づくと、そのつど「生の聖性」ということが言われ、何もわからなくなってしまうということです。

「聖なるもの」ということほど曖昧なものもありません。それも、その曖昧さは、科学によって縮小されるどころか増大されてきました。主権的権力の基礎をなす聖化（つまりは例外化）の機構は、科学によって解明されるどころか、その依拠したイデオロギーによって隠しこまれてしまったとアガンベンは言います。聖なるものは崇敬の対象にも唾棄の対象にもなる、上にも下にもある、とする、穢れたものと聖なるものはじつは一緒なのではないかという、誰もがどこかで耳にしたことがあるはずの疑似科学的なイデオロギーがそれであって、これは人類学における「タブー」という偽の概念によって代表されました。アガンベンは、この「聖なるものの両義性」に関するイデオロギーに対する批判を議論の軸として、主権的権力が威力を示すときにはつねに「生の聖化」が見られるということを論証していきます。その論証の過程で、さまざまな時代の「聖なる生」の事例が個々に検討されていきます。

第三部では、このような議論をふまえたうえで、主権的権力が人民自体に託されると言われるとき、つまり民主主義なるものが成立するときに何が起こるのかが問われます。つまり、私たちのいま、生きている世界が、それに照らしたときに何であるのか、ということです。例外が規範となってしまう状況が日増しに日常化していくのが今日の世界であるという示唆はすでに第一部で提示されたとおりですが、その不吉な状況が人民主権という原則とじつは何らかの関係をもっているのではないか、というのがここで立てられる問いです。つまり、主権的権力によって聖なるものとされ例外化されるのは、いまや主権者となったはずの人民の生そのものなのではないか、というのです。体制が人民主権へと移行したところで、主権という原則それ自体が問いに付されないかぎり、生が聖なるものと見なされるということがなくなるわけではありません。主権者であると見なされる私たちのそれぞれが、その主権によって例外化された生を自分のなかに保持することになってしまう（たとえば、誰もが尊厳ある生をもっているという言説もここに由来しますし、これと一見矛盾するようですが、誰もが脳死になれば他人に提供することのできる臓器を抱えながら生きているということもここに由来するわけです）。これが、個々の主権者が規範のうちにありながら例外を生きるという現在の逆説のメカニズムであり、それを名指したのが、ミシェル・フーコーの用語を借りて言われる「生政治《ビオポリティック》」なのです。

アガンベンはこの逆説を近代民主主義の成立の歴史のなかに逐一確認した後、今日の「聖なる生」とは何なのか、今日の「ホモ・サケル」とは誰なのかを、いくつかの例を挙げて問うています。それは、事実と権利のはざまで存在を無視される難民であり、ナチによって「生きるに値しない生」と見なされて「慈悲殺」の対象となった「白痴」であり、同じくドイツ第三帝国で「人民」に属すると見なされず人体実験に利用されたり単に抹消されたりしたユダヤ人やロマの人たちであり、生き生きとした臓器の提供者となる脳死の人間です。

人間が人民の名のもとに政治主体として単一化すればするほど（つまり、私たちはみな、人民と見なされており、そのようにして主権をもっていると見なされているわけですが、そのように単一化されればされるほど)、このような例外はそれぞれの人の身体のうちに「剝き出しの生」として——単なる生物としての「ヒト」ではあるにしても、政治的価値をもつ「人間」ではないものとして——住み憑いていきます。例外状態が規範となった状況を「収容所」と仮に呼ぶとすれば、私たちはつねに潜在的にはそのような収容所に身を置いていると言えるわけです(あるいは、いまや収容所は個々の私たちの身体のうちにあると言えます)。望みのときに望みのままに聖なるものと見なされる生を抱えて生きている以上、私たちは、犠牲化不可能かつ殺害可能であり、つまり潜在的には「ホモ・サケル」なのだ、とアガンベンは示唆しています。

この状況を脱するには、規範となった例外状態を例外状態のままで思考しなければならず、そこにおける例外化という事実から出発して、純粋な生そのものを考え抜くことを学ばなければならない、というのがアガンベンの展望です。

少し駆け足だったかもしれませんが、以上が『ホモ・サケル』の概要です。

今回は、この『ホモ・サケル』の概要を頭にとどめたうえで、問題を別の角度から明確にするために、脱線をしたいと考えています。

2 『T・P《タイムパトロール》ぼん』と救済の問題

みなさんもよくご存じのはずの、藤子・F・不二雄(一九三三―九六年)という漫画家(本名・藤本弘）がいます。一九八九年までは、現在の藤子不二雄Ⓐ（本名・安孫子素雄）と二人で「藤子不二雄」という筆名を使っていたので、こちらで記憶していらっしゃるかたも多いと思います。

さて、この人は、しばしば、救済の問題を、時間や空間との関わりにおいて検討しています。たとえば『ドラえもん』では、未来から現代の日常的な世界にネコ型ロボットがやってきて、未来の発明品で現代の悩みを解決してくれるわけです――その解決は、結局は役に立たないということで笑い話になるのですが。たとえば、「暗記パン」という発明品があって、これをノートや教科書に押しつけてコピーを取って食べると内容が記憶できるのですが、主人公の「のび太」がこれを使って、欲張って調子に乗って大量に学習すると――つまり「暗記パン」を大量に食べると――、次の日は下痢をして、せっかくの記憶もいっしょに流れてしまう。

『パーマン』では、他の星から正義の味方の「バードマン」がやってきて、三人の子ども（と一匹の猿）がその手先に指名されて、世界の救済に奔走します。ここでも、笑い話が成立するために、その奔走がドタバタ喜劇で終わるようになっています。たとえばですが、ジェット飛行機を墜落から救い出して家に帰ると、服を汚したといってお母さんに叱られる、といったぐあいです。

救済のテーマは、『ドラえもん』や『パーマン』では、主として、喜劇に原動力を与えるためだけに導入されていると考えられますが、これからまた別のシリーズものをご紹介したいと思います。そのシリーズものでは、救済と歴史が中心的な主題として置かれ、喜劇的な側面は極限まで小さくされています。この作品を検討することで、救済を考えるときにどのような方法があるのかが、わずかではあれ明らかになるのではないかと思うのです。

それは『T・P《タイムパトロール》ぼん』という作品です。一九七八年から八六年まで連載され、八九年には、一回きりのスペシャル番組としてTVアニメ化もされているようです。

この作品も、『ドラえもん』や『パーマン』と同じく、読み切りのエピソードがシリーズになっています。設定は次のようになっています。

「並平凡《なみひら・ぼん》」というカギっ子の中学生がいて、名前のとおり並で平凡なのですが、この少年が、ひょんなことから「タイムパトロール」にスカウトされます。

図1　タイムボート（藤子・F・不二雄「消されてたまるか」、『T・Pぼん』第1巻（小学館、2011年）28頁）

この「タイムパトロール」というのは、警察ではなく、未来に「本部」を置く組織です。未来では、すでに未来や過去に行き来する方法が発明されていて、「タイムパトロール」は、その仕組みで動く「タイムボート」を使って過去に行きます（図1）。

そこで何をするかというと、「本部」からの指令にしたがい、さまざまな未来の道具を使って人命救助をするのです。

その原理を、「ぼん」の先輩にあたる「リーム・ストリーム」という未来の女の子が「ぼん」に次のように説明しています。

「タイムテレビ」の監視網があるの。全世界・全時代を通じて不幸な死に方をした人を助けに行くわけよ。ただ一つ、歴史にかかわるような人はたすけられないの。たとえば……、ローマ時代へ行ってシーザーを暗殺から救ったとするわね。すると、歴史の流れが大きく変わっちゃう[2]。

つまり、歴史に関わりのない人たち「だけ」を、不幸な死から救済する、というのが任務というわけです。一言で言えば、無駄な死（犬死に）をなくす、ということです（しかし、そもそも、無駄死にでない死があるか、という、このあたりがじつは問題なのです）。

まず、この「歴史にかかわる人を助けられない」というところですが、これは「航時法」という法律で規定されています（「第一章第一条」は、「T・Pは歴史の流れに影響ある人物を救助してはならない」）[3]。また、これと似たものとして「第二章第十六条」もあります。「過去の自然に手をふれる時は、未来におよぼす影響を調査のうえ行うこと」[4]。つまり、影響があるような自然には手を触れてはいけない、ということです。あとは、「第五章第一条」があります。「被救助者に物理的な力を加えてはならない。あくまでも自然に」[5]……。

次に、T・Pの装備について若干を説明します。未来らしいいろんな装備が用意されているのですが、物語上不可欠ないくつかのものだけをご紹介します。

すでにお話ししたとおり、「タイムボート」は時空を自由に移動するバイクのようなものです。これで、救済する対象の人物がいる時間・場所に行くわけです。

それに加えて、次のようなものがあります（図2）。

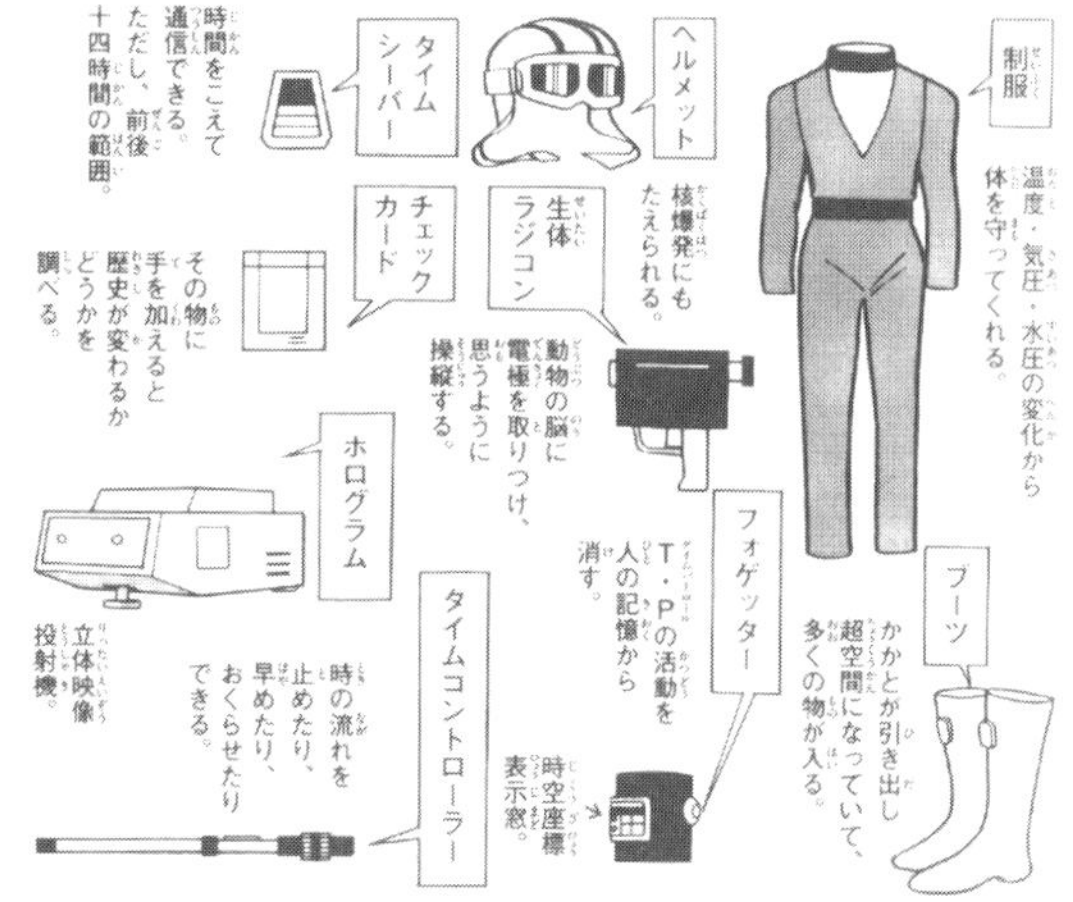

図2　T・Pの装備（藤子・F・不二雄「見ならいT・P」、『T・Pぼん』第1巻、59頁）

「タイムコントローラー」という魔法の杖のようなものがあり、これを使うと、時間の流れを止めたり、早めたり、遅らせたりできます。これで、時間の通常の流れのあいだに介入して、目当ての人をさまざまな手段で救出するわけです。

それから、この救済の活動が、救済する対象の人物を含め、あらゆる人に知られてはならないので、任務の遂行中は「フォゲッター」というリスト・バンドの形をしたものを作動させておかなければならないことになっています。それを作動させると、活動が人々の記憶に残りません。

そして最後に、私がこの物語の設定において最も重要だと考えている道具があります。それは「チェックカード」という小さな板状の道具で、それを物や動物、人間などに近づけると、

図3　チェックカードが光る（藤子・F・不二雄「マラトン大会戦」、『T・P ぼん』第1巻、433頁）

それが歴史に関わるものであるかどうかがわかる、というものです。「その物に手を加えると歴史が変わるかどうかを調べる」道具、というわけです。歴史が変わるばあいは――つまり、その対象が「歴史的」であるばあいは――、「チェックカード」が光ります（図3）。

そのばあいは、その対象に働きかけてはいけないわけです。逆に言えば、「チェックカード」が光らなければ、それ――物だったり人間だったりしますが――を動かしてもいいし、救済してもいいわけです（図4）。

つまり、T・Pが救済することができるのは、「チェックカード」が光らない人だけ、ということです。

これは、タイムマシンがらみの物語につきもののタイム・パラドックスをどのように回避するか、という必要から生まれた道具立てだと考えられます。つまり、物語の構造自体が、物語の細部を要請している、とも言えます。ここからが問題なのですが、T・Pが「歴史的」と呼ぶものは、未来をしかじかのしかたで成立させる役に立つことになる、という意味です。たとえば、クレオパトラの鼻の高さは、その意味で「歴史的」です。これに介入してはいけない。未来が変わってしまうからです。歴史的でない、とは、その逆で、それがあろうがなかろうが、生きていようが死んでいようが、未来が変わらない、ということです。このばあい、歴史的とは、過去とも現在とも関係がない。この「歴史」では、未来だけが——より正確には、未来が変わらないということだけが——重要なのです。

例を挙げれば簡単におわかりいただけるかと思います。たとえば、『T・Pぼん』の最初のエピソードで救済されるのは、一九四七年の東京で、キャサリン台風で家ごと流されて死んでしまうことになっている老婆です。このおばあさんは、歴史的ではありません。つまり、彼女はその後、生きようが死のうが、未来は変わらない（他の世界が何も変わらない）ということが、未来からのまなざしによって確認されている。だからこそ、救済することができる。この奇妙な逆説、おわかりいただけるでしょうか？ 他にも、ヨーロッパでおこなわれていた魔女狩りから少女を救済する、というようなエピソードでも、一人くらい救済しても未来は変わらないので、救済することができるわけです。

図4 チェックカードが光らない（藤子・F・不二雄「マラトン大会戦」432頁）

すべてのエピソードがそのようにして成り立っています。

さらに、物語の構造上の矛盾——矛盾というか、非常に奇妙なのに読者からは当然と見なされている点——があり、それがこの「歴史」問題と密接に関わっています。

それは、すべてのエピソードが、何らかの歴史的出来事を扱っている、ということです。舞台はつねに、歴史上有名な時代と場所です。歴史的でないものを救済しに行くにもかかわらず、その行き先はつねに歴史的なのです。キャサリン台風や魔女狩りの他、エジプトのピラミッド建設、南方民族の日本列島への渡来、三蔵法師の旅行、特攻隊など、舞台はつねに、歴史的興味を惹くものであり、未来に影響を及ぼすことになるものです（つまり、それらは歴史に書かれている）。ですが、その舞台で、その歴史に関与しない者を選択的に扱うのが、この物語なのです。

たとえばですが、まったく歴史的でない舞台に行けば、何の問題もなく、いくらでも人々を救済することができるのではないか、と考えてもいいはずですが、このマンガではそのような舞台は描かれません。物語の構成上、それはもちろん当然なのであって、歴史的ではない舞台には、タイムマシンでわざわざ行く価値は、物語上ないからです。仮にそんなところに行ったとしても、毎回同じような話になってしまうでしょうし、過去に行くという必然性が物語からは失われ、その時代、その場所に行くということに説得力をもたせるのはかなり難しくなってしまうでしょう。

また、物語の構成上二次的な理由もあります。それは、作者の意図です。じつは、藤子・F・不二雄は無類の歴史好きで、取材旅行と称しては世界各地の遺跡に出かけるほどだったのです。それも、取材旅行が頻繁におこなわれた時期は『T・Pぼん』の執筆時期とほぼ重なっています。この時期の彼は、公に知られているだけで、マヤ文明の遺跡、中国各地、インカ帝国の遺跡、イースター島、ネス湖、トルコの古代遺跡などに行っています。[6]

単行本の後書きとして書かれた「「T・Pぼん」で書きたかったこと」という短い文章のなかで、

作者は次のように書いています。

僕は史劇映画が大好きです。いわゆる歴史劇ですが、必ずしも史上有名な人物や事件がでてこなくても、その時代の空気や匂いが感じられれば満足なのです［……］。日常の行動やものの見方考え方など、現代の規範では理解できない部分が多かった筈。そんな部分もひっくるめて、可能なかぎり過去の忠実な再現を見たい。つまり、タイムマシンで本物の過去の世界を目の当たりに観たいというのが、僕の究極の夢なのです［……］。そんなこんな過ぎた時代への思い入れを漫画にしたくて「Ｔ・Ｐぼん」を書きました。[7]

歴史に関与せずに、しかし歴史的なものの「空気や匂い」に浸る、しかも「救済」という肯定的な振る舞いをともなって――これが、藤子・Ｆ・不二雄が自らの欲望を充足させつつＳＦマンガを成立させるにあたって思いついた仕組みでした。これはちょうど、たとえばですが、推理小説を発明したエドガー・アラン・ポウの振る舞いにも似ているかもしれません。彼は、知性の純粋な働き自体（つまり推理）を小説の中心的な道具に据えたいと思いつつも、物語としての興味が失われてしまわないように、単に知性の「雰囲気《エア》」[8]（これはポウ本人の言葉ですが）だけを演出してみせることでこのジャンルを発明したのでした。

さて、構成がおわかりいただけたところで、あらためて『Ｔ・Ｐぼん』の問いを整理したいと思います。

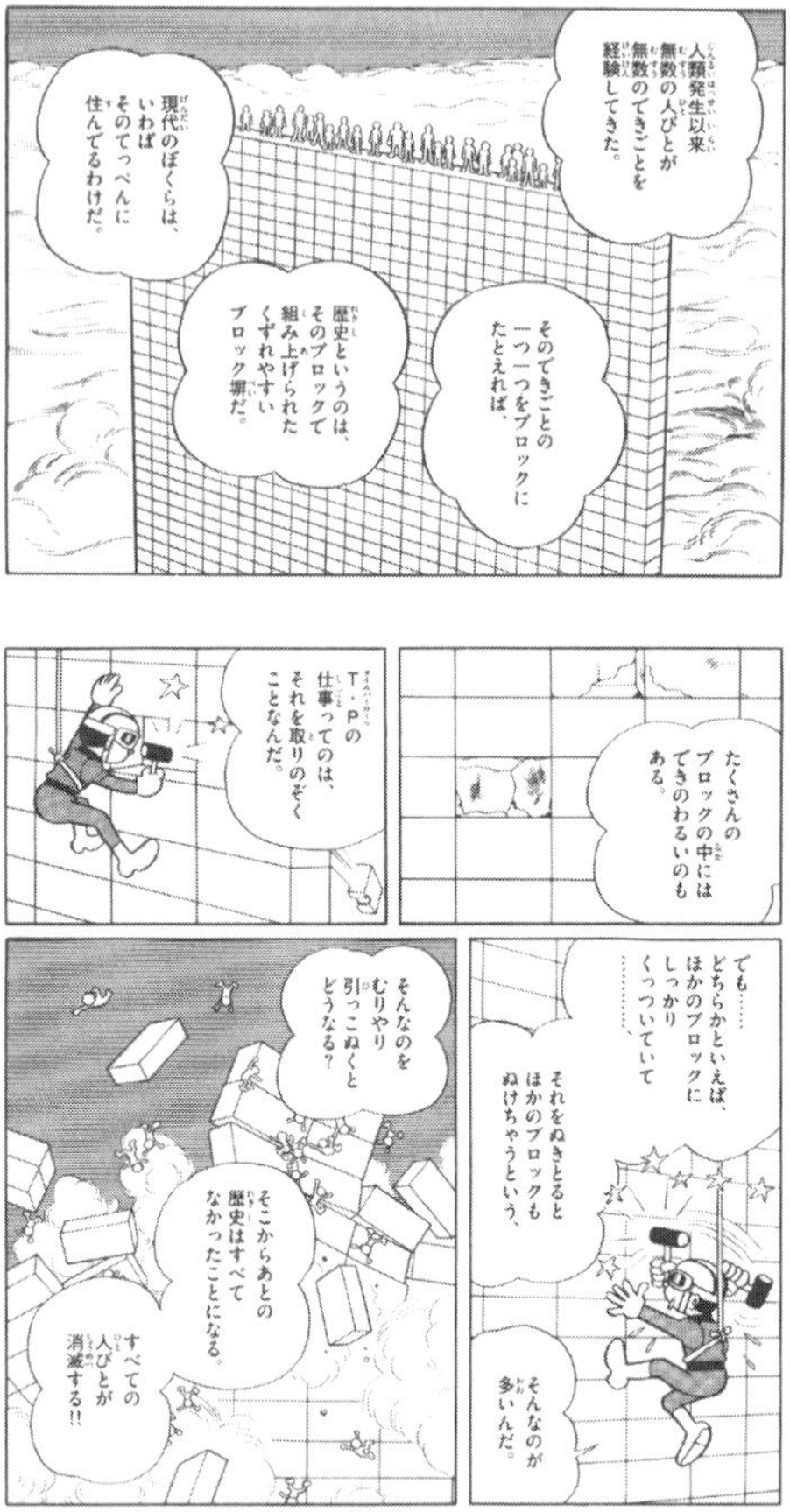

図5　「歴史」の図像化（藤子・F・不二雄「チャク・モールのいけにえ」、『T・Pぼん』第2巻（小学館、2011年）63-64頁）

すなわち、問いはこうです。救済に値するとは、どのようなことなのか？　救済されるということはいいとしても、しかし、救済されうるということ自体、救済可能性自体は——乱暴な言いかたになりますが——はたしていいのか、悪いのか？　というのは、救済されうると見なされるということは、歴史上、結局自分には何の意味もない、ということを意味するわけですから。

この問いをとりあえず立てたままにして、藤子・F・不二雄による「歴史」の説明をあらためて見てみることにしたいと思います。彼はこれを、図で表してくれているのです。

すでに正隊員になった「ぼん」が、自分の助手になった「ユミ子」に、次のように説明していま
す（図5）。

人類発生以来無数の人びとが無数のできごとを経験してきた。そのできごとの一つ一つをブロックにたとえれば、歴史というのはそのブロックで組み上げられたくずれやすいブロック塀だ。現代のぼくらは、いわばそのてっぺんに住んでるわけだ。たくさんのブロックの中にはできの悪いのもある。T・Pの仕事ってのは、それを取りのぞくことなんだ。でも……どちらかといえば、ほかのブロックにしっかりくっついていて……それをぬきとるとほかのブロックもぬけちゃうという、そんなのが多いんだ。そんなのをむりやり引っこぬくとどうなる？　そこからあとの歴史はすべてなかったことになる。すべての人びとが消滅する!!　だから原則として、T・P本部調査局が探し出した人だけしかたすけちゃいけないんだ。[9]

さて、このブロック塀の譬喩が登場するエピソードの歴史の舞台となっているのは、これまた、積み重ねられた石の舞台、マヤ文明のピラミッド（チチェン・イッツァのエル・カスティージョ、別名ククルカンのピラミッド）なのです。単なる偶然かもしれませんが、そのように意識して読むと、『T・Pぼん』には、ピラミッド状のものが他にもたくさん出てくることに気づかされます。それらについても順次、触れますが、いまはとりあえずその事実だけ指摘しておいたうえで、先に進みたいと思います。[10]

ここで注目したいのは、石積みのピラミッドを舞台にするときに、意識的か無意識的かはわかりませんが、石積みの構築物を「歴史」の譬喩に使おうと思いついた、作者の連想です。

3　バベルの塔、ピラミッド

そもそも、ピラミッドのような構造の石積みの建造物は、持続的な活動とそれによる大きなものの完成というその性格から、またそのもつ幾何学的で象徴的な性格からと思われますが、周知のとおりさまざまな譬喩に用いられてきました。

その第一は、「バベルの塔」です。[11] 周知のとおり、『聖書』に登場するヘブライ人の伝承です。「創世記」には次のようにあります。

世界じゅうは同じ言葉を使って、同じように話していた。東のほうから移動してきた人々は、シンアルの地に平野を見つけ、そこに住みついた。彼らは「レンガを作り、それをよく焼こう」と話しあった。石の代わりにレンガを、しっくいの代わりにアスファルトを用いた。彼らは「さあ、天まで届く塔のある町を建て、有名になろう。そして、全地に散らされることのないようにしよう」と言った。主は降ってきて、人の子らが建てた、塔のあるこの町を見て、言われた。「彼らは一つの民で、みな一つの言葉を話しているから、このようなことをし始めたのだ。これでは、彼らが何を企てても、妨げることはできない。我々は降っていって、ただちに彼らの言葉を混乱させ、互いの言葉が聞きわけられぬようにしてしまおう」。主は彼らをそこから全地に散らされたので、彼らはこの町の建設をやめた。こういうわけで、この町の名はバベルと呼ばれた。主がそこで全地の言葉を混乱《バラル》させ、また、主がそこから彼らを全地に散らされたからである。[12]

図6　ジッグラト（藤子・F・不二雄「シュメールの少年」、『T・Pぼん』第2巻、191頁）

この逸話は、バビロニアに数多く建設されたジッグラト（ズィクラト）という塔、なかでも新バビロニア（カルディア）のネブカドネザル二世が建設したとされるものをもとにして生まれたと言われています。『T・Pぼん』にも、一回だけ、物語に直接は関係しないしかたではありますが、ジッグラトが登場しています[13]（図6）。

この「バベルの塔」を図像化したものとしては、ピーテル・ブリューゲル（一五二五―六九年）の『バベルの塔』（一五六三年）や（図7）、M・C・エッシャー（一八九八―一九七二年）の『バベルの塔』（一九二八年）が知られています（図8）。

これらの描きかたを見るかぎり、人々が塔の建設に挫折

図7　「バベルの塔」の最も有名な図像化（ピーテル・ブリューゲル『バベルの塔』（1563年））

するというところははっきりとわかります。ブリューゲルは実際に崩れかけの塔を描いていますし、エッシャーは、一見、順調に建設中にも見える塔を描いてはいますが、組み立てかたが途中から変わっているところを描くことで、また人々を黒と白に色分けすることで、これを示しています。

しかし、これら二つの作品では、その混乱を惹き起こしたのが神だ、というところは、あまりはっきりしていません[14]。人々が単にてんでばらばらな工事を勝手に始めてこのようになってしまった、と取れなくもありません。塔が未完成であることの責任は、少なくとも図像から判断するかぎりは、人間へと委ねられていると言えます。

むしろ、ブリューゲルの作品が描かれるよりも前の、十四世紀の挿絵入り『聖書』を参照したほうが、この逸話の構成要素がはっきりするかもしれません（図9）。

この、上のほうの雲に注目していただきたいと思います。神とおぼしい中央の人と、左右の雲から突き出している腕が、サスマタのような道具で、はっきりとしたしかたで塔の建設を妨害しています。

この神の姿ですが、先ほどご紹介した説明のなかにあった、失敗した「T・P」の姿とちょうど重ならないでしょうか？　もちろん、『聖書』の神が塔の未完成に向けて意図的に介入をしているのに対し、「T・P」のほうは、「歴史」という一種の塔の完成に向けて介入し、あの例ではそれに失敗している、という違いはありますが。

また、『聖書』の神は、過去には介入せず、建設のおこなわれている現在に介入しているにすぎませんし、その介入は、塔の未完成を通じて間接的にではありますが、人々に逸話という形で知られるにいたっていますが、それに対し、「T・P」のほうは過去――すでに積まれたブロック――に介入し、しかも介入が成功するときには誰にも知られない、つまり、いわば「歴史」という塔は完成のまま変わらないわけです。

ここではとりあえず、この違いを理解したうえで、にもかかわらず「建築への介入」というところが共通しているということを記憶にとどめておいていただければと思います。

図8　「バベルの塔」の図像化の別例（M・C・エッシャー『バベルの塔』（1928年））

巨大建造物の譬喩の第一はこの「バベルの塔」、ジッグラトですが、第二は「ピラミッド」に関するものです。[15]

先ほど、メキシコのピラミッドであるチチェン・イツァのエル・カスティージョについては触れましたが、『T・Pぼん』には、いわゆるピラミッド、つまりエジプトのピラミッドも登場します[16]（図10）。

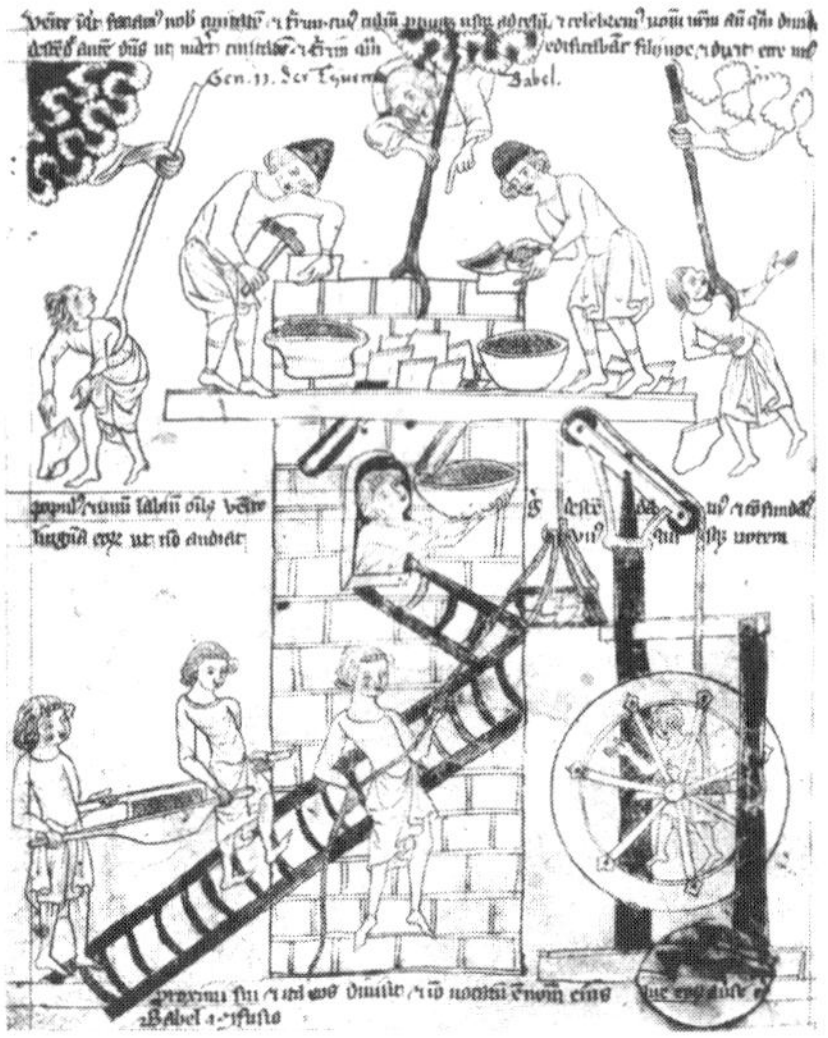

図9　塔の建設への神の介入(『ヴェリスラヴ聖書』(14世紀))

ただしそれは、最も有名なギザの「三大ピラミッド」(第四王朝のクフ王、カフラー王、メンカウラー王のピラミッド)ではなく、第三王朝の二代めにあたるジェセル王がサッカラに建設したとされる階段ピラミッド(紀元前二六五〇年ごろ)で、これは「三大ピラミッド」より一世紀ほど早く建設された、おそらくは歴史上最古のピラミッドです。ちなみに、実際に建築を指導したのは宰相イムホテプで、彼はこのことから、名の判明している世界最古の建築家とも言われる人物です。ついでに言えば、「T・P」が救済しようとする人物が、イムホテプの計略でピラミッドに生き埋めにされた人であるというところも、示唆的です。

さて、『T・P』の話は、とりあえずここまでです。

4 「エジプトの霊廟」とバートルビー

これからお話ししようと思うのは、この「ピラミッド」が象徴や哲学的隠喩になってたどった奇妙な運命についてです（時代や領域が若干飛びますが、しばらくご辛抱ください）。

一八三〇年代のニュー・ヨークの街路に、マクドナルド・クラークという名の男がいました。彼は「振る舞いは無害で目立たない」人で、「街路をぶらつき、ぼんやりとした様子で、まるで何か痛切な悲しみを背負ってでもいるかのように舗道をじっと見つめていた」だけの人です。定職もなく、少し頭がおかしい感じはありましたが、何でもない人です。「歴史」とは何の関わりもない人だ、と言ってもいいでしょう。しかし、この人がやがて、ある施設に収容されることになります。収容された理由は、もちろん、理由もなく街路をぶらついていた、ということです。

図10　ジェセル王のピラミッド（藤子・F・不二雄「ピラミッドの秘密」、『T・Pぼん』第1巻、117頁）

その収容先は「司法庁舎」（正義のホール）、あるいはより正確には「ニュー・ヨーク市の正義のホール、拘置の家」というところで、つまりはニュー・ヨークの刑務所です。現在では「マンハッタン拘置所」と呼ばれているところです。ジョン・ハヴィランド（一七九二―一八五二年）という建築家によって設計され、一八三八年にできあがり、それ以来、牢獄として使われています。その後、二十世紀の初頭となかばに改修が加えられ、現在の建築はすでに十九世紀なかごろの面影をとどめていないといいます。[17] しかし、この施設は現在でも、初代の建築のころにつけられた綽名で呼ばれています。

ハヴィランドは多くの公共施設を設計しましたが、なかでも牢獄の設計で知られています。彼はニュー・ジャージーの収容所（一八三六年）も設計しており、そちらも有名です。そこで彼は建築にエジプト様式を導入しています。じつは、ニュー・ヨークの拘置所もこれと同じ様式で設計され、それが綽名の由来になっているのです。すなわち、その建築はエジプトの陵墓を思わせるように設計され、「霊廟《トゥームズ》」と呼びならわされることになったのです[18]（図11）。

見たところでは、それはピラミッドというより、ルクソールやカルナックにあるような神殿を思わせます。ともあれ、時代の要請によって、いわゆる「歴史」のない土地に——もちろん先住民たちの「歴史」を無視すればですが——歴史の「空気や匂い」ないし「雰囲気」をもたらすために建築されたこうした公共の施設が、つまるところエジプト文明を参照することになったということは、たしかに興味深いと言えます。当時の『イヴニング・ポスト』紙には、この建築について、次のような記事が掲載されています。「これは、私たちの公共建築物のなかでも最も立派なもののうちに数えられることになるだろう［……］。エジプト様式であるが、この様式は、そのどっしりしたところ、厳格な様子、驚異的な強さという見かけをもっていることから、この種の建造物にはよく合う」[19]。

この「霊廟」に収容された、先ほどの名もない「浮浪者」マクドナルド・クラークですが、この人が私たちにかろうじて関わりをもつのは、この人をモデルにして登場人物を創造し、その人物が主人公となるような短篇小説を書いたのかもしれない小説家がいるからです。[20] それはつまり、『白鯨』で知られるハーマン・メルヴィル（一八一九―九一年）であり、短篇小説とは、彼が一八五三年に発表した「筆生バートルビー　ウォール街の物語」です。

図11　ニュー・ヨークの刑務所「霊廟《トゥームズ》」（版画（19世紀））

物語のあらすじは次のようになっています。

時代は一八五〇年代初頭。語り手はニュー・ヨークのウォール街に構えた事務所で平穏な業務をこなしている初老の法律家「私」で、羽振りのよかった数年前を回顧しています。三人の使用人（筆生を二人と使い走りを一人）を雇用していましたが、業務量の増加から、さらに一人の筆生を新たに歩合制で雇用することになりました。それが正体不明の寡黙で蒼白い、バートルビーという男です。

仕切りに囲われた自分だけの持ち場で、彼ははじめ、勤勉すぎるほどの筆写を黙々とこなしていますが、筆写の照合をするように言われたときから、「しないほうがいいのですが」という、その後も繰り返すことになる定式を口にしはじめます。彼のこの得体の知れない「好み」はしだいに度を超したものになり、彼はついに筆写することとさえやめてしまいますが、かといって事務所から出て行こうともしません。どうやら帰宅することもなく事務所に住み憑いてしまっているようなのです。自分の机の脇にある窓から見える行き止まりの壁のほうを向いたまま、動こうともしません。

脅してもすかしても彼の「好み」を変えることができず、それだけでなく、その「好み」によって自分の振る舞いまでもが奇妙な影響を受けていると感じはじめた法律家は、自分のほうが事務所を移転させて彼を厄介払いすることにします。しかし、バートルビーは元事務所の建物から離れず、その界隈のガラが悪くなることを恐れる大家と入居者の手配によって、「霊廟」――つまり先ほどの牢獄――に「浮浪者」として収容されてしまいます。彼はそこでも食事すらしようとせず、まもなく獄内の庭の片隅でぐったりと横たわって死んでいる姿を発見されます（これに後日談が続きますが、省略します）。

この物語については多くのことが書かれてきました。文学者も、文学研究者も、哲学者も、ありとあらゆることを書いてきました。それらをいちいち検討することはここではできません（哲学者たちの反応については、刊行準備中の本――メルヴィルの短篇とアガンベンの「バートルビー」論を合わせたもの――に、まとめた解説を付すつもりですので、刊行後にそちらを参照していただければ幸いです）。

読者たちの反応を網羅的に検討することはここではできませんが、ただし唯一、ほぼすべての読者が「謎」だと感じて立ち止まった箇所があるということは、指摘しておかなければなりません。それは他でもない、バートルビーが法律家のさまざまな言葉に対して返す唯一の言葉、「しないほうがいいのですが」です。この言葉は、語り手である法律家を茫然とさせるだけでなく、読者をも茫然とさせ、謎のなかに投げ入れてしまうものであるとして、この謎を明らかにすることがさまざまな方法で試みられてきました。そもそも、この言葉こそ、法律家をバートルビーの救済からつねに遠ざけてしまう、にもかかわらず法律家をバートルビーの救済へと駆り立てるものなのです。

そのような謎の探究のなかでも最も明快と思われる例として、モーリス・ブランショによる註解を参照してみましょう。『災厄のエクリチュール』（一九八〇年）からの引用です。

拒否は受動性の第一段階である、と言われる――だが、それが故意のもの、意志的なものであるなら、否定的決定をであるにせよ決定を表現するものであるなら、意志は、意識の権力からきっぱり離れることを可能にしてはくれず、最善でも、拒否する自我であるにとどまる。たしかに、拒否は絶対へと、いわば無条件なものへと向かう。それは、文筆の徒バートルビーの「(それを) しないほうがいいのですが」という容赦のない台詞が感じられるものにしてくれている拒否の結節点である。決定を必要としないその回避は、あらゆる決定に先立つもの、否認以上のものである。むしろそれは辞退であり、言うことすべて――言うことの権威すべて――の放棄（けっしてはっきりと口にされることのない、けっして明らかにされることのない放棄）であり、あるいはまた、自我の遺棄と見なされる棄権であり、同一性の棄却である。それは自己の拒否ではあるが、拒否の上に縮こまってしまうことはなく、衰弱へ、存在喪失へ、思考へと開けている。「したくありません」というのでは、依然として生気に充ちた決断を意味し、生気に充ちた矛盾を呼び寄せてしまっていただろう。「しないほうがいいのですが……」は忍耐の無限に属するのであり、それは弁証法的な介入に対して捉えどころを残さない。私たちは存在の外に陥ってしまった。それは、動きのない破壊された人間たちが同じ歩みでゆっくりと行き来している、外の領野だ。[21]

この、「しないほうがいいのですが」は、ブランショの言うとおり、「したくありません」ではありません。「したくありません」であれば、自由意志が想定され、そのように意志する理由までもが想定されうることになります。こちらであれば、この短篇小説の語り手である法律家も対処できます。

じじつ、法律家は、バートルビーが居座っているせいでおかしくなった自分の頭を正常に戻すべく、宿命論を語る哲学の本を読むという、一見奇妙な振る舞いに出ているのです。[22] これはいまなら、たとえばですが、ジェイムズ・アレン『「原因」と「結果」の法則』、ナポレオン・ヒル『思考は現実化する』、オグ・マンディーノ『十二番目の天使』といった、自己啓発をうたう胡散くさいビジネス本を読むような感じを思い浮かべていただければいいのだと思います（もちろん当時はこれは存在しませんでしたが、宿命論と自由意志論を合わせたような哲学書がやはり同じように使われていたことが、作者メルヴィルが皮肉を利かせて語ってくれていることからわかります）。少し引用します。

数日が過ぎたが、私はそのあいだ暇を見ては、エドワーズの『意志について』とプリーストリの『必然性について』を少しばかり覗いてみた。状況が状況だけに、こうした本は健康になるような感じを誘発してくれた。私は徐々に、ある確信へと導かれていった。すなわち、あの筆生に関わるこの厄介事は永遠の昔からあらかじめ運命づけられていたことであって、バートルビーは、全知の神の摂理によって、私のような単なる死すべき一個の人間には計り知ることのできないしかじかの神秘的な用件のために私のところに遣わされてきた、という確信である。[23]

すなわち、この法律家の頭のなかには、自由意志と必然性という対立しかないのです。その対立はじつは偽の対立です。なぜなら、そのいずれを称揚する立場も、「人が行動するにはその行動が最善であると見なすべき理由がある」とするたぐいの前提を疑っていないからです。その理由が、意志によって保証されるか、世界の必然性によって与えられるかという違いがあるにすぎません。人の行動が「好み」によってのみ規定されているように見え、しかもその「好み」に理由が与えられていないとき、このような自由意志と必然性という対立によって世界を捉えている人はこれを、自分を当惑させる謎としか理解できず、さらにはそこに何らかの「意志」を読もうと必死になり、自分の「良心」ゆえに、その謎を発したもとである人を「救済」しようとして失敗することになります。

そして、頑固な、他人には知られぬままの「好み」を抱えたバートルビーは、あのエジプト様式の建築物へと収容され、死を迎えました。

さて、アガンベンはというと、法律家が読んだというジョナサン・エドワーズの『意志について』とジョゼフ・プリーストリの『必然性について』の教説——意志はすべてあらかじめ摂理によって決定されていると主張するもの——からさらに時代を遡り、ライプニッツの「充足理由律」にたどりつきます。

ライプニッツの「充足理由律」とは、簡単に言うと、存在するものには存在する必然性がある、ということです。正確には、「これこれのものには、それが存在しないよりむしろ存在する理由がある」となります。あるいは、「私たちの理性はこれこれのものが理由なしに起こりうるということを認めるのを嫌う」とも言われます。この原理がないと、どうなるでしょうか？　物事が存在するということに理由がなくなり、物事の存在する理由を了解するための理性が無用になります。そこから、物事を「これこれであれ」と理由をもって意志することすらなくなります。物事は、単に、「好み」でのみ決められ、後は謎になるわけです。

このような「好み」は、ライプニッツにおいては「神」にしか認められていませんでした。それは、存在を保証するものとしての神です。アガンベンは次のように書いています。

ライプニッツは可能的なものに対しては、いかなる自律的な「自らを存在させるための潜勢力(puissance pour se faire exister)」も認めなかった。それは可能的なものの外に求められた。すなわち、必然的存在である神、「事物を存在化する」存在としての神のうちに求められた。(「したがって、なぜ存在が非存在に対して優越するかの原因がある。すなわち、必然的実在とは、存在させる存在である」[24]。)

この原理が解体されると、次のようになります。

ライプニッツの充足理由律はすっかり転覆され、まったくバートルビー的な形式を引き受けることになる。「何かが存在するという理由が存在しないより以上ではないということは、無より以上ではない何かが存在するということである」[25]。

これが、バートルビーが「充足理由律」によっては救済されないのみならず、「充足理由律」を脅かしもする理由です。「無より以上ではない何かが存在する」のであり、それが「しないほうがいいのですが」という言葉によって示される「好み」なのです。

では、この、「無より以上ではない何か」とは、どのように想像すればよいものなのでしょうか？　そのようなものをイメージできるでしょうか？　つまり、図像化できるでしょうか？

ここでも、やはりアガンベンの読解にしたがってみたいと思います。アガンベンは、ライプニッツの『弁神論』に言及します。そこでライプニッツは、必然性に関する議論を歴史へと展開して、存在することができたが存在しなかったものと、実際に存在したものとのあいだの関係を、後者が優位に立つと主張しているのですが、そこで奇妙な譬喩をもちだすのです。以下、しばらくアガンベンを引用します。

［……］ライプニッツは次のように想像する。デルポイの神託でアポロンはセクストゥス・タルクィニウスに対して、ローマ王になれば不幸に見舞われるだろうと告げたが、この応えに満足しなかった彼はドドネのユピテルの神殿におもむき、自分を悪人へと運命づけた神を責め、その運命を変えてほしいと、あるいはせめて間違いを認めてほしいと言う。ユピテルがこの頼みを拒絶し、ローマをあきらめるようにあらためて言うと、セクストゥスは神殿を退出して、自分の運命に身をまかせてしまう。しかし、この光景に立ちあっていたドドネの司祭テオドロスが、この件についてさらに知りたいと思う。彼はユピテルの勧めにしたがってアテナイのパラス神殿におもむき、そこで深い眠りに落ち、夢のなかで見知らぬ国に運ばれていった。そこで女神パラスが見せてくれたのが〈運命の宮殿〉である。それは輝く頂上のある巨大なピラミッドで、その基礎は無限に下に続いている。宮殿の部屋は無数にあり、そのそれぞれがセクストゥスの可能的な運命の一つ一つを表している。一つ一つの可能的な、だが現実のものとはならなかった世界がそのそれぞれに対応する。その一室にテオドロスは、セクストゥスが神に説得されて神殿から出てくるところを見る。そこでは、セクストゥスはコリントスに行き、小さな庭を買っている。庭を耕すうちに彼は財宝を発見する。彼は誰からも愛され重きを置かれて、そこで、老年まで幸福に暮らす。また別の部屋を見ると、セクストゥスはトラキアにいて、そこで王の娘と結婚して王座を継承し、民衆に敬慕される幸福な主権者になっている。また別の部屋を見ると、彼が送っているのは平凡な人生だが、苦痛はない。このようにして、部屋から部屋へ、ある可能的な運命から別の可能的な運命へと続いている。「部屋はピラミッド状にな

っていた。頂上に向かうにつれて部屋は美しくなり、それはより美しい世界を表していた。そしてついに、ピラミッドの終わりの、最上階の部屋にたどりついた。それはあらゆる部屋のなかで最も輝かしい部屋だった。というのも、ピラミッドには始まりはあったが、終わりは見えなかったからだ。つまり、ピラミッドには頂上はあったが、底面はまったくなかった。下は限りなく大きくなっていたからだ。それは、女神の説明によれば、無限にある可能世界のなかには、最善の世界が一つあるからであり、さもなければ、神は世界を創造しようと決定することもなかっただろうというのだ。だが、自分より完成度の劣る世界をもたない世界は一つもない。ピラミッドが終わりなく下に向かって続いているのはそのためである。その最上階の部屋に入ると、テオドロスは恍惚に我を忘れた［……］。私たちは真の現実の世界にあり、おまえはいま、幸福の源そのものにある、と女神は言った。これが、おまえが忠実に仕えるならユピテルが用意してくれるものだ。そしてこちらがいまあるセクストゥス、現実のこれからのセクストゥスである。彼はすっかり怒って神殿を退出し、神々の助言を軽んじている。見よ、セクストゥスがローマに行き、いたるところで混乱の種をまき、友人の妻を犯している。ほら、父とともに追放され、戦に敗れて不幸になっている。もし、ここでユピテルが、コリントスにいる幸福なセクストゥス、トラキアで王となっているセクストゥスを選んでいたなら、このような世界にはならなかったであろう。だが、彼はこの世界を選ぶより他はなかった。この世界は他のあらゆる世界を超えて完璧な、ピラミッドの頂点を占める世界なのだ[26]」。

このピラミッドを図像化した挿絵がないものか、ずいぶん探しているのですが、いまのところ見あたりません。心あたりのかたがいらっしゃったらお教えいただきたいと思っています。

どうあっても、ピラミッドの頂上には現実となった世界があり、その下には、しだいに物事の共可能性（共可能というのは、複数の事柄が共に可能的であることを指しますが）の少なくなる世界が連なっていることに変わりはありません。アガンベンは次のように言っています。

可能世界によって作られるピラミッドが表しているのは神の知性であり、その知性の理念は「あらゆる可能的なものを永遠全体にわたって含んでいる」とライプニッツは他のところで書いている。神の精神はピラネージの牢獄だ。いやむしろ、存在したことはないが存在することのできたもののイメージを幾世紀にもわたって保管しているエジプトの霊廟だ。そして、その巨大な霊廟を、数ある可能世界のうちで最善のもの（それは、共に可能的である最大数の出来事を含んでいるのだから最高度に可能的な世界である）を選んだ神が折にふれて訪れる、とライプニッツは言う。それは「事物をやりなおす快楽、また自分のおこなった選択が正しかったと確かめる快楽にふけるためである。そして神は必ずや悦びを覚える」。この造物主は、自分の唯一の選択が正しかったと悦ぶために、創造されなかったあらゆる可能世界を見ふけるというのだが、これほど偽善的なものを想像することは難しい。というのも、神はそのために、この潜勢力のバロック的な地獄の数限りない部屋また部屋から立ちのぼる、存在しえたかもしれないが現実のものとならなかったすべてのもの、他のしかたでありえたかもしれないが世界が特定のものであるために犠牲にされなければならなかったすべてのものの発する途切れることのない嘆きの声に対して、自分の耳を閉ざさなければならないからだ。最善の可能世界は無限に延びる影を落とし、その影は階を下って端の宇宙に至るまで続いている――そこは、天界の住人にとってさえ構想不可能な宇宙だ。そこでは、何ものも他の何かと共に可能的ではなく、何も現実のものとなることができない。[27]

この、神が耳をふさぐ、「エジプトの霊廟」の闇の底のほうから立ちのぼってくる無数の声こそ、バートルビーの「好み」の正体というわけです。それは、世界の可能性と必然性を現実の世界と可能世界とのピラミッド的な構成から説明しようとしたときに、「好み」が自分の意志とは関係なく洩らす声、しかし可能世界を想定する者たちにはそもそも理解できず謎であるにとどまる声、「エジプトの霊廟」が与えられたがゆえに生じた、意志とは関わりのない声なのです。

この声を聞き分けるためには、どのような装置が必要なのでしょうか?

「歴史」がSFマンガにおいて舞台化されるときには、その装置は、たとえば、「チェックカード」という形を取るのではないでしょうか?　人はまず、「タイムパトロール」の存在によってあらかじめ「歴史」のピラミッドに閉じこめられますが、「チェックカード」が光らないとき、ピラミッドとは無縁の救済がおこなわれるのです。マンガのばあいは、「歴史」への配慮が物語上、要請されているというところが限界ではありますが、しかし「チェックカード」は、その枠のなかでの救済を可能にし、そして、何よりもむしろ、逆説的に、世界に「充足理由律」のような原理があるとするような視点からは端的に無視されるであろう人々を救済することが可能になっているのです。

ようやく、当初考えていた主題にたどりつくことができました。つまり、『ホモ・サケル』という本で提示されている一種の機械とも言える、「ホモ・サケル」を見抜く視点は、この意味で、現代の政治的なものを思考するうえでのいわば「チェックカード」なのではないか、というのが今日お話ししたかったことなのです。

人民主権はとりあえず仮にいい――たとえば、絶対王権よりましだ――としても、そのような主権者の一員であるためには、そのような一員として同定されなければなりません。同定されるやいなや、私を含む――と理念上は言われる――主権者は、その同定を、今度は私のなかの「ホモ・サケル」を排除するために活用するのです。主権の論理の側から見るかぎり、この体制というピラミッドには何の問題もありません。

そこでアガンベンがもちだすのが、一種の「チェックカード」です。「歴史」（このばあいは「人民主権」における「生政治」ですが）の石積みの構築物で、そもそも構築物には影響しないとして排除されているものがある。それなら、その排除を逆用して、そのように排除されているということを救済の目印にしてはどうだろうか、というわけです。

アガンベンが語る「剝き出しの生」や「〈生の形式〉」といった用語は、よく誤解されるようです。その誤解の元も、おそらくはこのあたりにあるものと思われます。

「剝き出しの生」とは、法権利の外に置かれた生のこと、たとえば脳死の後に、人間であることをやめて生き生きと横たわっている身体のことです。アガンベンはもちろん、このようなものを、ある機構の帰結として批判するためにこの用語を用いているのですが、その一方で、バートルビーの奇妙な抵抗を評価していることから窺えるように、そのような状態に置かれた者たちを、ある意味では評価の対象にしてもいます。つまり、剝き出しの生は、乱暴な言いかたですが、いいのか、悪いのか？

これは、次のように考えればいいのだと思います。すなわち、現在、私たちの生のなかにつねに見分けられるようになってしまった「剝き出しの生」ですが、そのように見分けられるようになったということから出発してしか、そのように排除されてしまったものを救済することはできない、ということです。

それを救済するにあたって、たとえばですが「人命の尊さ」や「尊厳」をもちだしても、良心に訴えるという以上の効果はありません。というのも、そもそも、そのように「尊い」「尊厳ある」ものとしてこそ、「剝き出しの生」は「聖なるもの」として、つまりいわば「ホモ・サケル」として、考慮の外へと置かれてしまったのですから。

そうではなく、「チェックカード」に反応しないということから出発してこそ、何かを救済することができるかもしれない、ということを考えはじめなければならないのだと思います。

註

1 以下を参照。岡田温司「アガンベンへのもうひとつの扉」、ジョルジョ・アガンベン『中味のない

人間』岡田温司ほか訳（人文書院、二〇〇二年）一九一―二三九頁。

2 藤子・F・不二雄「消されてたまるか」、『T・P《タイムパトロール》ぼん』第一巻（小学館、二〇一一年）四一頁。以下、行換えは適宜変更している。

3 藤子・F・不二雄「見ならいT・P」、『T・Pぼん』第一巻、六八頁。

4 藤子・F・不二雄「古代人太平洋を行く」、『T・Pぼん』第一巻、一五〇頁。

5 藤子・F・不二雄「見ならいT・P」七九頁。

6 この種の情報は以下から得た。「藤子・F・不二雄 FAN CLUB」〈http://www.fujiko-f-fujio.com/〉

7 藤子・F・不二雄「「T・Pぼん」で書きたかったこと」、『T・Pぼん』第一巻、五二〇頁。

8 Edgar Allan Poe, letter to Cooke (August 9, 1846), in *The Complete Works*, 17 (New York: AMS Press, 1965), p. 265.

9 藤子・F・不二雄「チャク・モールのいけにえ」、『T・Pぼん』第二巻（小学館、二〇一一年）六三―六四頁。

10 ピラミッド状のものが「歴史」に関して登場する例としては家系図も挙げられる。以下を参照。藤子・F・不二雄「最初のアメリカ人」、『T・Pぼん』第二巻、一五二頁。

11 ちなみに、アガンベンがバベルの塔の譬喩を援用しているテクストとして以下がある。以下は、マラルメ－ブランショ的な方向で「作品」概念を再検討に付すものである。Giorgio Agamben, "Il pozzo di Babele," *Tempo presente*, 11, no. 11 (Roma: Tempo presente, November 1966), pp. 42–50.「天まで届く塔を建造することを諦めると、文筆家たちは〈存在〉の深淵の底まで下りる穴を掘りはじめた。塔の時代、作品を通じて天に届こうという試みの時代は言語が複数になり混乱するなかで終わった。文筆家は、作品のためにさらに非物質的な空間を探し、いまやバベルの穴を掘る」(p. 46)。

この対比は後にジャック・デリダも「竪坑とピラミッド」（註15参照）で用いている。

12 「創世記」11: 1-9.

13 藤子・F・不二雄「シュメールの少年」、『T・Pぼん』第二巻、一九一頁。

14 『聖書』では「我々は降っていって」云々と、神が「我々」という複数形になっているところが奇妙だが、これについては調べられなかった。

15 ヘーゲルが『美学』第二部第一篇第一章第三節でピラミッドを考察の対象にしていることはよく知られている。Georg Wilhelm Friedrich Hegel, "Ägyptische Anschauung und Darstellung des Toten ; Pyramiden," in *Werke in zwanzig Bänden*, 13 (*Vorlesungen über die Ästhetik*, 1) (Frankfurt am Main: Suhrkamp, 1970), pp. 458–460.〔「エジプトにおける死者の観念と表現、ピラミッド」、『ヘーゲル全集』第十九a巻（『美学第二巻の上』）竹内俊雄訳（岩波書店、一九六五年）九一四—九一六頁〕これに検討を加えている研究として、以下も参照できる。Jacques Derrida, "Le puits et la pyramide," in *Marges* (Paris: Minuit, 1972), pp. 79–127.〔「竪坑とピラミッド」、『哲学の余白』高橋允昭ほか訳（法政大学出版局、二〇〇七年）一三九—一九五頁〕また以下も、このデリダの研究から出発してなされたものと見なせる。Denis Hollier, "L'édifice hégélien," in *La prise de la Concorde* (Paris: Gallimard, 1974 [1993]), pp. 9–27.〔「ヘーゲル的構築物」岩野卓司訳、『ジョルジュ・バタイユの反建築　コンコルド広場占拠』（水声社、二〇一五年）一四—三〇頁〕

ピラミッドに含まれた謎については、考古学に属するものから超心理学に属するものまでさまざまな種類の探究がおこなわれてきているが（そのバカげた一覧は、「ピラミッド」をキー・ワードにして文献を検索してみれば容易に得られる）、それらの探究がなぜなされるのかという問いは、それぞれの探究の正当性の有無とは切り離して立てることができる。

16 藤子・F・不二雄「ピラミッドの秘密」、『T・Pぼん』第1巻、八七―一一三頁。
17 情報を以下から得た。“Care, Custody and Control: Correction in New York City”〈http://www.correctionhistory.org/html/museum/johnjay/jayshow3.html〉；“Painting the Town”〈http://www.mcny.org/Collections/paint/Painting/pttcat13.htm〉（後者はその後、閲覧不可能になった）
18 「霊廟《トゥームズ》」については、さらにたとえば以下が参照できる。Charles Sutton, *The New York Tombs* (Montclair: Patterson Smith, 1873)；Luc Sante, *Low Life* (New York: Farrar, Straus & Giroux, 1991), pp. 244–245.
19 以下を参照した。“Painting the Town”〈http://www.mcny.org/Collections/paint/Painting/pttcat13.htm〉（その後、閲覧不可能になった）
20 以下を参照。Allan Moore Emery, “The Alternatives of Melville’s ‘Bartleby’,” *Nineteenth-Century Fiction*, 31, no. 2 (Berkeley: University of California Press, 1976), p. 178, n. 14. なお、この事例は以下から引かれたものとある。Abram C. Dayton, *The Last Days of Knickerbocker Life in New York* (New York: G. P. Putnam’s Sons, 1897), p. 168. その他の「バートルビー」のありうるモデルについての議論は以下を参照のこと。Dan McCall, *The Silence of Bartleby* (Ithaca & London: Cornell University Press, 1989), p. 52.
21 Maurice Blanchot, *L’écriture du désastre* (Paris: Gallimard, 1980), pp. 33–34. この断片は、以下を若干修正したものである。Blanchot, “Discours sur la patience,” *Nouveau Commerce*, no. 30/31 (Paris: Nouveau Commerce, spring 1975), pp. 27–28.
22 この点に着目した研究としては以下がある。Walton R. Patrick, “Melville’s ‘Bartleby’ and the Doctrine of Necessity,” *American Literature*, no. 41 (Durham: Duke University Press, 1969), pp.

39–54 ; Emery, "The Alternatives of Melville's 'Bartleby','" pp. 170–187. しかし、これらには、後述するライプニッツのピラミッドは登場しない。

23　Herman Melville, "Bartleby, the Scrivener: A Story of Wall-Street," in *The Writings of Herman Melville*, 9 (*The Piazza Tales and Other Prose Pieces 1839–1860*), ed. Harrison Hayford *et al.* (Evanston & Chicago: Northwestern University Press and the Newberry Library, 1987), p. 37.〔「バートルビー」高桑和巳訳、アガンベンほか『バートルビー』(月曜社、二〇〇五年)一四一―一四二頁〕

24　Agamben, "Bartleby o della contingenza," in Gilles Deleuze & Agamben, *Bartleby: La formula della creazione* (Macerata: Quodlibet, 1993), p. 67.〔「バートルビー　偶然性について」、アガンベンほか『バートルビー』五二頁〕

25　Agamben, "Bartleby o della contingenza," p. 67.〔「バートルビー　偶然性について」五二頁〕

26　Agamben, "Bartleby o della contingenza," pp. 76–77.〔「バートルビー　偶然性について」六八―七一頁〕

27　Agamben, "Bartleby o della contingenza," pp. 77–78.〔「バートルビー　偶然性について」七一―七二頁〕

バートルビーの謎（二〇〇五年）

1　謎の端緒　メルヴィルの短篇

ハーマン・メルヴィル（一八一九―九一年）の短篇小説「バートルビー」は、一八五三年に「筆生バートルビー」という題で、「ウォール街物語」という副題をともなって『パトナムズ・マンスリー・マガジン』に匿名で発表され、[1] その三年後、短篇集『ピアザ物語』に、副題を省き、題も「バートルビー」と単純化された他、本文にも若干の修正が加えられたうえで収録された。[2]

いままで、日本語でもしばしば読まれえたはずの作品だが、[3] まずは物語をたどりなおしておこう。

時代は一八五〇年代初頭。語り手はニュー・ヨークのウォール街に構えた事務所で平穏な業務をこなしている初老の法律家であり、羽振りのよかった数年前を回顧している。三人の使用人（筆生を二人と使い走りを一人）を雇用していたが、業務量の増加から、さらに一人の筆生を新たに歩合制で雇用することになった。それが正体不明の寡黙で蒼白いバートルビーだ。仕切りに囲われた自分だけの持ち場で、彼ははじめ、勤勉すぎるほどの筆写を黙々とこなしているが、筆写の照合をするように言われたときから、「しないほうがいいのですが」という、その後も繰り返すことになる定式を口にしはじめる。彼のこの得体の知れない「好み」はしだいに度を超したものになり、彼はついに筆写することさえやめてしまうが、かといって事務所から出て行こうともしない。どうやら帰宅することもなく事務所に住み憑いてしまっているようだ。自分の机の脇にある窓から見える行き止まりの壁のほうを向いたまま、動こうともしない。脅してもすかしても彼の「好み」を変えることができないのみならず、その「好み」によって自分までもが奇妙な影響を受けていると感じはじめた法律家は、自分のほうが事務所を移転させて彼を厄介払いすることにする。だが、バートルビーは元事務所の建物から離れず、これをきっかけとして暴徒が襲来するのではないかと恐れる大家と入居者の手配によって、「霊廟」と綽名される古代エジプトを模した様式の監獄に「浮浪者」として収容されるに至る。彼はそこでも食事すらしようとせず、まもなく獄内の庭の片隅でぐったりと横たわって死んでいる姿を発見される。物語の最後で、語り手はバートルビーの絶望の由来を思い量って、ある風聞を報告する。かつて、彼はワシントンの「死んだ手紙［配達不能郵便物］部局」に勤務していたらしいというのだ。語り手が「死んだ手紙」の不幸とバートルビーの絶望を重ねあわせ、「ああバートルビー！　ああ人間！」と嘆いたところで物語は終わる。

言うまでもないが、以上はぎこちない要約にすぎない。ここで、それほど長くもないこの物語を一字一句たどって読み通しておくことをお勧めする。

2　解けるはずのない謎を縁どる　ブランショと結節点

ある作品を読む人にとって、作品に忠実である、とは何を意味するのだろうか？「バートルビー」を読んだときに否応なく私たちの前に立ちはだかると思われる問いの一つがこれである。私たちは、何らかの形でこの作品に忠実でなければならないという要請を聞き分けたような気にさせられる。その要請の理由を大まかにであれたどりなおしてみる、というのが、以下に続く文章の向かうところだ。

それにあたって、ここでは、すでにその道をたどったとおぼしい数人の思考をたどりなおすという方法を採ってみたい。とはいえ、以下に続く記述は、何らかの読解の系譜をたどるものではない。そもそも、作品に忠実であるためには、忠実であるとされる読解の系譜をたどる必要などないのは明らかだし、そもそもそのような系譜が実体をもつものとして特定されうるとも、特定されるべきだとも思われない。ここに展開するのは、忠実であろうとするさまざまな試みを一つ一つたどってみるために暫定的に設定した偽の系譜にすぎない。

モーリス・ブランショが『災厄のエクリチュール』（一九八〇年）に書いている次の断章から出発してみよう。

カフカが私たちに与えるもの、私たちのほうは受け取らないその贈りものは、いわば文学による文学のための闘いである。その闘いは、合目的性では取り逃がされてしまうものであるが、それと同時に、私たちが闘いやその他の名で知っているものとは相当に異なるものでもあって、見知らぬものと言ってみたところで、この闘いを感じられるものにするには充分ではない。というのも、これは私たちにとって、馴染みがないのと同じくらい、親しみがあるものでもあるからだ。「文筆の徒バートルビー」はこれと同じ闘いに、単純な拒否ではないものに属している。[4]

ここで「文筆の徒」としたのは「écrivain」という語である。英語の「scrivener」や「copyist」にフランス語において対応する語（筆生、筆写係、筆耕、書記などを表す語）としては「scribe」や「copiste」が一般的だが、「écrivain」という古語を用いることもできなくはない。フランス語ではじめて刊行された「バートルビー」には、この古語が用いられていた。[5] これは今日では、文学作品を生産する人という意味でふつうに用いられる語であり、ブランショがバートルビーの謎を文学一般の謎と重ねあわせる鍵をここから手に入れたということも充分に想像できる。いずれにせよ、ブランショはここで、「文筆の徒」がカフカの登場人物たちと同じく、ある「不気味なもの」を、文学において——その場がまさに文学であるがゆえに——示しえている、ということを指摘している。[6]

ところで、ブランショはすでに、その「文筆の徒バートルビー」が「魔の群島《エンカンタダス》」とあわせてフランス語で刊行された一九四五年に、これを扱った小論「メルヴィルの魔力」を発表していた。少し長くなるが、「文筆の徒バートルビー」に関わる箇所から一部を引用しよう。

［……］これは最も単純な、最も絶望的な事件だ。バートルビーは、ある法律事務所の筆生だ。彼は完璧に仕事をしている。ある日、しかじかの務めを果たすように言われた彼は、おとなしくも堅固な声で「しないほうがいいのですが」と応える。なぜか？　彼の回答が理由のすべてであり、他に理由はない。自分は「しないほうがいい」、それだけだ。人は、これこれがいいとなると、希望のない道に入りこんでしまう。まもなく、筆写をしないほうがいいとなり、それと同時に、そこから出て行かないほうがいいとなる。彼は、昼夜を問わず仕切りの向こうに立って、壁で行き止まりになった窓から外にまなざしを向けながら、ずっとそこにいる。彼を常識に戻してやろうとする雇用者の諫言に対しても無関心で、その努力も無駄に終わる。どうすればいいのか？　法律家は事務所を移し、文筆の徒は監獄に連行される。そこでも不動の彼は、「食事をしないほうがいい」ということで、それまで生きてきたのと同じ孤独、同じ沈黙のうちに死ぬ。

メルヴィルの芸術は象徴のほうを向いており、諸事物や生と深く関わっている。それを解釈すれば裏切ることになるし、その意味を感じ取らなければ取り逃がすことになる。そこにこそ、その芸術に固有な二面のうちの一方の面がある。バートルビーの物語は、彼の主人によって物語られている。悲劇的なのは、この人物が、被雇用者を理解し助けるためにできるあらゆることをする、まったくの善人だということだ。彼は、この不幸な男が陥っている孤独の深淵を思い量り、彼の奇癖を容認し、尊重する。だが、それもすべて無駄に終わる。先に行くともう戻ってくることのできないような一点というものがある。身を滅ぼしつつある男の決定に対しては、正当化できない好みしか許さない断固とした沈黙に対しては、兄弟であるという気持ちなど何の力にもならない。おとなしく静かなこの存在は、もう永久に他の人々から分離されてしまっている。彼と交流することはまだできるが、助けることはもうできない。こんなことがありうるのか？　こんなことを容認できるか？　たしかに、不幸は絶望する男の側にあるが、それと同じだけの不幸が、絶望から男を救済できない楽観的な好人物の側にもある。[7]

この要約と見解に、バートルビーの謎はすでに明瞭に示されていると言っていいだろう（そもそも謎が明瞭に示されることがあるとすれば、だが）。大量に流されてきたインクはすべて、この謎を解くために費やされてきた。いやむしろ、この謎を解くと自称しながらこの謎をやりすごすためにこそインクは費やされてきたのかもしれない。

だが、バートルビーが読者を謎解きへと執拗に誘う――というより、ほとんど強制する――のは、その謎が解かれるべきものとしてそこにあるからではないのではないか？　むしろ、解けるはずのない謎、解けないにもかかわらず解くように迫ってくる謎というものが存在するのであって、文学におけるそのような謎のなかでも最大級のもの――唯一最大のもの、とまでは言わずとも――がバートルビーなのではないか？[8]

ブランショの向かうところはまさしく、謎を解くということではなく、謎の存在をそのまま口にすることであるように思われる。『災厄のエクリチュール』から、さらに少し、「バートルビー」に直接関わる部分を引用してみよう。

拒否は受動性の第一段階である、と言われる——だが、それが故意のもの、意志的なものであるなら、否定的決定をであるにせよ決定を表現するものであるなら、意志は、意識の権力からきっぱり離れることを可能にしてはくれず、最善でも、拒否する自我であるにとどまる。たしかに、拒否は絶対へと、いわば無条件なものへと向かう。それは、文筆の徒バートルビーの「(それを) しないほうがいいのですが」という容赦のない台詞が感じられるものにしてくれている拒否の結節点である。決定を必要としないその回避は、あらゆる決定に先立つもの、否認以上のものである。むしろそれは辞退であり、言うことすべて——言うことの権威すべて——の放棄（けっしてはっきりと口にされることのない、けっして明らかにされることのない放棄）であり、あるいはまた、自我の遺棄と見なされる棄権であり、同一性の棄却である。それは自己の拒否ではあるが、拒否の上に縮こまってしまうことはなく、衰弱へ、存在喪失へ、思考へと開けている。「したくありません」というのでは、依然として生気に充ちた決断を意味し、生気に充ちた矛盾を呼び寄せてしまっていただろう。「しないほうがいいのですが……」は忍耐の無限に属するのであり、それは弁証法的な介入に対して捉えどころを残さない。私たちは存在の外に陥ってしまった。それは、動きのない破壊された人間たちが同じ歩みでゆっくりと行き来している、外の領野だ。[9]

「バートルビー」において、謎は「純粋な」エクリチュールからやってくる。それは、筆写（再び書くこと）以外ではありえない、受動性のエクリチュールである。そのうちにあっては、書くという活動は消滅する。そのエクリチュールは、通常の受動性（再生産）から受動的なものすべての彼方へと、感じることのできないしかたで、突然、移行する。死ぬという隠れた慎みをもつ生は、死を行き場としてもたないほどに、死を行き場にしてしまうことがないほどに受動的である。バートルビーは筆写する。彼は絶えず書く。筆写をやめて、制御のようなものに自分を従属させてしまうことはできない。（それを）しないほうがいいのですが。この一文は、私たちの夜の内密さのうちで語っている。それは否定的な好み、好みを抹消する否定、好みのうちに消え去る否定であり、すべきことなどないという中性的なものであり、自制であり、優しさである。この優しさを強情な優しさだと言うことはできない。この優しさは、この数語によって強情さの裏をかいてしまう。言語活動は永続することで沈黙する。[10]

この「受動性」「拒否の結節点」「外の領野」「中性的なもの」こそ、ブランショがバートルビーという謎に与えた仮の名の数々である。だが、名が与えられたとはいえ、その命名によって謎がつまるところ解決され、解消され、解除されるわけではない。この命名によって、ともかくも謎の所在がより縁どられるにすぎない。その結節点は、解くことができないほど堅くなった結び目なのだ。「結節点」と訳した「nœud」は、否定辞「ne」と同じ響きをもっている。[11] 英語でも、結節点を表す「knot」は否定辞「not」と同じ響きをもっている。ブランショが好んで語る、フランス語のもう一つの否定辞「pas」についての地口（「歩み」も「pas」と書かれる――そもそも否定辞「pas」の語源がこの「歩み」なのだが）はよく知られているが、「結節点」に関する地口も、これと同じたぐいの効果をねらったものと見なせる。

謎を解くことができると安易に標榜することなく、謎に忠実であり続けること。この姿勢こそ、先に進むことさえできないこの行き止まりの道を照らすべくブランショからその読者たちへと託された微弱な光だ。[12]

3　窮極の居心地の悪さ　デリダにおける抵抗

ブランショの発した微光を頼りに謎をたどる者の一人にジャック・デリダがいる。デリダが「バートルビー」の読解を書きつけるのは、ブランショ論「パ」（一九七六年）が最初である。そこでは、すでに挙げた「拒否の結節点」に関するブランショの断片（すでに一九七五年にほぼ同じ形で発表されている）が引用され、「あらゆる否定、あらゆる決定、あらゆる否認、つまりはあらゆる言うことより手前の」ものとしてのその謎が語られ、ブランショの語る否定的なもの（受動的なもの）の特異性が強調される。[13]

その後、「バートルビー」はデリダの隠れた参照対象の一つになる。[14] ここでは、謎の結節点をなす「しないほうがいいのですが」についてデリダが特異なしかたで語っている一節を紹介しておこう。

一九九一年、デリダは、分析概念（「分析」という語でまず含意されているのは「精神分析」のこと）をめぐるシンポジウムで「抵抗」と題する発表をおこなっている。そこで彼は、ジークムント・フロイト『制止・症状・不安』（一九二六年）の補註に見られる五種類の抵抗に触れ[15]、なかでも、反復強迫に見られる死の欲動から発する抵抗（フロイト自身は端的に「無意識の抵抗」と呼んでもかまわないと述べている）に注目する。デリダはこの抵抗は「意味をもたない」抵抗であり、じつのところ抵抗ではないと述べている[16]。ここから、デリダは特異な議論――この抵抗と分析自体が同質であるという想定にもとづく議論――を展開するが、そこに登場するのが「バートルビー」である。

> ここで抵抗するものは、私なら非抵抗だと言うところである［……］。反復強迫は他の四つの抵抗にその意味を与えないが、それには二つの理由がある。すなわち、それは意味をもっていないし（死の欲動）、分析に対して非抵抗という形で抵抗するから、ということである。第一の理由ゆえに、反復強迫はそれ自体が、分析的構造ないし分析的召命をもっている。ここから、精神分析は反復強迫と同質であり、精神分析の理論・臨床・制度は、作動中の死の欲動ないし反復強迫を表象していると推論したくなる人もいるだろう。そうだとしても、さして嘆かわしいことでもない［……］。この命題は、手袋のように裏返して、手つかずのまま、次のような形で言いなおすことができる。すなわち、反復強迫、非抵抗という誇張的抵抗は、それ自体が

分析的なのであって、その抵抗をこそ精神分析は今日、最も確かな奸智のうちに、つまりは非抵抗を装って表象しているのだ、ということである。私たちがこうして戻ってきているのは、夢の臍の直近である。この場においてまさに、死への欲望が、端的な欲望が、自らの禁止する当の分析を呼び起こし口にするのだ。それを口にするにあたって、欲望は何も口にしない。応えるにあたって何も応えない。然りとも否とも言うことなく、受け容れることも対立することもない。とはいえ、語りながらそうするのだが、それでも、何を言うわけでもない。然りとも否とも言わない。それはちょうど「筆生バートルビー」のようだ。いかなる要求、問い、圧力、懇請、命令に対しても、彼は応えずに応える。その彼は受動的でも能動的でもない。「しないほうがいいのですが（I would prefer not to）」……。なるほど、メルヴィルのこの莫大な小著を読んだ人であれば、バートルビーが死の形象でもあるということも知っているだろうが、彼が何も口にすることなく人に語らせるということも知っているだろう。それも、彼がまず語らせるのは、責任ある法律家、倦むことのない分析家である語り手にである。だがじつは、それは自分が治る見込みのない分析家なのだ。バートルビーは、語り手でもあり法律家でもある分析家に語らせる。バートルビーとは、文学の秘密でもある。そこでこそおそらく、文学は精神分析に語らせる――ないしは歌わせる。この「そこ」とは、抵抗の場それ自体である。精神分析の抵抗――精神分析への抵抗。精神分析それ自体。もう、誰が誰の秘密を、「死ぬほどに」分析しているのかわからない。[17]

（ちなみに、反復強迫および死の欲動とバートルビーの定式を結びつけている論考は少なくない。[18] それらの指摘は多かれ少なかれ正当だが、とはいえそれで謎が解消するわけではない。デリダが指摘しているとおり、謎が死の欲動に関わるということは、それについて語ることがつまりは無意味に帰するということを意味するからだ。その意味で、それらの指摘は、物語の語り自体とともに無意味を行為遂行的に指し示すものだと言える。[19] なお、バートルビーにしかじかの病名を与えて謎を解決するという、先述したものに単に外見上類似する読解のほうは、それが仮にその疾病自体に一種の肯定的な特権を付与するためであるとしても、問題外である（そのような、バートルビーのさまざまな疾病の標定についてはすでにまとまった批判が読める）。[20] デリダの指摘からも読めるとおり、バートルビーの態度は個別の精神疾患そのものに由来するというより、むしろ、そのような疾病の標定に対する抵抗になっていると言える。このことから容易に想起されるのは、「性格抵抗」によって構成される「潜在性抵抗」を論じたヴィルヘルム・ライヒの研究である。[21] ライヒによれば、潜在性抵抗とは「厳格な因習性、きちんとした様子をもつ」「いかなる対価を払っても礼儀正しさを守る」「情感の貧しい」「自分には真正の感情や表現が欠けていると訴える」などの患者に見られるものだという。[22] これらの特徴からは即座にバートルビーの身振りが得られそうだ。バートルビーの病跡学を云々する研究者のなかにこの限界的な疾病――この抵抗を疾病と呼べるのかどうかがまさに問題なのだが――を扱った者がいままで一人もいないという事実は意味深く、それ自体が何かの徴候ではないかと疑うこともできる。）

偶然だが――というのは、デリダはブランショの「メルヴィルの魔力」は読んでいなかっただろうからだが――、このようにしてデリダはブランショの名指した当初の謎へとたどりついた。「死へと行き急ぐ」救済不可能な者と、その者を前にして語りやむことができなくなる者のなす、錯綜した謎である。

（この物語が法律家の分析的な語りをもってはじめて構成される、という指摘はしばしば見られる。たとえば、ある研究者は次のように書いている。「私は「バートルビー」の新たな分析を提示しようというのではない。分析するとは文字どおり解くこと、解体することである――だが、テクストにおいては、結びつきにはつねに解きほぐしがあるとはかぎらず、結びつきを必ずしも解いたり解体したりせずとも、それを読むことはできる。法律家が自分の被雇用者の神秘的な死の後に書いたこの「バートルビー」という物語は、分析しなければならないのだろうか？　いや、このテクストがすでに一つの分析である。法律家はバートルビーの所作や身振りを解体し、自分は神秘の覆いを取り去るのだと主張する［……］」[23]。これは、分析する者をデリダの読解の置くのと正反対の位置に置く読解である。その種の指摘が正当だとしても、じつのところ謎はそこにあるのではない。謎はむしろ、バートルビーのほうが分析家の位置を占め、まるで法律家のほうが長椅子の上で連想を展開しているようだ、という逆転にこそある[24]。法律家の語りにおける欺瞞を示すことはしばしばおこなわれており、いまでは、この物語に対する読解の紋切型にさえなっている[25]。また、法律家の占めていた社会的な位置を推定して、それによって語りが被っているはずの歪曲を示すという作業もしばしばおこなわれている[26]。それらの精緻な読解は語り手の位置を多かれ少なかれ明らかにしてはくれるが、つまるところ、謎が本当はそこにはないということを示唆してくれるかぎりにおいて有用であるにすぎないかもしれない。ここでの謎は、語り手がどのように語っているか、あるいはその向こうにどのような真理があるか、という点にではなく、語り手はなぜそれを語り、読者はなぜそれを読むのか、という点にこそ関わっているからである。それこそ、ブランショやデリダが「文学による文学のための闘い」「文学の秘密」などと仮に名指しているものに他ならない。)[27]

この物語によって読者が投げこまれる窮極の居心地の悪さ――この混乱を最も穏やかに名指すなら――はそれ自体、語りを媒介にして読者がバートルビーや法律家とのあいだにどのような関係を想像するかというところに関わっている。法律家は自分のそばにバートルビーを置きながら仕切りで隔て、「私的領域と社会とが結合した」状態を成立させはした。[28]法律家はそれによって、たしかにバートルビーを意のままに排除したり包含したりできるようになった(私的領域と社会とが結合することで利を得るのは法律家のほうであり、仕切られたバートルビーのほうは私的なもののすべてが公的になってしまった地獄を生きることになる)。法律家の語りもまた、恣意的になされた包含の一形式と見なされる。読者は恣意的に仕切りが開閉される言説を読む以外にすべはない。したがって、読者は、バートルビーに対して共感をいだこうとしても、その共感自体が恣意的な排除と包含に由来するのではないか――その共感が可能なのは無反省な感傷によってのみなのではないか――という疑念を払拭することはできない。それは、自分のおこなう読解も、いや読解一般さえも、一種の仕切りを恣意的に開閉することではじめて可能になっているのではないかという、罪悪感に満ちた疑念だ。しかし、だからといって、沈黙すればバートルビーに対する共感に与することができるというわけでもない。善良であるだけでは、兄弟であるだけでは、いや、そもそも共通に「人間」であるというだけでは、彼を救済するに足る共感を獲得することはできないし、そもそも共感などというものは救済とは無関係とは言わずとも、救済にとって決定的に不充分なものだと思われるのは当然だ（「彼と交流することはまだできるが、助けることはもうできない。こんなことがありうるのか？　こんなことを容認できるか？　たしかに、不幸は絶望する男の側にあるが、それと同じだけの不幸が、絶望から男を救済できない楽観的な好人物の側にもある[29]」）。このことから、「おまえはバートルビーの側にいるのか、語り手の側にいるのか？」というたぐいの、読解と道徳のあいだが不分明になった雑駁かつ不毛な異端審問へと議論が堕していくことも少なくない。しかし、じつを言えば、当の人物が身を置いているのはまさしく、そのような問いが不可能になる地帯に他ならない。「バートルビーの側」など存在しない。ここでは救済可能性自体の意味が問いただされるのだ。

絶対的に受動的なもの[30]によって救済が限界に達してしまうとき、私たちに何が起こるのか？　つまるところ、「しないほうがいいのですが」とは何なのか？　その定式は、私たちがどのような謎とともに生きているということを示すのか？　そもそも、その謎は私たちとどのような関係にあるのか？　私たちはその謎と関係をもつことなどできるのか？　この謎を前にしてしまったなら、「私たち」など、どのようにして可能だというのか？

4　バートルビーからの微弱なメッセージ　ドゥルーズとアガンベン

ブランショは「彼と交流することはまだできるが、助けることはもうできない」と書いた。だが、それはあえて言えば、彼を助けることはもうできないが、彼と交流することはまだできる、ということでもある。救済の彼方で交流されるこのメッセージとはどのようなものなのか？　彼は何を交流するのか？

ジル・ドゥルーズは一九八九年に、メルヴィルの短篇集[31]への後書きとして、「バートルビー　定式」と題するテクストを発表している。[32]この豊かなテクスト全体の詳細に通じたければ、すでに存在する日本語訳を参照するにしくはないが、[33]ここでは、ドゥルーズがこの人物の「定式」（つまり「しないほうがいいのですが」というメッセージ）の力の軌跡をたどろうとしている部分に注目してみよう。

ドゥルーズはまず、この定式の奇妙さを指摘する。文法的に間違っているわけではないにもかかわらず、そこには何か非文法的なところがあると感じられる。この定式は一塊の異物である。一つの言語に明らかに属しながらも、その言語の成立に拠っている空間を変質させてしまう。「しないほうがいいのですが」は交流の言語に属してはいるが、この定式が発せられると、交流自体が停止し荒廃してしまう。しかし、これは単に、定式がバートルビーによる抵抗を可能にするだけだということを意味するわけではない。ドゥルーズは次のように書いている。

この定式が荒廃・壊滅をもたらし、その後には何も残らない、ということに疑いはない。まず気がつくのは、その定式が伝染性のものだということである。バートルビーは他の者たちの「舌を歪め」る。「……ほうがいいのですが（I would prefer）」という突飛な語が、事務員たちや法律家自身の言葉遣いに入りこんでいく（「きみもその言葉を使ったな」）。だが、本質的なのはこの汚染ではない。本質的なのは、その定式がバートルビーにおよぼす影響のほうである。(照合を)しないほうがいいと言うやいなや、彼は筆写することもできなくなってしまう[……]。この一塊の定式の効果は、バートルビーがしないほうがいいということを拒絶するという効果だけではない。この定式には、自分がそれまでしていたこと、まだする気でいるとおぼしいことを不可能にしてしまうという効果もある[……]。要するに、それ以外のあらゆる行為を次から次へと拒絶していく定式は、筆写するという行為をすでに呑みこんでしまっているのであり、この行為を拒絶する必要さえなくなっている。定式が荒廃をもたらすものであるのは、それが、好ましくないあらゆるものと同じく、好ましいものをも容赦なく消去するからである。この定式は、拒む項を廃絶するとともに、定式によって保存されていると思われた別の項のほうをも廃絶する。その別の項のほうは不可能になってしまう。じつを言えば、この定式はこれら二つの項を不分明にする。それは、ある不分明地帯、無規定地帯を穿つのであって、その地帯は好ましくない活動と好ましい活動のあいだで絶えず大きくなっていく。あらゆる特性、あらゆる参照先が廃絶される。この定式は「筆写する」ということを無化するが、じつはこの筆写こそ、これこれが好ましいものか好ましくないものかを決める唯一の参照先だったのだ。これこれのことよりむしろいいようなものは何もないのですが。これは無への意志ではない。意志の無の増大である。バートルビーは生き延びる権利を勝ち得たが、その権利とはつまり、行き止まりの壁を前にして立ったまま動かずにいる権利である。ブランショであれば、忍耐ある純粋な受動性と言うところである。存在としての、それ以上ではない存在である。彼は然りか否かを口にするように迫られる。だが仮に、否(照合や買いものをしたくない)と言ったり、然り(筆写をしたい)と言ったりしたならば、彼はすぐさま打ち負かされ、無用なものと判断されて、生き延びはしないだろう。あらゆる人から距離を保つ宙吊りのなかで堂々めぐりをしなければ、彼は生き延びることができない。彼の生き延びる手段は、照合しないほうがいいというものだが、その手段はまた、筆写するほうがいいのではないということにもなる。彼は一方を拒絶しなければならなかったが、それによって他方は不可能になってしまった。[34]

ドゥルーズはこのように、「しないほうがいいのですが」というメッセージに、それを発語している人物の圏域のほうから接近し、人物を解放すると同時に無へと押しやってしまうこの定式の力を(もちろん若干の憶測を加えながらではあるが)そのまま捉えようとする。バートルビーは、あらゆることに対して無差別に「……ほうがいい」という好みにもとづいて機械的に発語することで生き延びを図りはするが、そのことによって、じつは特定のものに対する好みをもつことができない状況に陥ってしまい、つまりは好み自体が全般的に抹消される限界的な不分明地帯の無限の拡大が帰結する、というわけだ。好みの絶対化によって、好みを含む生がまるごと廃絶されることになる。

しかし、ドゥルーズはこの物語を必ずしも悲劇的なものとして捉えてはいない。「しないほうがいいのですが」が開いてみせる「不分明地帯」と、その地帯の生起によって空間(制度的な社会空間や言語空間)に創造される未聞の混乱を彼はむしろ肯定的に捉え、「クライスト、ドストイェフスキイ、カフカ、ベケット」同様の「暴力的に滑稽な[……]文字どおり」の滑稽さを評価している。[35]

この「大都市で押し潰され機械化されてしまった人間」は、「そこから〈未来の人間〉ないし〈新世界の人間〉が出てくると期待されるかもしれない」[36]当のものとまで書かれる。だが、じつのところ、そこで提示される「独身者たちの共同体」[37]は、私たちが何らかのしかたでバートルビーを幾分は兄弟であると見なすことができなければ、想像することは困難だろう。そのためにドゥルーズは「アメリカ」や「プロレタリアート」といった共同体の形象を提示してみせるが、それらの形象を通じてさえも、残念ながらその想像が容易になるとは思われず、つまるところ、バートルビーの謎は、性急に肯定的な抵抗へと還元されてしまった印象を与えてしまいかねない。要するに、そこでは定式の力はたしかに肯定されてはいるにせよ、その力の微弱さが、おそらくはドゥルーズの意に反して、看過されてしまうおそれがある。

そこで「到来する人民」[38]の範型とまで言われているバートルビーのありかたを、さらに謎に忠実なまま読解するには――つまりは、安易な共感に対する警戒を充分に払いながらもそこに接近するには――どうすればよいのだろうか？　そこで参考になるテクストが一つある。ジョルジョ・アガンベンが一九九三年に、ドゥルーズによるバートルビー論のイタリア語訳とあわせて刊行した「バートルビー　偶然性について」である。[39]

このテクストはドゥルーズのテクストから独立したものとして書かれてはいるが、二つの箇所でドゥルーズに言及しており、そのそれぞれが、この困難をめぐって議論が展開されている箇所に相当している。ここでは第一の箇所について若干を書いてみたい。[40]アガンベンは、ドゥルーズの指摘したバートルビーの定式のディレンマを、いわば、さらに逆に捉えてみせる。特定の参照先を失った好みは、意志のない絶対的な好みとして姿を現すことになる。

バートルビーは、ただ意志なしでいることができる。彼は、絶対的潜勢力《ポテンティア・アブソルタ》によってのみ可能である。しかし、だからといって、彼の潜勢力が実効性をもたないというのでもないし、意志がないからといって現実のものにならずにとどまっているというのでもない。その反対に、彼の潜勢力はいたるところで意志を超え出ている（自分の意志をも、他の者たちの意志をも超え出ている）。カール・ヴァレンティンの「それを欲するということ、このことを私は欲していた。だが私はそれができるという感じがしなかった」という冗談を転倒して、バートルビーについては、何かを絶対的に欲するということのないままに為すことができること（そしてまた、為さないことができること）に成功した、と言うことができるかもしれない。彼の「しないほうがいいのですが」という言葉のもつ還元不可能な性格はここに由来する。それは、筆写することを欲していない、ということでも、事務所を離れないことを欲している、ということでもない――単に彼は、それをしないほうがいいのである。これほど頑固に反復される定式は、できることと欲すること、絶対的潜勢力《ポテンティア・アブソルタ》と秩序づけられた潜勢力《ポテンティア・オルディナタ》のあいだの関係を構築する可能性すべてを破壊してしまう。この定式は、潜勢力の定式である。[41]

そして、アガンベンはドゥルーズの語る「不分明地帯」へと歩みを進め、その地帯を直視しようと試みる。それにあたって――一見すると突飛にも思われるが――参照するのが懐疑論者たちの特有の態度、すなわち判断の宙吊りである。「問題となるのは「より以上ではない《ウー・マロン》（ou mallon）」という、懐疑論者たちが彼らに特有のパトスである宙吊り《エポケー》を表現するにあたって用いた術語である」[42]

——

ディオゲネスはピュロンの生についての一節に次のように書いている。「懐疑論者たちはこの表現を肯定的にも否定的にも用いない。たとえば、何らかの議論を反駁するにあたって「スキュラが存在するのはキマイラが存在するより以上ではない《ウー・マロン》」と言うときがそうである」。だが、この用語は純然たる比較を指し示すものとして用いられているのでもない。「じつのところ、懐疑論者たちは、この「より以上ではない」自体をも取り除く。摂理が存在するのが存在しないより以上ではないように、「より以上ではない」が存在するのも存在しないより以上ではない」。セクストス・エンペイリコスもまた、この「より以上ではない《ウー・マロン》」のもつ自己言及的な特有の立場を頑固に主張している。「「あらゆる言説は偽である」という命題が言っているのは、他の命題と同様、その命題もまた偽であるということである。それと同様に、「より以上ではない」という定式が言っているのは、その定式が存在するのは存在しないより以上ではないということである［……］。この表現が肯定として提示されても否定として提示されても、私たちはその表現を肯定や否定といった意味で用いるのではない。私たちはその表現を、無差別的な（adiaphorōs）しかたで、いわば濫用的な（katachrēstikōs）しかたで用いる」。

筆生が自分の執拗な定式を用いるしかたを、これほどはっきりと特徴づけることはできないだろう。しかし、この類比はまた別の方向にたどることもできる。セクストスはこの「より以上ではない《ウーマロン》」という表現の意味について註釈した後、次のように付け加えている。「最も重要なのは、この表現を言表するとき、懐疑論者は現象を言い、憶見《ドクサ》なしにパトスを告知する《アパンゲレイン》(apangellei to pathos adoxastōs) ということである」。ふつうはこの形で記録されてはいないが、この最後の表現(「パトスを告知する《アパンゲレイン》(pathos apangellein)」)もまた懐疑論者たちの語彙に含まれる術語である。じつのところ、セクストスの『ピュロン主義哲学の概要』のまた別の一節に、この表現が、同じ意味で見いだされる。「私たちが「すべてのものは理解不可能である」と言うとき、私たちは、独断論者たちの探究しているものが本性上理解不可能なものだと言いたいのではない。私たちは、ただパトスを告知する《アパンゲレイン》(to heautou pathos apangellontes) にとどめるのである[43]」。

特定の判断のないところであっても、そこにパトスが存在していないとはかぎらない。そのことを告知するのがバートルビーのメッセージである。(事情は少し異なるが、日常生活で、意志をともなう何らかの応答を求められた人が「べつに……」とだけ口ごもることがある。そのときに交流されるものこそまさしく、バートルビーの事例とのあいだに程度の差はあれ、この純粋なパトス、特定の参照先をもたないままに存在を肯定される好みなのではないだろうか?)そこに剝き出しになるのはその人の存在そのもの、あるいは何をすることもしないこともできるという潜勢力そのものと言えるにちがいない。

5 イメージのないイメージ バートルビーの立場

だが、ドゥルーズやアガンベンによる読解の試みは、やはりバートルビーの存在に何らかの地位を与えて、あの窮極の居心地の悪さを解消しようとするものだと思われるかもしれない。ここでは、彼の占めるありうべき立場として、何らかのイメージ（階級や所属などの形象）が想定できるか検討してみよう。バートルビーはどのような階級に所属しているのだろうか？　たとえば、歴史的ないし社会学的な視点から当時のニュー・ヨークにおける労働者の状況を想像することはできる。[44]しかし、バートルビーはそのような労働者階級に属していると言えるだろうか？　丁重な身振りからすると彼が没落貴族だと想像できなくもないという憶測はとりあえず措くとしても、[45]そもそも、階級闘争がしばしば帯びている栄光が彼の抵抗の身振りにはまったく見られない。[46]法律家の階級がバートルビーの階級（仮にバートルビーが階級に属しているとして）とは異なるということは明らかだとしても、そのことから、バートルビーの身振りのうちに階級意識や階級闘争が見いだされるという結論は導かれない。

それでは、彼は、階級に所属しない者たちのうちに数えられるのだろうか？　たとえば、彼はあらゆる階級を脱した者たちを名指す、あの「暴徒《モブ》」に属するのだろうか？（ちなみに、バートルビーの物語の展開された時期は物語中には正確に記されていないが、フランスでは二月革命（一八四八年）

前後に相当するような時期だと思われる。なお、その革命の余波はニュー・ヨークにも達し、まもなく「アスター広場の暴動」（一八四九年五月十日）と呼ばれる流血の惨事が起こる。このような出来事は、階級意識や労働者としての帰属意識の消滅、つまりは暴徒の出現と軌を一にするものだという。[47]）

この物語にも「暴徒」という語は二回だけ登場する。第一の箇所は、バートルビーの領域に語り手が侵入したところに相当する。そのとき、バートルビーは「私はここで独りにしておいていただけるほうがいいのですが」と言うのだが、語り手はこれを「まるで、自分の私的領域が暴徒によって占められ損なわれたというかのようだった」と分析する。第二の箇所は、建物に住み憑いてしまったバートルビーについて、建物の家主が借家人たちの懸念を代弁したところに相当する。「みなさんが気にしています。客は事務所から出て行ってしまうし、暴徒のことも恐ろしくなくはない」。後者では、バートルビーが暴徒に属するかもしれない（少なくとも、暴徒を呼び寄せてしまうかもしれない）という恐れが語られているが、じつのところ、彼ほど暴徒の行動様式から遠い者もない。彼は、衝動性とも被暗示性とも明らかに無縁だ。第一の言及は、後者に見られる暴徒への懸念を時代的にも階級的にも共有していただろう語り手が、暴徒を恐れる自分をバートルビーに投影したものと読める。そこでは、バートルビーは、階級を形成しない者たちから分離されているのみならず、その分離のなかにありながら、その者たちに対するブルジョワジーの身振りを重ねあわせられてはじめて振る舞いを解読されるという、幾重もの排除を被っている。

では、彼は誰なのか？　同じような扱いを受けるのは、たとえば「浮浪者」である。ある研究者は、一八三〇年代のニュー・ヨークの街路を彷徨っていた人物の事例をバートルビーと比較している。そのうちの一人は「振る舞いは無害で目立たない」マクドナルド・クラークという風変わりな詩人で、「街路をぶらつき、ぼんやりとした様子で、まるで何か痛切な悲しみを背負っているかのように舗道をじっと見つめていた」という。彼もバートルビーと同じく「霊廟」に送られたらしい。[48] バートルビーもまた、「霊廟」に送られるときには「浮浪者」という分類を与えられたらしい。[49] とはいえ、この分類は、分類された者たちを何らかの階級への所属に結びつけるものではない。これは、あらゆる所属からの排除に与えられた仮の名に他ならない。バートルビーが「霊廟」に連行されていく光景は、彼が群衆から排除された者であることを明らかに示している。「バートルビーの腕を取った巡査の一人が先頭に立ち、静かな行列は、活気に満ちた正午の往来の騒音と熱気と歓喜のなかを通っていった」。浮浪者と呼ぶことすら排除である――いやむしろ、いまやそれは窮極の排除を構成する。

だが、そのような排除にもかかわらず、バートルビーは自分の場に（地理的な移動はあるが）とどまり続ける。是非はともあれ、彼は自分の定式「しないほうがいいのですが」とともに、ある立場に身を置き続けることになる。その立場はどのような形象を提示するものなのだろうか？

アガンベンがこの論文でほんのわずかだけ暗示しているまた別の存在のことを考えてみよう。アガンベンは、潜勢力に関するイスラームの思考の一潮流（宿命論として認識されている）を紹介し、「ナチスの収容所《ラーガー》の住人のなかでも最も暗い形象である「ムスリム」の名はここに「つまりイスラームの宿命論に」由来する」とだけ註記しているのだ。

「ムスリム」とは、第三帝国の収容所で、生きる力を失い死を待つだけの収容者を指すために用いられた隠語である。彼らがそう呼ばれた理由はつまるところ不明だが、立つこともできずに座りこんで体を屈している姿勢がムスリムの礼拝の様子に似ていたからではないか、という憶測もある。[50]その是非はともかく、確かなのは、彼らに唯一残された身振りがその屈服の姿勢だったということだ。それは身振りとも言えない身振り、他の身振りを気力もろともにすべて奪われた者の身振りだ。

ところで、「壁の下のところに奇妙なふうに体を屈して膝をかかえ、横向きに寝そべり、頭は冷たい石に触れている、ぐったりしきった」男がここにいる。「霊廟」で最期を迎えるバートルビーである。この身振りこそ、「不分明地帯」に身を置く彼らに共通の身振りなのではないだろうか？この身振りのない身振りとでも呼べるものはあまりにも一般的、あまりにも大まかなので、ある人々の所属を示すイメージと見なされることはない。だが、このイメージのなさこそまさに彼らの居場所だという可能性をアガンベンは示唆しているように思われる。

しかし、その「不分明地帯」にあっても、「ムスリム」という命名に一つの起源を与えているイスラームの（ムタカッリムーンと呼ばれるスンニ派の神学者らによる）宿命論では「好み」に至る道が抹消されているのに対し、バートルビーのほうでは「好み」以外のすべてが抹消されている、という違いはある。この二つの見分けがつかないということこそ「不分明地帯」の特徴なのだが、ここでなおもありうると思われる――というよりむしろ、期待される――のが、「好み」の微弱な力の存続なのだ。

死へと行き急ぐものが存在する。そこには意味も生産性もない。それはどのような矯正の試みにも抵抗するが、だからといって、抵抗するにあたって何らかの強い力を示すわけでもない。そのようにして、それは目に見えないものになっていくが、とはいえそれが存在していることに変わりはない。そこにおいて、救済に依拠する語りは限界に到達する。そのようなイメージのなさに対して「私たち」ができるのは、解きほぐすことのできないその結び目自体に対して場を与えることだけとも思える。しかし、因習的な救済をひとたび離れれば、「私たち」もまた、自分のなかの「イメージのなさ」へと到達することができるのかもしれない。たしかに、「壁の下のところに奇妙なふうに体を屈して膝をかかえ、横向きに寝そべり、頭は冷たい石に触れている、ぐったりしきった」姿勢はあまりにも平凡なので、「私たち」に共通のものとして——ましてや「政治的なもの」としては——口にすることすらためらわれるように思える。だが、この特異な形象の出発点こそ、まさしくこの生死の判別しがたい姿勢なのだろう。メルヴィルが試みたのは、このイメージのなさ自体の痕跡を残すことだったのかもしれない。

この試みが成功しているかどうかは、居心地の悪さという形を取るバートルビーの精神が、どれほど読者に謎としてとどまるかによって量られるにちがいない。そして、その謎とともにあるということこそ、おそらくは、作品への忠実さへと向かう道に他ならない。

註

1　Herman Melville "Bartleby, the Scrivener: A Story of Wall-Street," *Putnam's Monthly Magazine*, 2, no. 11 (New York: Putnam, November 1853), pp. 546–557 ; 2, no. 12 (New York: Putnam, December 1853), pp. 609–615. このオリジナル版は、たとえば以下に複写が見られる。Howard P. Vincent, ed.,

Bartleby the Scrivener (*Melville Annual*, 1965) (Kent: Kent State University Press, 1966).

2　Melville, "Bartleby," in *The Piazza Tales* (New York: Dix & Edwards, 1856), pp. 31–107. 以下に収録した日本語訳はこの版に拠っている。「バートルビー」、ジョルジョ・アガンベンほか『バートルビー』高桑和巳訳（月曜社、二〇〇五年）九三―一五九頁。初出時との異同の詳細については以下を参照。Melville, *The Writings of Herman Melville*, 9 (*The Piazza Tales and Other Prose Pieces*), ed. Harrison Hayford *et al.* (Evanston & Chicago: Northwestern University Press & The Newberry Library, 1987), pp. 577–580.

3　日本語訳は数多く発表されている。主なものには以下がある。「バートルビー」、『幽霊船』坂下昇訳（岩波書店、一九七九年）一六三―二四一頁。「バートルビー」、『乙女たちの地獄』杉浦銀策訳（国書刊行会、一九八三年）五―五六頁。『代書人バートルビー』酒本雅之訳（国書刊行会、一九八八年）。「バートゥルビィ」、『メルヴィル中短篇集』原光訳（八潮出版社、一九九五年）七―四六頁。これ以外にも日本語訳はいくつか存在する。だが、ここに挙げたものを含め、二〇〇五年六月現在、残念ながらほとんどが絶版ないし品切れになっている。［その後、以下の日本語訳が刊行されている。「バートルビー」、『バートルビー／ベニト・セレノ』留守晴夫訳（圭書房、二〇一一年）七―八八頁。「書写人バートルビー　ウォール街の物語」柴田元幸訳、柴田編『アメリカン・マスターピース　古典篇』（スイッチ・パブリッシング、二〇一三年）七九―一三九頁。「書記バートルビー　ウォール街の物語」、『書記バートルビー／漂流船』牧野有通訳（光文社、二〇一五年）九―一〇一頁。］

4　Maurice Blanchot, *L'écriture du désastre* (Paris: Gallimard, 1980), p. 213.

5　Melville, "Bartleby l'écrivain," in *Les îles enchantées*, trans. Pierre Leyris (Paris: Gallimard, 1945), pp. 109–175. ちなみに、この題は後に、翻訳者のレリス自身によって「Bartleby le scribe」という、

曖昧さを残さないものへと変更された。

6　なお、カフカと「バートルビー」のメルヴィルとを接近させる読解は今日では一般化している。一九四四年にはホルヘ・ルイス・ボルヘスが次のように書いている。「その短篇集〔『ピアザ物語』〕の別の物語について、それは半世紀近くも後になってジョゼフ・コンラッドが同種の作品を発表するまで十全には理解されなかった、とジョン・フリーマンは主張している。私なら、「バートルビー」にはカフカの作品が事後的に奇妙な光を投げかけている、と言うところだ」(Jorge Luis Borges, "Herman Melville: Bartleby," in *Prólogos con un prólogo de prólogos* (Madrid: Alianza, 1998), p. 179.〔「ハーマン・メルヴィル『バートルビー』」内田兆史訳、『序文つき序文集』(国書刊行会、二〇〇一年)二二六頁〕)。なお、「バートルビー」のメルヴィルがあるアナクロニズムによってカフカの同時代人になるというこの発想はボルヘスのお気に入りだったらしく、以下でも反復されている。Borges, "Herman Melville: Bartleby, el escribiente," in *Prólogos de La Bibioteca de Babel* (Madrid: Alianza, 2001), p. 46.〔「序文」土岐恒二訳、メルヴィル『代書人バートルビー』一三頁〕　メルヴィルとカフカの親和性をめぐる議論については以下にその歴史の概観が見られる。Florence Godeau, *Récits en souffrance* (Paris: Kimé, 2001), pp. 13–16. また、そこでは言及されていないが、以下の実存論的読解もすでにその種の古典である。Maurice Friedman, *Problematic Rebel* (Chicago: The University of Chicago Press, 1970).

7　Blanchot, "L'enchantement de Melville," *Paysage dimanche*, no. 27 (Paris: Le pays, December 16, 1945), p. 3. このテクストの存在を示唆してくれた郷原佳以氏に感謝する。

8　これに類する見解を示しているテクストも数多いが、たとえば以下がある。Dan McCall, *The Silence of Bartleby* (Ithaca: Cornell University Press, 1989). この示唆に富んだ研究の全体にわたって、マッコールは、短篇の解釈によってもたらされた研究の隆盛の全体を「バートルビー産業」と呼び、それらの謎解きの恣意性を個々にあげつらって執拗に辛辣な批判を加えている。

9 Blanchot, *L'écriture du désastre*, pp. 33–34. この断片は、以下を若干修正したものである。Blanchot, "Discours sur la patience," *Nouveau Commerce*, no. 30/31 (Paris: Nouveau Commerce, spring 1975), pp. 27–28.

10 Blanchot, *L'écriture du désastre*, p. 219.

11 たとえば、このことを使った駄洒落がルイス・キャロル『不思議の国のアリス』(一八六五年)の一挿話に見られ、この地口はフランス語訳でもそのまま保存されている。以下を参照。Lewis Carroll, *Alice's Adventures in Wonderland*, in Martin Gardner, ed., *The Annotated Alice* (London: Penguin Books, 1970), p. 52 ; Carroll, *Les aventures d'Alice au pays des merveilles*, trans. Henri Parisot, in Parisot, ed., *Tout Alice* (Paris: Flammarion, 1979), pp. 115–116.

12 「受動的なもの」をめぐる断片は、『彼方への歩み』(一九七三年)と『災厄のエクリチュール』(一九八〇年)に散在している。この二冊はともに完全な日本語訳がまだ存在しないが、それらから抜粋された断片のいくつかが以下に日本語訳で読める。ブランショ「回帰と忘却の思考」豊崎光一編訳、『ユリイカ』第十七巻、第四号(青土社、一九八五年四月)四四—四七頁。

13 Jacques Derrida, "Pas," in *Parages* (Paris: Galilée, 1986 [2003]), p. 50.〔「パ」、『境域』若森栄樹訳(書肆心水、二〇一〇年)七六—七七頁〕

14 以下には、「バートルビー」への比較的まとまった言及がある。Derrida, "Donner la mort," in *Donner la mort* (Paris: Galilée, 1999), pp. 105–108.〔「死を与える」廣瀬浩司訳、『死を与える』(筑摩書房、二〇〇四年)一五五—一五八頁。また、「バートルビー」への直接の言及はないが、短篇の最後に登場する「死んだ手紙［配達不能郵便］」に関する考察は以下に見られる（一九七七年十月十四日に書かれたとおぼしい）。Derrida, "Envois," in *La carte postale* (Paris: Flammarion, 1980), p. 136.〔「送る言葉」、『絵葉書』第一巻、若森栄樹ほか訳（水声社、二〇〇七年）一八四頁〕なお、一九九〇年代に入ると、デリダは講義でも「バートルビー」を扱うようになる。以下を参照のこと。Derrida, "Donner la mort," p. 26, n. 1.〔「死を与える」二三八頁、註三〕以下にも言及が見られる。Mitchell Stephens, "Jacques Derrida and Deconstruction," *The New York Times Magazine* (New York: The New York Times, January 23, 1994), p. 24.

15　以下を参照。Sigmund Freud, "Hemmung, Symptom und Angst," in *Gesammelte Werke*, 14, ed. Anna Freud *et al.* (London: Imago, 1948), pp. 192–193.〔「制止、症状、不安」大宮勘一郎ほか訳、『フロイト全集』第十九巻（岩波書店、二〇一〇年）八八頁〕

16　Derrida, "Résistances," in *Résistances* (Paris: Galilée, 1996), p. 37.〔「抵抗」鵜飼哲訳、『精神分析の抵抗』（青土社、二〇〇七年）四八頁〕

17　Derrida, "Résistances," pp. 37–38.〔「抵抗」四八―五〇頁〕

18　以下を参照。Mordecai Marcus, "Melville's Bartleby as a Psychological Double," *College English*, no. 23 (Chicago: National Council of Teachers of English, 1962), pp. 365–368 ; Ted Billy, "Eros and Thanatos in 'Bartleby'," *The Arizona Quarterly*, no. 31 (Tucson: University of Arizona, 1975), pp. 21–32 ; Toshiyuki Ohwada, "The Intensity of Repetition," *Colloquia*, no. 22 (Tokyo: Colloquia [Keio University], 2001), pp. 71–80.

19　この点を意識した適切な論考として以下がある。鈴木聡「死の配達人」、『ユリイカ』第十八巻、第十三号（青土社、一九八六年十二月）二〇二―二一七頁。鈴木は次のように書いている。「ラカンが

「無意識における文字の審級、あるいはフロイト以降の理性」(一九五七)で引用している『コリント後書』第三章第六節に見られる聖パウロのことば、「文字は殺し、精神は生かす」は、精神分析と文学の双方に共通するアポリアとなってきた。メルヴィルが文字の死をめぐる悲劇的なヴィジョンを提示しているのに対して、フロイトとラカンは、文字化されたものがなん度となく反復して現前する可能性にもとづいて無意識なるものを理論化しようとした。そこから産出されてくる治癒と健全の物語は、少なからずいかがわしい。陰惨さを回避しようとするあまりに、よりいっそう陰惨なものとなっているといってもよいくらいだ」(二一五頁)。

20 以下を参照。McCall, "'A Little Luny'," in *The Silence of Bartleby*, pp. 33-58.

21 Wilhelm Reich, *Charakteranalyse* (Köln: Anaconda, 2010).〔『性格分析』小此木啓吾訳(岩崎学術出版社、一九六六年)〕

22 Reich, *Charakteranalyse*, p. 64.〔『性格分析』四四―四五頁〕

23 Bernard Terramorsi, "Bartleby or the Wall," *Europe*, no. 744 (Paris: Europe & Messidor, April 1991), p. 87.

24 ジャック・ラカンに帰せられる新たな伝統のことも想起される。それによると、長椅子の背後にいる人がではなく、長椅子に横たわっている人のほうが分析をおこなう者と呼ばれる。ラカン派による説明としては以下の事典項目が参照できる。"Analysant," in Roland Chemama, ed., *Dictionnaire de la psychanalyse* (Paris: Larousse, 1995), p. 15.〔「分析主体」加藤誠訳、シェママ編『新版 精神分析事典』(弘文堂、二〇〇二年)四三八頁〕

25 たとえば以下を参照。中村紘一「A Delicious Self-Approval」、『日下部徳次教授退官記念論文集』(京都教育大学、一九七九年)二〇五―二一二頁。

26　たとえば以下を参照。Michael T. Gilmore, "'Bartleby, the Scrivener' and the Transformation of the Economy," in *American Romanticism and the Marketplace* (Chicago: The University of Chicago Press, 1985), pp. 132–145.〔「「書記バートルビー」と経済の転換」、『アメリカのロマン派文学と市場社会』片山厚・宮下雅年訳（松柏社、一九九五年）一九七―二一七頁〕　そのような語りの歪曲があるという了解からの派生物として、以下のような研究も挙げることができる。Lucy Maddox, "Writing and Silence: Melville," in *Removals* (New York: Oxford University Press, 1991), pp. 51–87.〔「書くことと沈黙と　メルヴィル」丹羽隆昭・溝口健二訳、『リムーヴァルズ』（開文社出版、一九九八年）七七―一三八頁〕　そこでは、法律家とバートルビーの関係が、当時の実在する法律家と彼が事務員として雇用したアメリカ先住民（チョクトー族）の若者との関係の破綻の物語に重ねられている。この読解に多くを負った論考に以下もある。荒このみ「バートルビーの「ある神秘的なる目的」」、中央大学人文科学研究所編『イデオロギーとアメリカン・テクスト』（中央大学出版部、二〇〇〇年）八九―一三五頁。

27　その点では、たとえば以下に見られるような慎重な見解が説得的である。若島正「死せる手紙」、『乱視読者の帰還』（みすず書房、二〇〇一年）一二―二三頁。そこで若島は、語り手の欺瞞を強調する読解に対して留保を設け、語り手の感傷性には警戒が必要だとしても、多少なりとも信頼に足る善良さが語り手のうちに前提されなければ語りは存在しないし、読者はその善良さを共有しなければその語りを読まないだろう、と指摘している。

28　この状態については、事務所の内部を見取図にして具体的に示していることを含め、以下が参考になる。福本圭介「バートルビィに公正であること」、『立教アメリカン・スタディーズ』第二十一号（立教大学アメリカ研究所、一九九九年）一一一―一三五頁。

29 Blanchot, "L'enchantement de Melville," p. 3. 註7と同じ。

30 「絶対的に受動的なもの」という表現は撞着語法として読まれるおそれが充分にある。だが、その撞着語法を前にしたときの居心地の悪さはおそらく、「バートルビー」の居心地の悪さから遠くない。

31 Melville, *Bartleby, Les îles enchantées, Le campanile,* trans. Michèle Causse (Paris: Flammarion, 1989).

32 Gilles Deleuze, "Bartleby, ou la formule," in *Critique et clinique* (Paris: Minuit, 1993), pp. 89–114. 〔「バートルビー、または決まり文句」谷昌親訳、『批評と臨床』（河出書房新社、二〇〇二年［二〇一〇年］）一四六—一八九頁〕

33 日本語訳の刊行される前に書かれた註解の試みとして、以下も読むことができる。西山けい子「生成する天使」、『Becoming』第八号（BC出版、二〇〇一年）三一—五二頁。大崎晴美「法の閾」、『現代思想』第二十九巻、第十六号（青土社、二〇〇一年十二月）八—二八頁。

34 Deleuze, "Bartleby, ou la formule," pp. 91–93. 〔「バートルビー、または決まり文句」一五〇—一五二頁〕

35 Deleuze, "Bartleby, ou la formule," p. 89. 〔「バートルビー、または決まり文句」一四六頁〕

36 Deleuze, "Bartleby, ou la formule," p. 96. 〔「バートルビー、または決まり文句」一五七—一五八頁〕

37 Deleuze, "Bartleby, ou la formule," p. 108. 〔「バートルビー、または決まり文句」一七六頁〕

38 Deleuze, "Bartleby, ou la formule," p. 114. 〔「バートルビー、または決まり文句」一八六頁〕

39 以下にあたる。Giorgio Agamben, "Bartleby o della contingenza," in Agamben & Deleuze, *Bartleby: La formula della creazione* (Macerata: Quodlibet, 1993), pp. 43–85. 〔「バートルビー　偶然性について」高桑和巳訳、アガンベンほか『バートルビー』八—九〇頁〕なお、アガンベンのバートルビー

に対する初期の明示的言及には以下がある。Agamben, "Idea dello studio," in *Idea della prosa* (Macerata: Quodlibet, 2002), p. 45 ; Agamben, "Bartleby non scrive più," *Il manifesto* (Roma, March 3, 1988), p. 3. その後、「バートルビー　偶然性について」の最初の直接的萌芽と見なせる以下のテクストが発表されている。Agamben, "Bartleby," in *La comunità che viene* (Torino, Bollati Boringhieri, 2001), pp. 33–35. 〔「バートルビー」、『到来する共同体』上村忠男訳（月曜社、二〇一二年）四九―五三頁〕

40　第二の箇所は、ドゥルーズがバートルビーを「新たなキリスト」と呼んでいることへの言及であるが、その箇所はバートルビーの可能性をメシア主義のなかに読む試みになっている。たしかに、バートルビーを特定の英雄（反英雄を含む）や実在の人物（作家メルヴィル自身を含む）へと単純に近づけて同一視や投影をおこなう無数の読解は問題外であり、その全面的批判が以下に読める。McCall, "Swimming through Libraries," in *The Silence of Bartleby*, pp. 1–32. だが、ここで言われる「キリスト」は、メシア的な操作をおこなう人物に付された仮の名だと考えなければ意味を失う（イエスの具体的な言行とバートルビーのそれとのあいだの対応関係の同定などが問題なのではない）ということを理解しさえすれば、この暫定的な命名にも理があることになるだろう。詳しくは、アガンベンによる以下の議論を参照。Agamben, "Bartleby o della contingenza," p. 83. 〔「バートルビー　偶然性について」八二頁〕

41　Agamben, "Bartleby o della contingenza," pp. 61–62. 〔「バートルビー　偶然性について」四一―四二頁〕

42　Agamben, "Bartleby o della contingenza," p. 63. 〔「バートルビー　偶然性について」四五頁〕

43　Agamben, "Bartleby o della contingenza," pp. 63–64. 〔「バートルビー　偶然性について」四五―四

六頁〕

44 以下はその方向で「バートルビー」を読解している。Gilmore, “‘Bartleby, the Scrivener’ and the Transformation of the Economy.”〔「「書記バートルビー」と経済の転換」〕

45 以下を参照。McCall, “‘A Passive Resistance,’” in *The Silence of Bartleby*, p. 62. その身振りはすでに述べた「潜在性抵抗」によるものかもしれない。いずれにせよ、この種の「抵抗」が身振りにおける階級の分類を容易に乱すということは示唆的である。

46 その受動的抵抗をヘンリー・デイヴィッド・ソローやモーハンダース・カラムチャンド・ガーンディーにおける抵抗と結びつけるたぐいの読解を批判しているものとして以下がある。McCall, “‘A Passive Resistance,’” pp. 59–77. なお、当時の労働者階級の動向についてはたとえば以下が参照できる。Sean Wilentz, *Chants Democratic* (New York & Oxford: Oxford University Press, 1984), pp. 363–389.〔『民衆支配の讃歌』下巻、安武秀岳監訳（木鐸社、二〇〇一年）一八九―二二五頁〕

47 以下を参照。Wilentz, *Chants Democratic*, pp. 357–359.〔『民衆支配の讃歌』下巻、一八三―一八六頁〕

48 Allan Moore Emery, “The Alternatives of Melville’s ‘Bartleby,’” *Nineteenth-Century Fiction*, 31, no. 2 (Berkeley: University of California Press, 1976), p. 178, n. 14.

49 「霊廟」についてはたとえば以下が参照できる。Charles Sutton, *The New York Tombs* (Montclair: Patterson Smith, 1873)；Luc Sante, *Low Life* (New York: Farrar, Straus & Giroux, 1991), pp. 244–245.「霊廟」は当時アメリカで流行した古代（とくにエジプト）の建築様式を模した（この綽名はそこに由来する）監獄だが、アガンベンはこの様式からの連想で、潜勢力の概念人物であるバートルビーを閉じこめるその空間を、ライプニッツの偶然論におけるピラミッド（充足理由律によって文配されている）になぞらえるという遊びをしている。以下を参照。Agamben, "Bartleby o della contingenza," pp. 76–78.〔「バートルビー　偶然性について」六八―七三頁〕ちなみに、「バートルビー」における必然性や偶然性を論じた試みはすでに存在し、研究のトポスとなってさえいるが、そこにはライプニッツのピラミッドは見あたらない。以下を参照。Walton R. Patrick, "Melville's 'Bartleby' and the Doctrine of Necessity," *American Literature*, no. 41 (Durham: Duke University Press, 1969), pp. 39–54 ; Emery, "The Alternatives of Melville's 'Bartleby'," pp. 170–187. また、語り手自身が言及しているジョゼフ・プリーストリとジョナサン・エドワーズの著作――意志はすべてあらかじめ摂理によって決定されていると主張するもの――にも、ライプニッツのピラミッドは登場しない。

50　以下を参照。Agamben, *Quel che resta di Auschwitz* (Torino: Bollati Boringhieri, 1998), pp. 39–40.〔『アウシュヴィッツの残りのもの』上村忠男ほか訳（月曜社、二〇〇一年）五六頁〕

デリダとバートルビー（二〇〇四年）

先ごろ死去したジャック・デリダが展開した議論のそれぞれは、あまりにあちこちに散在してしまっているので、いずれ書かれただろう未来の本の一部をなすものではないかという夢想を誘う。

読者は、その不可能な本を所有するという幻想をいだくことで、デリダの考えたことを一部なりと分有できる気になる。ある種の読者――自分でものを書くと称する読者――は、その想像上の本のさらに一部に相当すると称する偽書を、デリダという後見人を思い描きつつ書く。その人々は、デリダの口述することを書き取る自分をうきうきと想像する。

これが、私たちがいたるところで目にする「デリダ論」の姿だ。そのようなものを書く人はおそらく、自分がデリダに非常に近い存在であると主張しつつ、意味ありげなことを書く。

そして、デリダが死をめぐって語っていたことを、この機会に、そのような本の最たるものとして想像する人が少なからずいる。しかし、言うまでもなく、彼が死をめぐって語っていたことは、彼の死それ自体とはまったく関係がない。彼は死をめぐって文字どおり無数の事柄を書いており、それら無数の死は、単一の死――彼の固有の死であれ何であれ

——に集約されてしまうことはない。

人々は彼が死ぬのを待ちかまえていた。彼が死んでみればこそ、不可能な本の数々はその不可能さをようやく完成してくれるかのようだと言わんばかりだ。そのことは、ある種の人々の振る舞いを通じて感じ取ることができる。その人々は、表向きは悲しみを示しつつ、しかし浮かれた追悼文を書く。これは陳腐でもあるし恐ろしくもある倒錯だ。その人々は、「喪の仕事」が失敗したときに現れるとされる「勝ち誇りの局面」を模倣することで、自分が「喪の仕事」に失敗するほど深く喪に服しているのだ、と言外に言おうとしているかのようだ（言うまでもないが、ここで念頭に置いているのは、喪に本当に服している人々のことではない）。

あまりに名高くなってしまった人にとって、そのような現象はおそらく避けられない。しかし、私はといえば、そのようなさざ波に与するつもりはまったくない。とはいえ、ありうべき真の喪に服したいというのでもない。もっと長い時間をかけてやるべきこと、やりたいことが、他にたくさんある。

ここではただ、彼の書きもののいくつかに顔を出しては引っこむある人物について、彼の実際の死とは無関係に、まとまりのないことを書いてみる。これは彼の不可能な本にさえならない議論だ。また、その人物はじじつ、あろうことか死の形象そのものでもあるが、それはデリダ自身の今回の死とはもちろんまったく関係がない。

モーリス・ブランショが一九四五年にはじめてその人物について書いた文章は今日でも

ほとんど知られていないが、一九七五年にあらためて「忍耐についての言説」としてまとめられ、後に『災厄のエクリチュール』（一九八〇年）にわずかな修正のうえ統合された文章のほうは、少なくともそれよりは多くの読者の目に触れた。そのなかにはデリダもいた。彼は、一九七五年にブランショの文章を読み、その人物のことをそのときはじめて知るに至ったとおぼしい。

その人物とは、小説家ハーマン・メルヴィルが一八五三年に造形した「バートルビー」だ。

同名の短篇小説の主人公である彼は、ある法律事務所の筆生として雇われ、勤勉に仕事をこなしているが、あるときから、何を頼んでも「しないほうがいいのですが」と応え、何もしなくなる。しかし事務所から出て行こうとはしない。雇い主はさまざまな言葉を考えて声をかけるが、どれも効果がなく、ついには彼は監獄に連行され、そこでも食事を「しないほうがいい」、というわけで死んでいく。どうやら、かつて彼は郵便局で、「死んだ手紙」と称される配達不能郵便物を処理する部局にいて、絶望したらしい……。

この人物の謎は、彼の奇妙な拒否と、それを定式化した「しないほうがいいのですが」に極まっており、じじつ、謎へと果敢かつ無益に挑む少なからぬ人々はこの文言を集中的に検討している。ブランショもその一人だ。いわく、「拒否は受動性の第一段階だ、と言われる――だが、それが故意のもの、意志的なものなら、否定的決定をであるにせよ決定を表現するものなら、意志は、意識の権力からきっぱり離れることを可能にしてはくれず、最善でも、拒否する自我であるにとどまる。たしかに、拒否は絶対へと、いわば無条件なものへと向かう。それは、文筆の徒バートルビーの「しないほうがいいのですが」という容赦のない台詞が感じられるものにしてくれる拒否の結節点だ」。

デリダがブランショを論じた「パ」（一九七六年）という文章（一九八六年に『境域』に収録される）では、前年に公になっていたブランショのこの文章がちょうど引かれ、「あらゆる否定、あらゆる決定、あらゆる否認、つまりはあらゆる言うことより手前の」ものとしてのバートルビーの謎が語られ、ブランショの語る否定的なもの（受動的なもの）の特異性が強調されている。

その後、バートルビーはデリダの隠れた参照対象となり、折に触れて姿を見せるようになる。時代順に追えば、一九七七年には、誰かに宛てた奇妙な書簡集「送付」（一九八〇年に『絵葉書』に収録される）のなかで「死んだ手紙部局」への言及がなされ（ただしバートルビーは登場しない）、一九九〇年には「死を与える」（一九九九年に同名の単行本に収録される）で、『旧約聖書』のアブラハムの言葉遣いとバートルビーのそれとを寄り添わせて読解する（両者とも、想定されている言語の使用をはみだす言葉遣いをし、皮肉を用いて他者の言葉を引き出しつつ、謎のなかの謎、秘密を生み出す）。同時期にデリダは講義でも「バートルビー」を扱うようになる。

デリダが最もバートルビーの謎に迫ったのはおそらく、精神分析をめぐって一九九一年におこなった「抵抗」という発表（一九九六年に同名の論文集に収録される）においてだ。

そこで彼はジークムント・フロイトの『制止・症状・不安』(一九二六年)に登場する、分析に対する抵抗の類別を検討し、そのなかの「無意識の抵抗」(死の欲動から発する抵抗)に注目する。デリダは、これは「意味をもたない」抵抗であり、じつのところ抵抗ではないという。ここから彼は、この抵抗と精神分析それ自体はつまるところ同質だという議論へとたどりつくが、そこに登場するのが「バートルビー」だ。抵抗も精神分析も、「何も言わない。応えるにあたって何も応えない。然りとも否とも言うことはなく、受け容れることも対立することもない。とはいえ、語りながらそうするのだが、それでも、何を言うわけでもない。然りとも否とも言わない」。それらはバートルビー同様、「何も言わずに人に語らせる」。抵抗と分析は合わせ鏡のようになる……。

死への欲動に発する抵抗の語る言葉、「しないほうがいいのですが」。私たちは、死のほうからやってくるこの言葉について、まだ何も知らないし、これからも知ることはない。にもかかわらず、これを知りたいという欲望が消えることもない。デリダが「文学の秘密」とも呼ぶ、このいわば無抵抗な抵抗の言葉は、秘密の名にふさわしく、謎を明らかにされることは永遠になく、私たちはそれをめぐる言葉を――あるいは端的に、人間をめぐる事柄を明らかにしようとする言葉のすべてを――書き続ける。

マーティン・ルーサー・キング・ジュニアの時間（二〇〇六年）

1　キングを読む

マーティン・ルーサー・キング・ジュニア（一九二九―六八年）の生と活動については、大雑把なことであれば、すでに多くの人が知っている。[1] 運動の具体的な発端を作ったことになったローザ・パークスが、またキングの伴侶だったコレッタ・スコット・キングが最近になって相次いで死去し（それぞれ二〇〇五年十月二十四日、二〇〇六年一月三十一日）、公民権運動の時代からの時間の経過があらためて感じられたかもしれない。キングの誕生を讃える記念日も一九八三年に「連邦祝日」になって久しく、この運動に関連する歴史は正史へととりあえずは回収され終わり、一つの（あるいはいくつかの）単純化された定型を獲得した――陰に陽におこなわれる差別はそれとは別に存在し続けているとはいえ――と言える。

しかし、だからといってキングの哲学――そのようなものがあるとして――がその含蓄を汲み尽くされたわけではない。むしろ、運動の歴史が正当性を付与される一方で、読者がキングのテクスト自体と向きあう機会はしだいに減っているように思われる。一九六三年八月末にワシントンDCで開かれた大規模集会で述べられた「私には夢がある」で知られるスピーチは例外かもしれないが、この例外にしたところで、知的文脈から分離された読解が社会的道徳の枠内で制度化され流通するのが通例である。公民権運動の具体的現実から実際には遠いところにいる者にとっては、この状況はなおさら固着化される。

運動はありうべき哲学的文脈や知性の下支えを拭い取られる。人々はこれを想像したり記憶したりするにあたって、人民の（このばあいは「黒人」の）一般的な政治的意志が、個別の文脈こそあれいわば自然発生的に状況の構築をおこなったのだろうと思いこむことに慣れていく。怒りや悲しみが世界を変えたという言明は、それだけでは不充分な命題、美しい期待であるにすぎない。それは美しいだけに有害でさえある。運動を読みなおし想像しなおすうえで重要なのは、怒りや悲しみの文脈を精確に見定めることだけではなく、その怒りや悲しみがどのように知性の働き（つまりはひらめき）を要請したのか、そしてその知性がひるがえってどのように怒りや悲しみに戦略的な形式を与えるに至ったのか、これを明らかにすることだと思われる。

一九五〇年代のアメリカ合衆国では、前世紀に奴隷制度がそれ自体としては撤廃されていながら、黒人に対する差別が制度的にも社会的にも残存していた。[2] とくに南部にその傾向が顕著だった。白人専用の喫茶店があり、白人用／黒人用と区別された学校があった。

バスにも差別は見られた。前のほうの席は白人用、後ろのほうは黒人用となっており、ドアも二つあった（黒人は前部ドアからいったん乗って料金を運転手に支払って下車し、あらためて後部ドアから乗りこむ）。また、白人用が満席になると、黒人たちは一列ごとに全員が立って席を明け渡さなければならなかった（白人と黒人は同列に並んで座れない）。

一九五五年十二月、アラバマ州モントゴメリーで、ローザ・パークスという名の黒人女性が仕事からの帰途、バスの席を規則どおりに白人の乗客に譲れという運転手からの指示に従わなかったかどで逮捕された。これが発端となり、黒人たちによる大規模なバス乗車ボイコット運動が組織された。この運動の主導的地位に就くよう依頼されたのが、土地にやってきて一年あまりの、キングという名の若い牧師だった。

この運動がその後、予想に反して一年にわたって展開され、しかも最終的に成功を収めることになった（この「モントゴメリーのバス・ボイコット」を終結させたのは、最高裁判所の出した人種差別を違憲とする判決だった）。キングは黒人公民権運動の主導者とされ、各地におもむいては集会に参加したり演説をおこなったりするようになった。

しかし、それに続く運動は、人種差別を継続している施設に座りこむ「シット‐イン」や、人種差別を継続しているバスに乗りこむ「フリーダム・ライド」などの各地での展開にもかかわらず、モントゴメリーにおけるほどの大成功と認知は得られなかった。キングは一九六三年、差別の牙城の一つであるアラバマ州バーミングハムに乗りこんで運動を組織し、膠着した状況を打開しようとする。そこで、あるデモに参加しているとき、いつものように逮捕され刑務所に入れられる。四月十二日のことである。

彼はその翌日、地元の穏健派の白人聖職者たちによる共同声明を獄中で読むことになる。差し入れられた新聞に掲載されていたその声明によれば、人種差別は是正されるべきだが、その是正は法廷でおこなわれるべきであり、余所者（キングは名指されてすらいない）が指揮する黒人のデモのような、性急かつ過激な運動は認められない。法・秩序・常識に照らして、黒人コミュニティはこの運動から手を引くべきである……。

これに対してキングが獄中で書いた長い反論が、現在「バーミングハム刑務所からの手紙」として知られているものだ。ただし、この文章がよく読まれるようになったのは後年のことらしく、これがただちにこの「バーミングハム闘争」に力を与える主要な要因となったというわけでもないようではある。

だが、その後に組織された、青少年を動員したデモが――というより、皮肉なことに、そのデモで警察が青少年に対してさえ暴力的に介入した光景がテレビでアメリカ合衆国全土に放送されたことが――功を奏して、公民権運動は合衆国全土で賛同を得ることになる。これ以降の、ワシントンDC大規模集会と例のスピーチ、一九六四年公民権法の成立、キングのノーベル平和賞受賞、そしていくつかの闘争の後に訪れることになるキング暗殺については、ここでは措く。

2 「手紙」と時間

ここで読みたいのは「手紙」、書かれるべき時間をわきまえずに書かれてしまったかのように事後的にその重要さが理解されている、奇妙な公開書簡である。[3] まるで——その点についてはすぐに検討することにするが——この問題をめぐっては、あらゆる時間の流れが狂ってしまうかのようだ。

この手紙では多くの論点が検討されているが、書きだしが、おそらくはこのテクストの最重要のモティーフを予告している。自分がこの手紙を書くに至ったのは、白人聖職者たちがキングたちの活動を「賢明でもなく時間にかなってもいない（unwise and untimely）[4]」と呼んだからだというのだ。これが彼の文字どおりのモティーフ、彼にこの手紙を書かせる動機となる。要するに、彼が引っかかったのはそこだった。タイムリーでないとは何か、タイムリーであるとは何か？ タイミングがいいとか悪いとかいうのはどのようなことなのか？ キングはこの問いに幾度も立ち返る。

あなたたちの声明にあった要点の一つは、バーミングハムで私が仲間たちとおこなった行動が時間にかなっていない（untimely）というものです。「新しい市政［ちょうど市長選に勝利したばかりのアルバート・バウトウェルが運営するはずの、相対的に穏健な市政］に対して、行動するための時間を与える（give time）ということをしなかったのはなぜなのか？」と聞いてきた人もいた。この質問に対して私が与えることのできる唯一の回答は次のとおりです。バーミングハムの新しい市政は、任を辞した行政［強硬な人種差別主義者ユージン・コナーによる前市政］同様につっつかれなければ、行動することはないだろう、と。もし私たちが、アルバート・バウトウェルが市長に選出されたことでバーミングハムに至福の千年期《ミレニアム》がやってくるような気がするとしても、それは悲しいかな、誤りです。[5]

（「つっつく」ことで生ずる緊張《テンション》が、穏健《モデレイション》の対立物として肯定的に主張されるということ――「私は「緊張」という語は怖くない」とキングは言う――については後であらためて検討する。[6] ここではとりあえず、緊張の生産が「タイムリーなもの」への抵抗をなすということのみ確認しておく。）

そして、さらに直接的な言明が登場する。

率直に言って、私が関わった直接行動作戦は数あれど、いまのところそのなかに、人種差別という疾病で不当に苦しんだことのない者たちから「タイミングがいい（well timed）」と見られたものはありません。もう何年にもわたって、私は「待て！」という語を耳にしてきた。これは黒人の一人一人の耳に馴染みのもので、心を突き刺すように鳴り響くものです。この「待て！」はまずもってつねに、「絶対だめだ！」を意味してきました。私たちは、ある高名な法律家の言っている、「あまりに長く延期された正義は、拒否された正義である」ということがわかるようにならなければなりません。[7]

キングが言うのは要するに、抑圧する側が「ちょうどいいタイミングでおこなわれたタイムリーな行動だ」と見なしてくれるような運動など、定義上ありえないということである。彼を個人的に触発し、彼の個人的なモティーフにとどまっていたかもしれない「時間にかなう」ことをめぐる問いが、ここで、運動の全体と接続される。

じつは、時間をめぐるこの捉えかたの違いにこそ問題は帰着するのであり、故意に生産される緊張によってこそ、この齟齬が表面化される。少なくともバーミングハム闘争の時期には、問題化されるべきはすでに、強硬な人種差別主義ではなく、外見上は運動に理解を示す穏健主義になっていた。人種差別は、「待て!」という形を借りて、穏健主義のなかに生き延びる道を見いだした。運動の発展につれて問題は核心へと、つまり時間をめぐる問いへと、深化した。

[……]この数年間というもの、白人穏健派(white moderate)にはひどく失望しました。私がほとんど到達してしまった遺憾な結論によれば、自由への大いなる歩みを進めるうえで黒人の躓きの石となるのは、白人市民会議やクー・クラックス・クランといった連中ではなく、白人穏健派のほうなのです。白人穏健派は、正義より「秩序」に身を捧げ、正義の現前という積極的な平和より緊張の不在という消極的な平和のほうを好み、「あなたたちの求める目標には賛成だが、直接行動という方法には賛成できない」とたえず口にし、自分こそが他人の自由獲得の時間割(timetable)を設定できるのだと慈父気取りに信じている。彼らは神話的な時間概念

（mythical concept of time）で生きており、黒人に対して「もっと都合のよい時節（more convenient season）」まで待ってはどうかとたえず助言する。[8]

「神話的な時間概念」と彼が呼ぶものの内実は、ほとんど間をおかずに、「奇妙にも非合理的な観念」として、あらためて具体的に示される。

私は、白人穏健派が、自由を求める闘争について、時間に関する神話を拒絶してくれないものかと願っていました。私は、テクサスの白人修道士から手紙を一通、受け取ったところです。その人は次のように書いています。「有色の人々が、いつかは（eventually）［白人と］同等の権利を受けることになるということは、すべてのキリスト教徒の知るところです。しかし、あなたたちはあまりに、宗教的見地からの性急さ（religious hurry）のうちにあるかもしれない。キリスト教世界は、いま手にしているものを完成させるのにほぼ二千年かかりました。キリストの教えは、この地上に到来するのに時間がかかる（take time）のです」。このような態度は、ある悲劇的な、時間の誤った構想（misconception of time）に立脚しています。その誤った構想とはつまり、時間の流れ自体のなかに何か、あらゆる病気を不可避的に治療することになるものがある、とする、奇妙にも非合理的な観念のことです。じつのところ、時間自体は中性的なものです［それ自体としては肯定的でも否定的でもない］。時間は、破壊的にも構築的にも用いられうる。［……］人間の進歩は不可避性という車輪がまわるように進んで行くものではけっしてありません。人間の進歩は、神とともに働く者たろうとする人々の倦まぬ努力を通じて到来するのであり、この大変な働きがなくなると、時間自体は社会を停滞させる力に与するものになる。私たちは、正しいことをおこなうためには時間はつねに熟している（time is always ripe）、ということを知っています。ならば、時間を創造的に用いる（use time creatively）のでなければなりません。民主主義の約束を現実のものとし、私たちの宙吊りになった国家的哀歌を兄弟愛の創造的賛美歌へと変形する、いまがその時間です（now is the time）。私たちの国家政策を人種に関する不正義という流砂から引き上げ、人間的尊厳という堅固な岩の上に置きなおす、いまがその時間です（now is the time）[9]。

「手紙」は、必ずしもこの時間論だけに割かれているわけではない。じじつ、「過激」であることについての考察、既存の教会に対する批判、黒人の置かれた状況についての具体的説明など、このテクストを構成する要素は他にもあり、いずれも議論にとって不可欠のものである。読者の心を震わせるだろう細部の多くがむしろそこに見いだされるというのも事実だ。だがおそらくは、一方に「穏健」な者たちの、「いつかは」到来するという「タイミングがいい」「もっと都合のよい時節」までは「時間がかかる」とする「時間の誤った構想」としての「神話的な時間概念」があり、他方に「緊張」（「穏健」な者たちにしてみれば「宗教的見地からの性急さ」）を生む者たちの、「つねに熟している」（「穏健」な者たちにしてみれば「時間にかなっていない」）「創造的に用いる」「いま」という時間がある、というこの構図が、この「手紙」全体を律し、リズムを与えていることは間違いない。

アフリカでの旧植民地の独立ラッシュ（一九六〇年）をほのめかしつつ語られる、「意識的にせよ無意識的にせよ、彼［アメリカの黒人］は時代精神（Zeitgeist）にとらわれたのです。合衆国の黒人は、アフリカの黒い兄弟たちや、アジア・南アメリカ・カリブ海の褐色や黄色の兄弟たちとともに、人種に関する正義という約束の土地に向けて、非常な緊急性（great urgency）の感覚をもって進んでいるのです[10]」という文言も、世界的規模で「いま」が到来しているのがこの時代《ツァイト》なのだとする言明として読める。

さらに言えば、「これほど長い手紙を書いたことは、かつてありません。長すぎて、あなたたちの貴重な時間を取ってしまう（take your precious time）のではと心配です」という、手紙の結びの言葉の冒頭に書きつけられた、一見すると何の変哲もない儀礼的修辞とも思える文言も、時間に無頓着な「穏健」派への痛烈な皮肉になっていると読むのが自然だ。「もっと都合のよい時節」まで易々と引き延ばすことができるらしいあなたたちの融通無碍な時間も、しかしさぞや貴重なのではありましょうね、というわけだ。この皮肉は、続きを読むことでさらにはっきりする。「快適な机で書いたのなら、これはずっと短いものになっていたはずです。ですが、狭い独房で一人きりであれば、長い手紙を書き、長い思考をめぐらし、長い祈りをする以外、何ができるでしょう?[11]」白人穏健派においては、長いはずの時間が皮肉のなかで貴重なものとなる一方で、やらねばならぬことがあるのに獄中で時間をつぶす（英語では「時間を殺す（kill time）」）ことを余儀なくされるキングにおいては、緊急性が思考の速度自体を増し、「いま」という時間が焦燥のなかで拡張されていく。[12]

こうして、この「手紙」は徹頭徹尾、時間に関する二つの構想のあいだの闘争として組織されたことになる。

3 バスの記号論

じじつ、この時期の具体的闘争においては、時間が中心的な問題を構成していたと言ってもさしつかえなさそうだ。キング自身、この「手紙」を含むバーミングハム闘争の時期のテクストを『私たちはなぜ待てないか（Why We Can't Wait）』（日本語訳『黒人はなぜ待てないか』）というタイトルの本にまとめている。この（日本語訳によっておそらくは故意に拡張された）人種的偏見を誘いかねないタイトルから、むしろ目をそらさないことが必要だろう。「待て、と言っているのに、いったいどうして黒人たちは（私たち白人とは違って）待てないのだろう？　こらえ性のないやつらだ。人種的欠陥なのか？」というふうに、とりあえずは偏見をもって誤読するところから関心をもってもらってもかまわない、とキングは言うかもしれない。その「待つ」ということをめぐる態度自体においてこそ、むしろ偏見は前景化され、それによって生産的「緊張」が生まれるのだから、と。[13]

この点は、実際の文脈を参照することで、より明確化される。「私たちはなぜ待てない」のか、なぜ「時間を創造的に用いる」必要があるのか？　「黒人革命」と「癒す剣」という、やはり『私たちはなぜ待てないか』に収められたテクストを参照することで、当時の具体的状況を垣間見ることができる。[14]

黒人は、学校の差別撤廃の緩慢なペース（slow pace）に、ひどく落胆してきた。一九五四年にこの国の最高法廷が、学校の差別撤廃を「よくよく熟慮されたスピードで（with all deliberate speed）」おこなえと命ずる判決を下した、ということを黒人は知っていた。そして、最高裁判所が下したこの布告が、よくよく熟慮された遅延で（with all deliberate delay）留意された、ということを黒人は知っていた。この歴史的決定から九年後になる一九六三年のはじめには、南部の黒人児童のほぼ九パーセントが人種統合された学校に通っていた。このペースが維持されるとすると、南部の学校での人種統合が現実のものとなるころには二〇五四年になっていることだろう。[15]

つまり裁判所としては、性急な統合は深刻な衝突を惹き起こしかねないという配慮からこの一文を付け加えたわけである。だが、この「熟慮」が穏健主義の手中に収まったとき、スピードは遅延へと姿を変える。時間の構想にペースやスピードが、つまりは経過や隔たりがあるかぎり（無時間でないかぎり）、それは充分に遅延になりうる。速度はどれほど遅くとも（ゼロでないかぎり）、ある意味では速さであり続ける。時間を構想する権力を保持する者が誰であるのかによってその速さ（遅さ）が左右されるのは当然である。

現状を擁護するこの者たち［人種差別主義者たち］は［判決を受けて］まず猛り狂ったが、その憤激が治まると攻勢に出て、自分たちでこしらえた変化のスケジュール（schedule of change）を押しつけてきた。熟慮されたスピードで（with deliberate speed）到達されるべしと想定された進歩が変化をもたらしたのは、南部のほとんどの地域においては二パーセントにも満たない黒人児童に対してであり、南部の最深部のいくつかの場所ではそれは一パーセントの十分の一にも満たなかった。[16]

最高裁判所の判決の文言をいわば悪用したこの操作は、あろうことか最高裁判所自体によって、事実上裁可されることになる。

［……］一九五四年の決定から間をおかず、最高裁判所は児童選別法を［合法であると］承認することで、自分自身の［人種差別を否定する］立場から後退してしまった。この法は、児童がどの学校に入学できるかを、家族の背景、特別な能力その他の主観的規準によって州が決めることができるとするものだった。児童選別法は学校の人種統合に変形や制限を加えるものであって、人種差別を撤廃しようとしていた最初の決定とはまったくかけ離れたものだった。専門的には立場を逆転させないまま、裁判所はトークニズムに法的裁可を与え、形式上は合法的ではないはずの人種差別が実質的には無限定の期間にわたって（for an indefinite period）続く、ということを保証したのだ。[17]

トークニズム（tokenism）とは何か？[18] 文字どおりにはトークン主義であるが、たとえばテレビや映画で少数派（黒人、女性など）をおしるし《トークン》として登場させることで、差別が存在しないという外見を作り出し、差別への批判を回避することを指す。この傾向についてはキングもすでに語っている。「癒す剣」で彼は、「あちこちに［黒人］裁判官がいるし、じゅうたんの敷かれた部屋の、つやつやの机に着いている［黒人］重役もいるし、大臣になるまであと一歩という［黒人］政府高官もいるし、軍に護られてミシシッピの大学に通っている［黒人］学生もいるし、ある大都市の全高校では合計三人の黒人の子どもが受け容れられた」[19]と列挙している。これらはすべておしるし《トークン》であって、依然として存続している人種差別という現実を曇らせるために用いられたものだ、とキングは言う。

　しかし彼はまた別の説明もおこなっている。キングは純朴さを装い、辞書を引いてみせることから始めている。「象徴。指標、証拠。例：友情のしるし《トークン》。記念品。貨幣の代わりに用いられる金属片。例：売られている代用貨幣《トークン》で乗りものの運賃を支払う。記号、しるし《マーク》、エンブレム、思い出の品、兆し」[20]。

　ここから始まるキングの急ごしらえの記号論は、即座に公民権運動の歴史を参照する。そう、乗りものといえば、ローザ・パークスが座席を立たなかったときから「フリーダム・ライド」の当時に至るまで、まずはつねにバスである。バスに乗るときに貨幣の代わりに用いるもの、代用貨幣《トークン》――今日ならさしずめプリペイド・カード――が定義上はらむ問題に、キングは注意を喚起する。

そのこと［最高裁判所が一九五四年の決定以降に児童選別法を裁可したこと］が意味したのは次のとおりである。黒人は、本物のコインを象徴する［つまり同じ価値をもつとされる］ピカピカの金属を手渡され、民主主義行きの小旅行を許可されたかもしれない。ところが、コインではなく代用貨幣《トークン》を売っている者が、その代用貨幣《トークン》の価値を取り消す権力を、目的地にたどりつかないうちにバスから降りろと命ずる権力をつねに保持しているのだ。トークニズムとは［いずれ］支払いをするという［空］約束なのだ。民主主義とは、最もきちんとした意味では、支払いをするということである。[21]

それは「公民権」ドルの価値のあるメダルだよと言われて買わされ、行先表示に「民主主義」と書かれたバスに信用して乗りこむ。「公民権」ドル区間の終点である「民主主義」に到着するまで、汗をかいた手のなかにそのメダルを大事に握りしめているが、それは単なる金属片だと途中で告げられるのではないかという不安がしだいにつのってくる——この悪夢は、キングが運動のなかでこそ思いつくことのできた、おそらくは最も強烈な譬喩である。[22]

約束は本来、守られるか破られるかである。約束はもちろん守られるべきであり、守られることを旨としてなされるが、とはいえ破られる可能性がなければ約束はありえない（破られないことがあらかじめわかっている約束は、関係者間でなされる将来の予定の確認にすぎない）。ところがトークニズムにおいては、いわば約束は破られることが定義上ありえない。破られそうになるごとに期日が延期されるからだ（破られることがない以上は、守られていないとも言えない）。しかし、これが約束と言えるだろうか？　本来、約束が守られたか破られたかは、期日に至れば必ず判明するはずであり、この期日への原理的な到達可能性――守られるにせよ破られるにせよ――が約束を約束たらしめる。だが、トークニズムにはその可能性がない。これは、期日のない約束、破られる可能性すらそもそも破られてしまっている偽の約束、と定義することもできるだろう。トークンとは、原初的な遅延の記号、つまりは、何にも回付されない（より正確に言えば、回付はなされるがその先には何もない）絶対的記号のことである。

キングたちが「なぜ待てない」のか、待つ時間がなぜ廃棄されなければならないのか、すでに明白だろう。問題の核心にあるのが延期という現象である以上、問題の解決にあたっては延期を用いることができない。そこで提起されるのが、「手紙」で説明されている「創造的に用いる」時間、「いま」という時間である。

4　手紙の作者

この「手紙」を書いたのは誰か？

もちろん、それは獄中のキングではある。だが、キングにはパッチワークのような器用仕事《ブリコラージュ》を旨としているところがあり、他人のテクストの無断引用・剽窃（「リスペクト」？）が少なくないという事実がすでに非難や研究の対象になってきた。[23] 彼は、キリスト教を中心とした人類の知的歴史の全体から手当たりしだいに「転用」して、「緊張」という名の「状況」を構築する、本物のシチュアシオニストだったと言えなくもない。[24]

キングに「引用」された者、キングが自分を重ねた者として第一に思い浮かぶのはパウロである。ある説教では、布教の道なかばにしてパウロが投獄され死を迎えたということと、黒人が人種差別を受けているという現状とが重ねて語られている。[25]

そもそもパウロはほとんどもっぱら、手紙（「ローマ人への手紙」「コリント人への手紙」……）を書いたということ自体を通じて知られる、非常に稀有な人物である。キングはモントゴメリーのバス・ボイコット運動の最中に（一九五六年九月と十一月に、二度にわたって）、奇妙な説教をおこなっている。[26] キングが書いた、手紙の形を取った重要なテクストとして、二番めに挙げるべきもの――すでに見た「手紙」より時間的には先行しているが――である。「アメリカのキリスト教徒へのパウロの手紙」と題されたそれは、「使徒パウロのペンによる想像上の手紙をみなさんと共有したいと思います。消印から、この手紙はエペソからのものとわかります」[27] 云々と始まる。ギリシア語で書かれたその手紙をキングが懸命に英語に翻訳したのが説教の本体であって、「内容が奇妙にも、パウロふう（Paulinian）というよりキングふう（Kingian）に聞こえるかもしれませんが、それはパウロのほうに明晰さが欠けていたからではなく、私のほうに完全な客観性が欠けているからでしょう」[28] などと釈明がなされる。要するに、パウロがまだ生きており、現在のアメリカの状況を耳にして手紙を送ってきた、という設定で話が進む。「以前、ローマのキリスト教徒にも言ったように[29]」

と前置きがあって「ローマ人への手紙」が引用される……。

この、冗談めかした偽書のなかで、語り手パウロは、アメリカは科学的・技術的には大変に進歩しているが道徳的には進歩しておらず、資本主義による搾取や人種差別など驚愕に値する状況が見られ、このような状況からの脱却には何よりも愛が必要だ、と説く。内容はさほど独創的ではないように思えるが、キングがパウロになり代わって語るというこの着想自体は、聴衆にかなりの好印象を与えたらしい[30]。

キングはおそらく、この七年近く前の成功の記憶をおそらくはよみがえらせつつ「バーミングハム刑務所からの手紙」を書いたのだろう[31]。この「手紙」もまた、もっぱら差出人から宛先に届くとのみを想定されたものではなく、むしろその脇で、いわば全世界への声明として読まれることを想定されている。そもそも、獄中からの手紙を声明へと転用するというこの形式自体からして、パウロから借用されたものだ。

内容の面からも、パウロが強く意識されていることは窺える。最も明白な箇所は、パウロの名への言及がある部分である。まずは、「余所者」の介入に対する非難に抗してキングが書きつけている文言のなかにパウロがいる。「[……]使徒パウロが自分の町タルソスを離れて、イエス・キリストの福音をギリシア－ローマ世界の隅々まで運んだのとちょうど同じように、私も自由の福音を自分の郷里を越えたところに運ばなければなりません。パウロのように、私もマケドニア人の救援要請に不断に応えなければなりません[32]」。また、「過激」であることへの非難に対してキングが挙げる過去の「過激派」たちのなかにも、イエスやマルティン・ルター、エイブラハム・リンカンなどとともにパウロの名が見える。「「私はイエスの烙印を身に受けている」と言うパウロは、キリスト教の福音のために活動する過激派だったのではないでしょうか？」[33]

それ以外にも、文体や修辞、用語の使用やほのめかしといったあらゆる特徴がパウロの痕跡を明白に示しており、それらは、この手紙も（「アメリカのキリスト教徒へのパウロの手紙」に続く）パウロ偽書の名にふさわしいテクストだという評価を補強してくれる。[34]だがそれらの細部は、あくまでも議論の骨格自体が本当に「パウロふう」であることによってはじめて生きてくるはずだ。

すでに見たキングの時間論自体が、パウロの議論の転用なのではないだろうか？

キングは一九五七年に、問答形式の教育的な記事で、パウロの時間論に言及している。「「ローマ人への手紙」（13:1–7）の、上に立つ権威には服従せよとするパウロの言明を、南部でおこなわれている黒人の受動的抵抗キャンペーンと、あなたはどのように両立させるのですか？」という問いに対して、キングは、パウロの時代の文脈を考慮に入れなければならない、と回答している。パウロは世界が近日中に終わると信じていたため、外的条件を変えるより新たな時代に向けて準備をせよと人々に説いたのであって、たとえ既存の社会秩序が悪いものであったとしても、それを変えようという使命などは意識されていなかった。しかし今日、私たちはパウロの時代とは異なる新たな時代に生きており、社会秩序を変えるべく受動的抵抗をおこなうことは正当化されうる……。[35]

この回答を読むかぎりでは、キングはパウロの時間論を終末論と見なし、そこから距離を取ろうとしているように見える。だが、その妥協的な内容には不満が残る。教育上の配慮から、時間論の難解な核心にいきなり触れるのを故意に避けているようにさえ思える。それに、この問答が書かれたのは一九五七年十月であり、「アメリカのキリスト教徒へのパウロの手紙」とほぼ同時期だとはいえ、このときには、一九六三年にはすでに明確に定式化されているキングの時間論がまだ練りあげられていなかったということもありうる。

パウロの説く時間論の核心とはどのようなものか？　私たちはいくつかの断片的な文言からそれを推察できるにすぎない。「時間を善用しなさい」[36]とパウロは言う。この箇所は、キングが参照していたとおぼしい英語訳（一六一一年ジェイムズ王欽定訳）では「バカではなく賢者として、時間を救済して（redeeming the time）、自分が歩くところに慎重に目配りしなさい」となっている。[37]この善用されるべき時間、救済されるべき時間は、「いまの時間」[38]――キングの読んでいたテクストでは「この現在の時間（this present time）」――とも呼ばれる。このいま、この時間はどのようなものなのか？

「時間は収縮している」[39]とパウロは言う。キングの読んでいたテクストでは、「時間は短い（the time is short）」となっている。キングが焦燥（「非常な緊急性」）のなかで、待つ時間を廃棄して構想したであろう時間に、それは非常に似ている。そこで問題となるのは、ある意味では――白人穏健派からすれば――（穏健な）時間の終わりであり、その構想は、（キングが以前、教育的配慮から排除した）終末論を想起させなくもない。しかし重要なのは、終末に際しての諦念や終末の記述のほうではなく、終末が到来するということ自体によって、いま、作り換えられる時間の構想それ自体のほうである。

これを「メシア的な時間」「残る時間」と形容し、使徒によって構想される特有の時間であると主張する哲学者がいる。彼が使徒として念頭に置いているのはパウロである。しかし、たとえば彼が使徒キングについても同じことを考えるとしたら？　そして、キングもまた公民権運動のなかでパウロになり代わるうちに、意識的にせよ無意識的にせよ、その「メシア的な時間」の構想を十全に理解し、継承し、善用したのだとしたら？

使徒の関心を惹いているのは最後の日ではない。時間が終わる瞬間ではない。使徒の関心事は収縮する時間、終わり始める時間である（「時間は収縮しています（ho kairos synestalmenos estin)」）――あるいは、こう言ってよければ、時間と時間の終わりとのあいだで残る時間である。［……］それは世俗的な時間の一部ではあるが、世俗的な時間を全面的に変容させる収縮を被る［……］。それは、時間が、終わるべく私たちにもたらす時間――あるいは、より正確に言えば、私たちが自分の時間表象を終わらせ完了に至らせるために用いる時間なのだ。[40]

註

1　以下は、慶應義塾大学の主として一・二年生向けに理工学部が開講している半期科目「現代思想論」で、二〇〇四年度から何度か取りあげている主題について、あらためてまとめたものである。ちなみに、入門的性格をもつその講義では、自明と思われているいくつかの一般的概念を取りあげ、それらの創造・再検討・転用・廃棄の契機――つまり哲学の契機――を、とくに近現代の人物や運動のなかに見いだすことが試みられた。このばあいの概念は「時間」だった。

2　これ以降の概略的記述のうち、歴史記述に属するものについては主に以下を参照している。Clayborne Carson, ed., *The Autobiography of Martin Luther King, Jr.* (New York: Warner Books, 1998)〔『マーティン・ルーサー・キング自伝』梶原寿訳（日本基督教団出版局、二〇〇一年）〕; Marshall Frady, *Martin Luther King, Jr.* (New York: Penguin Putnam, 2002).〔『マーティン・ルーサー・キング』福田敬子訳（岩波書店、二〇〇四年）〕

3　「手紙」にはいくつかの異本があるようだが、ここでは以下に収録されたものを参照する。Martin Luther King, Jr., "Letter from Birmingham Jail," in Carson, ed., *The Autobiography of Martin Luther King, Jr.*, pp. 188–204.〔「バーミングハムの獄中からの手紙」、カーソン編『マーティン・ルーサー・キング自伝』二一四―二四三頁〕　バーミングハム闘争の時期のテクストは以下にまとめられている。King, *Why We Can't Wait* (New York: Harper & Row, 1964).〔『黒人はなぜ待てないか』中島和子ほか訳（みすず書房、一九六五年）〕「手紙」はpp. 64–84〔九二―一一八頁〕に読めるが（日本語訳は「バーミングハムの獄中から答える」）、日本語訳に関して言えばカーソン編『自伝』のほうが原文に忠実であるため、そちらを参照する。

4　King, "Letter from Birmingham Jail," p. 188.〔「バーミングハムの獄中からの手紙」二一四頁〕

5　King, "Letter from Birmingham Jail," p. 191.〔「バーミングハムの獄中からの手紙」二一八頁〕以下、［　］内は引用者による補足。

6　この「緊張《テンション》」ないし「敵対関係《アンタゴニズム》」が重要な意味をもつということについてはすでに以下に指摘がある。酒井隆史『暴力の哲学』（河出書房新社、二〇〇四年）三七―四六頁。酒井も「手紙」を「キングのなかでもっとも重要なテクスト」と位置づけている。ただし、この一連の概念が時間との関係においてはじめて十全な働きをするという点については指摘されていない。なお、この「緊張」をめぐる命題はモントゴメリーの時期にすでに定式化されている。以下を参照。King, *Stride toward Freedom*（New York: Harper & Row, 1958, pp. 39–40.〔『自由への大いなる歩み』雪山慶正訳（岩波書店、一九五九年）三六頁〕ただし、今回検討する時間論の問題設定はそこではまだ現れていない。

7 King, "Letter from Birmingham Jail," pp. 191–192.〔「バーミングハムの獄中からの手紙」二二八―二二九頁〕

8 King, "Letter from Birmingham Jail," p. 195.〔「バーミングハムの獄中からの手紙」二三二―二三三頁〕

9 King, "Letter from Birmingham Jail," p. 196.〔「バーミングハムの獄中からの手紙」二三三―二三四頁〕

10 King, "Letter from Birmingham Jail," p. 197.〔「バーミングハムの獄中からの手紙」二三五頁〕「時代精神《ツァイトガイスト》」と黒人の結びつきという考えはすでにモントゴメリーの時期に現れている。以下を参照。King, *Stride toward Freedom*, p. 44.〔『自由への大いなる歩み』四三頁〕ローザ・パークスの行動の動機について検討がなされている一節に、彼女は「時代精神《ツァイトガイスト》」によってバスの座席に据えつけられた（つまり、席を譲らなかった）云々とある。

11 King, "Letter from Birmingham Jail," p. 203.〔「バーミングハムの獄中からの手紙」二四二―二四三頁〕

12 このように見ると、少なくとも時間に関するかぎり、この「手紙」のほうが、「私には夢がある」で知られるスピーチよりも根源的《ラディカル》かつ明快である。スピーチでキングが「夢見ている」のは「今日（today）」ではあるにせよ、その夢は「いつの日か（one day）」成就するはずのものとされている。以下を参照。King, "March on Washington," in Carson, ed., *The Autobiography of Martin Luther

King, Jr., pp. 223–227.〔「ワシントン大行進」、カーソン編『マーティン・ルーサー・キング自伝』二六七―二七二頁〕

13　ちなみに南アフリカ共和国においては、黒人に対する差別は当然のことながら別のしかたで展開されていたが、キングたちが時間の無限の引き延ばしに苦しめられるのと似て、ネルソン・マンデラたちは手紙への返事が来ない（政府が手紙の受け取り通知さえ送ってこない）ことで、同じく時間の無限の引き延ばしに苦しめられている。以下を参照。Jacques Derrida, "Admiration de Nelson Mandela," in Derrida *et al.*, *Pour Nelson Mandela* (Paris: Gallimard, 1986), pp. 13–44.〔「ネルソン・マンデラの感嘆」増田一夫訳、デリダほか『この男　この国』（ユニテ、一九八九年）一一―六一頁〕これらは黒人に対する軽視の二つの異なる例であるが、両者のあいだで並行的な考察を試みることも可能だろう。

14　以下を参照。King, "The Negro Revolution," in *Why We Can't Wait*, pp. 1–12〔「黒人革命」、『黒人はなぜ待てないか』九―二三頁〕; King, "The Sword That Heals," in *Why We Can't Wait*, pp. 13–32.〔「治癒の剣」二四―五〇頁〕

15　King, "The Negro Revolution," p. 4.〔「黒人革命」一三頁〕

16　King, "The Negro Revolution," p. 5.〔「黒人革命」一四頁〕

17　King, "The Negro Revolution," p. 5.〔「黒人革命」一四頁〕

18　日本語訳では「お預け方針」「お授け方針」とある（「黒人革命」一四頁、「治癒の剣」二九頁ほか）。工夫された訳語ではあるが（公民権は黒人に授けられ預けられてもいるが、黒人はまるで「おあずけ」を食らうイヌのように扱われている）、ここでは採用しない。

19　King, "The Sword That Heals," p. 17.〔「治癒の剣」二九―三〇頁〕

20 King, "The Sword That Heals," p. 16.〔「治癒の剣」二九頁〕

21 King, "The Sword That Heals," p. 17.〔「治癒の剣」二九頁〕

22 ワシントンDCでのスピーチにもこの譬喩は姿を変えつつこだましている。「ある意味では、私たちが自分たちの国の首都に来たのは、小切手を現金化する（cash a check）ためなのです」云々と続く以下の一節を参照。King, "March of Washington," p. 224.〔「ワシントン大行進」二六八頁〕

23 以下を参照。Keith D. Miller, *Voice of Deliverance* (New York: The Free Press, 1992).「手紙」についてとくに割かれた章もある（"Letter from Jail," pp. 159–168)。

24 シチュアシオニストについてここで詳説する余裕は残念ながらない。以下を参照。Guy Debord, *La société du spectacle* (Paris: Gallimard, 1992).〔『スペクタクルの社会』木下誠訳（筑摩書房、二〇〇三年）〕 おそらく「転用」が最も極端なのはキリスト教における宗教的愛を指す「アガペー」概念をめぐってであり、この点についてはすでに酒井の指摘がある（酒井『暴力の哲学』四一頁)。田川建三『イエスという男』（作品社、二〇〇四年）がイエスについて、これと関連させることもできる議論を展開していることも興味深い。

25 King, "Shattered Dreams," in *Strength to Love* (New York: Harper & Row, 1963), pp. 78–79.〔「破れた夢」、『汝の敵を愛せよ』蓮見博昭訳（新教出版社、一九六五年）一四六—一四八頁〕 なお、この指摘はすでに以下でなされている。Miller, Voice of Deliverance, p. 160.

26 以下に読める。King, "Paul's Letter to American Christians," in *Strength to Love*, pp. 127–134.〔「アメリカのキリスト教徒へのパウロの手紙」、『汝の敵を愛せよ』二三七—二五〇頁〕 だが、以下にはその最初の形（十一月に読まれた原稿）が見られるため、こちらを参照する（ただし、『汝の敵を愛せよ』所収のテクストもそれほど文言は違わない）。King, "Paul's Letter to American Christians," in

Carson, ed., *The Papers of Martin Luther King, Jr.*, 3 (Berkeley & Los Angeles: University of California Press, 1997), pp. 414–420.

27 King, "Paul's Letter to American Christians," p. 415.

28 King, "Paul's Letter to American Christians," p. 415.

29 King, "Paul's Letter to American Christians," p. 416.

30 以下を参照。C. W. Kelly, letter to King (September 8, 1956), in Carson, ed., *The Papers of Martin Luther King, Jr.*, 3, pp. 365–366.

31 以下には別の着想源についての議論がある。Miller, *Voice of Deliverance*, pp. 162–163. しかし、着想源かもしれないものとしてそこで検討されているものは一九五九年の雑誌であり、一九五六年の「アメリカのキリスト教徒へのパウロの手紙」より後のものである。

32 King, "Letter from Birmingham Jail," p. 189.〔「バーミングハムの獄中からの手紙」二二五頁〕「マケドニア人」云々については「使徒言行録」(16:9–10) を参照。

33 King, "Letter from Birmingham Jail," p. 198.〔「バーミングハムの獄中からの手紙」二三六頁〕パウロの言葉自体は「ガラテヤ人への手紙」(6:17) に見られる。

34 このテーマに関する以下の唯一の文献を参照。Malinda Snow, "Martin Luther King's 'Letter from Birmingham Jail' as Pauline Epistle," *Quarterly Journal of Speech*, no. 71 (Annandale: Speech Communication Association, 1985), pp. 318–334. この論文は、「手紙」のあらゆる特徴がパウロの影響を示しているということを網羅的な検討を通じて論証しており、非常に有用ではあるが（ちなみに、手紙の発端となった白人聖職者たちの声明の全文引用もなされており (p. 321) それも役に立つ）、「手紙」の教説の内容自体がどれほどパウロから引き継がれたものであるかについての検討はほとんど見られない（「使徒《アポストロス》」についての言及が若干あるにとどまる）。とくに、「手紙」の教説の全体を文える――と私たちが見なす――時間論についての検討は見あたらない。

35　以下を参照。King, "Advice for Living," in Carson, ed., *The Papers of Martin Luther King, Jr.*, 4 (Berkeley & Los Angeles: University of California Press, 2000), pp. 280–281.

36　パウロ「エペソ人への手紙」5:16.

37　キングが用いていた聖書を一六一一年のジェイムズ王欽定訳と推定しているのは先述（註34）のマリンダ・スノウである。以下を参照。Snow, "Martin Luther King's 'Letter from Birmingham Jail' as Pauline Epistle," p. 322. なお、この「時間を救済し」という同じ表現はパウロ「コロサイ人への手紙」(4:5) にもある。

38　パウロ「ローマ人への手紙」11:5.

39　パウロ「コリント人への第一の手紙」7:29. 広く流通している日本語訳（新共同訳）では「定められた時は迫っています」とある。「収縮している」という訳は後出の哲学者が提案しているものである。後続する引用を参照。

40　Giorgio Agamben, *Il tempo che resta* (Torino: Bollati Boringhieri, 2000), pp. 63–67.〔『残りの時』上村忠男訳（岩波書店、二〇〇五年）一〇二―一一〇頁〕 原文にはパウロの引用に指示が付されているが（つまり「コリント人への第一の手紙」云々）、自明かつ煩雑なためここでは省略した。

剝き出しの生と欲望する機械

ドゥルーズを通して見るアガンベン（二〇〇八年）

1　ドゥルーズとアガンベン

本稿はあくまでもラフ・スケッチのような形で、副題に掲げたテーマに関して、まずはしかじかのイメージを提示することを目標とする。より正確に言えば、一つのイメージをではなく、何らかの共通性をもついくつかのイメージからなる圏域を提示することが目標となる。

ドゥルーズとアガンベンについて、彼らの思考に見られる違いや共通点をめぐって何かを書こうとすると、最初に直面を余儀なくされるのはむしろ両者の接点の多さだろう。「ドゥルーズとアガンベン」といった文章をあくまでも論文ふうに書くとなると、検討しなければならないことはあまりにも多い。両者に関わる用語やテーマといえば、アガンベンがドゥルーズから多かれ少なかれ思いつきを借りた用語やテーマであるか、あるいは両者に共有されていた問題設定かということになるが、それらを思いつくまま列挙するにとどめても、潜在性（潜勢力）、内在、概念創造、マイナー文学、ユクスキュルのダニ、動物、インファンス、制御社会《コントロール》（管理社会）、映画におけるモンタージュなど、多くのテーマが思い浮かぶ。スピノザ、ニーチェ、フーコーなど、両者に大きな影響を与えた歴史上の哲学者や同時代の哲学者も少なくない。メルヴィルの短篇「バートルビー」を論じた二人のテクストを合わせたイタリア語の本のような共作もある。アガンベンがドゥルーズについてまとまった言及をしているテクストも一つならずある。

しかし、以上はすべて単なる便宜的な指標であって、これらに対して網羅的な検討を加えていくことにはあまり意味がない。むしろ、特定の問題をテーマとして立てることでまずは切り口をともあれ一つ成立させてしまったほうが見通しがよくなる。そうすれば、ひるがえって両者のそれぞれの思考一般へとあらためて接近することも可能になるにちがいない。

ここでは次のような手続きを採る。まず、アガンベンの思考の中核を把握することを暫定的な目標とするが、その把握にあたってはあくまでもイメージを用いる。そして、ドゥルーズ（とガタリ）によって創造された代表的なキーワードを理解のための中継ぎとして用いる。そこからさらに、近現代社会の一側面を描き出す有名な概念にあらためて光を当てる。以上を通じて最終的に浮き彫りになるべきは、ドゥルーズとアガンベンの思考にそれぞれ一貫性を与えている共通の切り口とでも呼べるものである。アガンベンの思考に関する明確化のために用いられるドゥルーズの道具が、ひるがえってそれ自体、この検討を経て曖昧さを払拭されることになる。この共通の切り口は非常に重要なものであって、これさえ把握できれば、その他の用語やテーマもより明確になるにちがいない。その後であれば、切り口をしつらえた純朴なイメージ群のほうは放棄してもかまわない。その意味でも、この短い検討はまさしく予備的な作業と呼ばれるにふさわしい。

ただし、ここで扱うのはアガンベンの思考の中核に位置するもの、ドゥルーズの思考の中核に位置するものである。見かけとは裏腹に、以下は手慰みではない。最重要の話をしよう。

2 動物と内在

アガンベンの思考の中核に位置するものとは「剝き出しの生」のことである。この表現は『ホモ・サケル』をはじめとするアガンベンの著作の各所に登場し、必ずや読者の目に触れる最重要の概念の一つである。それゆえに、この表現の直接の出自が問われたり(もちろんベンヤミン「暴力批判論」である)、その出自との意味の違いが問題にされたりもする。だが、そもそもこの「剝き出しの生」が何を指す用語なのかはたいていのばあい自明であるとされ、問われずにきた。それはイメージすることが困難であるだけにいっそう自明視されたとおぼしい。これが、ギリシア語でビオスに対置されるゾーエーと密接に関わるものだということはアガンベンが書いているとおりであるし、たしかに多くの人がその点に言及するが、だからといってこれがつまるところ「いい」のか「悪い」のかは判然とせず、論者によって見解はまちまちである(以下、この「いい」「悪い」という純朴な価値判断は最後まで用いることにする)。

この曖昧さはちょうど、やはりベンヤミンから借りられた例外状態の構想についても同様に確認される。たしかに、ベンヤミンの「歴史概念について」第八テーゼに読めるような主張（例外状態は規則となってしまっている以上、その現状に即して例外状態を実効的なものと見なす理論が打ち立てられなければならないというもの）は理解できる。しかしだからといって、例外とされたものがあらためて例外ではないものとして包括され幸福が到来するわけでもない以上、それがいいのか悪いのかはそれだけではわからないままだ。

この不明瞭さについて、アガンベンは境界線、敷居、閾といったものに対する執拗な嗜好をもっているのだという指摘がなされることもあるが、そのような指摘はそれだけでは意味をもたない。問題はその曖昧なグレイ・ゾーンに実際に分け入ることであり、また、そこに潜む存在をわずかなりと「いい」ものと見なしうる根拠があるとすればそれがどこにあるのかを明らかにすることである。

アガンベンがドゥルーズの死の直後——一九九五年十一月七日、つまり死の二日後——に『ル・モンド』紙に寄せた「人間と犬は除いて」という短い追悼文がある。[1] そこでは、アガンベンが生前に聴講したドゥルーズの講義が描写されていた。ちなみにその一九八七年三月十七日の講義は——ライプニッツに関してホワイトヘッドが引きあいに出され、「出来事」が扱われたものだということがわかる。[2] インターネット上で現在では誰でも入手できる録音を起こしたテクストを参照すれば——アガンベンはその二十年前に南フランスのル・トールで参加したハイデガーの少人数セミナーのことをあわせて思い起こし、自分の人生を決定づけ、そしてまた二十世紀を決定づけたこの二人の哲学者の思考を対照的なものとして提示している。

二人はともに実存を現事実性から出発して思考したが――ちなみにこの現事実性というテーマについては後述する――、ハイデガーが実存を死へと向かう存在の苦悶ないし任務と見なしたのに対して、ドゥルーズはこれを逆に生の喜びとして捉えたとアガンベンは言う。ここでは、ドゥルーズの死に際してその哲学者の思考における生があえて強調されているわけだが、ある種の追悼文に必然的につきまとうパセティックな調子がここに感じられるということを差し引いてもなお、ドゥルーズの思考において一種の生へと向かう動きがはっきりと標定されていることは無視できない。このテクストは「この暗い世紀の大いなる哲学は不安によって始まり、喜びによって完了する」と閉じられている。言うまでもなく、その結語の前半はハイデガーを、後半はドゥルーズを指す。

アガンベンが描写している講義において、ドゥルーズはその生の喜びを「自己享楽《セルフ－エンジョイメント》」として語っている。主語－賓辞というたぐいの命題を形成するというしかたでではなく出来事として存在すること（それが観想だとされる）とはどのようなことなのかを説明するにあたってもちだされているのがこの用語である。自らの存在要件についての観想こそが生の喜びを生むとされる。提示されているのは、石が自らの組成要素としての珪素を観想するとか、牛が炭素を観想するといった詩的なイメージである。

この観想はハイデガーにも――乗り越えられてしまうものとしてではあるにせよ――見られるということが、『開かれ』で「死へと向かう存在」以前のものとしてのユクスキュルのダニ（まさに「自己享楽《セルフ－エンジョイメント》」しているダニ）がハイデガーによっても注目されていたという指摘がなされることによって明記され、ハイデガーも少なくともある程度までは救済されるに至るのだが、[3]このハイデガーの救済については後述する。

アガンベンによると、この「自己享楽《セルフ‐エンジョイメント》」に乏しいものとしてドゥルーズは「人間と犬」を挙げていたというが、実際の講義を転記したものを参照するかぎりではそれは犬と猫だったようだ。この指摘は聴衆の笑いを誘いもしたらしい。なぜ猫が人間になったのか？　あくまでも憶測だが、アガンベンによるこのおそらくは故意の操作は、人間以外の動物を「世界に乏しい」ものとしたハイデガーと、人間を「悲しい、喜びのない」ものとするドゥルーズという両者の対立を浮き彫りにするためのものと考えれば納得できる。

さて、この「自己享楽」は「内在」の別名である。アガンベンがドゥルーズを論じた別のテクストとして、一九九六年六月に発表されている「絶対的内在」という論文がある。[4]注目に値するのは、内在の場がそこで「あいだの世界」と呼び換えられていることである。それは、動物たちの――アガンベンはこれにしばしば「幸福な」という形容を付すが――自己享楽の境位、「悲しい」人間にはそもそもイメージできない圏域のことである。

この「あいだの世界」の化身は、すでに幾度にもわたってアガンベンのテクストに姿を現している。たとえば、一九九〇年にまとめられた短文集『到来する共同性』[5]に収められている「冥府から」と題されたテクストでのテーマ自体、つまり冥府がその別名と見なせる。キリスト降臨以前のギリシアの賢人や、洗礼前に死んでしまった赤ん坊などは、原罪以外には罪を犯していないので地獄に行くいわれはない。しかし、キリストによる贖いとは無関係なので天国に行けるわけでもない。

というわけで彼らは「冥府」にとどまるわけだが、彼らがそこで科される罰とはただ、神の認識から排除されるということ、つまり神を認識できないということにすぎない。「残りのことについては、彼らは自然な完徳を十全に享受する」。神の不在は、キリスト教信者（超越へのアクセスをもつ者）にとってはまさに最大の罰となるが、もともとキリスト教と関わりのない者（内在を享受する者、自己享楽する者）にとって、放逐されているということはもちろん「放っておいてもらえる」ということであり、むしろ救済である。「神が彼らを忘れたのではない。彼らのほうが神をはじめから忘れているのであって、彼らの忘却に対して神の忘却は無力なままである」。なお、法権利からの忘却としての「例外状態」を逆に実効的なものとするというアガンベン（ベンヤミン）の企図は、当然のことながらこの冥府の評価と重なる。

では、「あいだの世界」「冥府」といったものがそのようなものとしてイメージできたとして、そこで「自己享楽」する身体のほうはどのようにイメージすればよいのか？　私たちは、思考やイメージ形成から超越を完全に排除することは不可能らしいので――つまり超越のなさから「人間と犬は除」かれているので――、十全なしかたで自己享楽する身体を捉えることはできない。唯一可能なのは、哲学的概念によって得られるはずの切り口によって可能になる叙述を通じて、ありうべきイメージをかろうじて想像することだけである。

その暫定的なイメージ獲得の助けになるのが、『アンチ‐オイディプス』の冒頭から登場する、周知の――にもかかわらずしばしば十全に理解されていないらしい――「欲望する機械」「器官のない身体」という一対の用語である。とりあえずは、冥府に対応するのが器官のない身体であり、そこで自己享楽するもの(観想する内在)が欲望する機械に相当すると見なしてみよう。

3　欲望する機械、独身機械

しかし、そもそも欲望する機械とは何なのか? 『アンチ-オイディプス』自体を読んで判然としなければ、そもそもの着想源に遡るのがよい。端的に言って、この概念は二つのものを源泉とし、その二つを混ぜ合わせて作り出されている。その一つは、文学批評家ミシェル・カルージュがシュルレアリスムにおけるフェティシズム的傾向を指摘するために書いた奇書『独身機械』を駆動させている当の概念「独身機械」であり[6]、もう一つは、精神分析家メラニー・クラインが子どもの心的発達を明らかにするために発明した概念「部分対象」——というか、別の精神分析家(精神分析におけるシュルレアリストと形容したほうが適切かもしれないが)がそれを改造した「寸断された身体」——である。というわけで、いずれにせよシュルレアリスムへの迂回が必要となる。

シュルレアリスムの公式見解では、この社会を覆い尽くしている意識(常識・良識)の下にはじつは広大な自由の空間が拡がっており、その世界(無意識の世界、夢の世界と呼んでもよい)に直接にアクセスする——あるいはむしろその世界の言葉を語る——ことがそのまま文化の反体制運動をなすとされる。ここにおいて、十九世紀タイプのあらゆる社会体制(文化的体制を含む)が自由の奔出のもとで問いに付されることになる。そこで謳われるのは自由な愛、エロスである。ところが、シュルレアリスムの運動や作品に実際に触れると、むしろこの公式見解に収まらないものが現れていることにしばしば気づかされることになる。カルージュのいう独身機械は、シュルレアリスムの公式見解に現れる自由な愛には回収されないこの奇妙な欲動を標定するために構想されたものだと言える。それは要するに、（誤解を生みやすい表現だが）死の欲動、タナトスと呼ばれるものである。

たとえば、ロザリンド・E・クラウスとイヴ＝アラン・ボワが一九九六年に発表した『アンフォルム』という、もともとは展覧会カタログだった本があるが、[7] そのなかでもやはり、シュルレアリスムにおける自由な愛と相容れない傾向が死の欲動との関わりにおいて、またフェティシズムとの関わりにおいて——つまりは部分対象との関わりにおいて——扱われている。シュルレアリスムの一側面を、カルージュと同じ趣旨で、公式見解とは反するしかたで肯定しようという試みだと言えるが、ここに先達カルージュの名は登場しない。かろうじて、奇しくも『アンチ＝オイディプス』への言及が見られるだけである。しかし、ここからひるがえってカルージュの本を読みなおせば、その突飛な見かけの向こうに、いまから五十年以上も前に十全な愛や生命の奔出ではないものの困難な定式化の試みがなされていたということを透かし見ることができるはずである。

この生命の世界にあって十全たる生命に乏しいもの、一体をなす生命の発露ではないもの——問題となっているのはこれである。生命に関わるものであるにもかかわらず、いわば生命以前の、ピクピクと動く部品、生命の手前にあるバラバラの機械である。これを「死」と呼んでしまったのは何という誤謬だろう。

「部分対象」や「寸断された身体」についても同じことが言える。ここでは「寸断された身体」について若干を述べるにとどめるが、ある意味ではやはり、その発案者ジャック・ラカンは精神分析家である以上にシュルレアリストである。それが言い過ぎなら、シュルレアリスムとの対決を自分の暗黙の課題とし続けた人だと言ってもいい。「寸断された身体」は、まさしく生命以前のバラバラの部品を指す用語である。その部品とは、後に生命を――ラカンふうに言えば斜線を引かれた主体を――かろうじて構成することになるものである。これがシュルレアリスムの枠内で理解されるべきだ（少なくともそのように理解される余地がある）ということの強力な傍証は、ラカンの『精神分析の四基本概念』を読むことで得られる。[8]これは文字どおり、精神分析の四つの基本概念なるものを順に取りあげて註解を加えた一九六四年のセミナーの記録だが、その気になれば、これがシュルレアリスム論として構成されているということの証拠はいたるところに見つけることができる。とくに、その四つの基本概念のうちに数え入れられている奇妙な概念には、若いころにシュルレアリスムと関わったラカンの記憶がはっきりと読み取れる。「偶然」のことである。

この問題についてはマーガレット・コーエンが一九九三年に書いた『俗的啓示』の歴史記述も参考になるが、[9]ここでは詳細は措く。重要なのは、ラカンがアリストテレスの『自然学』から借りてきた二つの用語「アウトマトン」と「テュケー」（いずれもある種の偶然を指す）が、ちょうどシュルレアリスムにおける「驚異的なもの」の現象の二つのありかたに対応しているように読めるということである。それは「驚異的なもの」がシュルレアリスムにおいてどのように定式化されたかという経緯に対応している。「アウトマトン」（自動なもの）はいわば象徴界に関わる偶然だが、これは文字どおり「自動記述」（つまり初期シュルレアリスム）の解釈のために適用されるものであり、

「テュケー」(つまり現実界に関わる出会い――出会いそこない――を出発点とする特殊な因果関係の発生)のほうは「客観的偶然」(その後拡張された「驚異的なもの」の一翼を新たに担うことになったもの)に対応する。

(ちなみに、「テュケーとアウトマトン」で言及されているラカン自身の夢、またフロイト『夢判断』から引用された夢はいずれも半睡状態における何らかのメッセージの告知であり、一九二四年にアンドレ・ブルトンが「シュルレアリスム宣言」でそもそものシュルレアリスムの着想源として語った夢に酷似している。意識に向かって無意味なメッセージを告げ、事後的に意味のシステムの奇妙な構築に役立つことになるこの不気味な半睡状態こそおそらくは、人間において唯一、十全にイメージ可能な「あいだの世界」「冥府」である。)

さて、客観的偶然とは共時性(偶然の一致)にほぼ相当するものだが、正確には次のような事態を指す。「客観的偶然と呼ばれる、しるしと出来事とからなる集合は二つのものに解体される。一方は意味のないしるしであり、時間的にはこれが第一に来る。この後に来るのが「偶然的」と言われる出来事である。以前のしるしとのあいだに特権的な関係を維持する出来事である」[10]。かつては意味をもっていなかった不気味なメッセージが、事後的に出来事の原因として特定される。しかもその原因は通常の因果性によっては説明がつかない。ラカンにおける「テュケー」はあくまでも表面上は、神経症の症候とその原因とのあいだの関わりを標定するためにもちだされている概念だが(彼は、原因というものは不幸な物事にしか存在しないと言っている)、そこであわせて語られていたのはシュルレアリスムにおける「生命(意味)に乏しいもの」の運動、つまりは私たちのうちにある

「欲望する機械」の運動に他ならなかった。

別のイメージによる説明を試みることもできる。シュルレアリストたちは、意識に支配された現実の表面をめくった裏側には、あたうるかぎり自由な、充溢した愛や欲望の空間が拡がっているものと信じこもうとしたが、じつはそこにあったのは、死が——と言いきると誤解を生むが、ともかくも十全な生命に乏しいものたちが——無意味に散乱したありさまだった。しかし、そのように散乱して動いているものたちこそがじつは、生命（つまりすでに裁可された意味のメカニズム）以前に、ありえない因果性を事後的に成立させたことになる当のものなのだった。

「機械」という単語からは、何か動物や生命とは完全に無関係のものを想像してしまいかねないが、ドゥルーズにおいてであれカルージュにおいてであれ問題になっているのは、単にもともと動物や生命と完全に無関係なものなのではない。あくまでも生命において、しかしながら充溢した生命には達していない、生命に欠ける、生命以下の、生命に劣っていると見なされる何かのことである。「冥府」において動いている当のものがこれである。

これを「フェティッシュ」と呼ぶこともできる。ただしそれは、フェティシズムが機能している現今のメカニズムにおいて把握されるかぎりでのフェティッシュではなく——後述するが、そのかぎりでの、否定的な意味を付与されたフェティッシュであれば私たちは完全にイメージすることができるし、じじつ「フェティッシュ」という名で私たちが通常想像するのはその否定的フェティッシュのほう、いわば「悪い」フェティッシュのほうである——、そのフェティシズム（ないしフェティッシュ化）によって標的とされてしまう当のもののそもそものありようこそが、つまり内在こそがそこでは問題となる。それは、フェティッシュ化によって変質した後でのみ私たちに十全に把握されることになる当のもののことである。

4 フェティッシュと現事実性

フェティッシュについては、アガンベンは一九七七年に発表した『スタンツェ』で充分に論じていた。[11] 現在では主に二つの分野（もちろんマルクス主義とフロイト主義）で使われるこの用語だが、その両方の意味を同時に含みこむ議論がすでにそこで展開されていた。

精神分析におけるフェティッシュとは要するに、母親にペニスがないという事実から、その想像上のペニスのイメージを補塡するために設けられる代理物のことである。もちろん、「もともと欠如しているものを補塡する想像上の存在を代理するもの」というのはおそろしくひねくれた存在ではあるが、私たちの心的生活――あるいは端的に生命――に「もの」が、つまり生命に乏しい「事物」が関わるには、ここを経由する以外にすべはないらしい。

マルクスにおいてフェティシズムと呼ばれるのは、交換価値をもつもの（商品）が使用価値によってではなく交換価値のみによって評価されうるような全般的傾向のことである。ここでもまた、交換価値によっていわば使用価値への直接の参照が不在のものとなり、それが交換価値のみによって補塡されるという、同じ仕組みになっている。

この両方のフェティッシュを同じものとして扱うことは、アガンベン以前にも、やはりある意味でマルクス主義とフロイト主義を重ねるしかたで試みられていた。明白な統合の例はギー・ドゥボールらシチュアシオニストたち（つまりシュルレアリストたちの末裔）の書いたものに見ることができる。しかしじつは、フェティシズムの二つの意味があわせて演出されるのに、私たちは二十世紀後半まで待たなければならなかったわけではない。

あらかじめこの両者を分離せずにイメージ化することができた先駆者としては風刺画家J・J・グランヴィルがいる。アガンベンは『スタンツェ』で、後にシュルレアリストたちから自分たちの先駆者の一人と見なされることになるこのマルクスの同時代人を取りあげている。そこでは事物が――つまりは生命に乏しいものが――勝手に動きまわり、人間をおびやかす様子が描き出されていた。これが「欲望する機械」の動きそのものだと言うこともできる。その事物とは要するに、フェティッシュであるにもかかわらず予想に反して手に負えないもの（たとえばかわいくないもの、あるいはかわいいはずなのに不気味なもの）、部分対象である。

このイメージをより一般的な、哲学的な思弁において拡張することは可能だろうか？　そのヒントは同じく『スタンツェ』のなかに見つかる。この本にはフェティッシュをめぐる語源談義が見あたるが、それによればフェテイッシュという単語はラテン語の「作られた（facticius）」がもとになっているという。このラテン語が私たちの知るフェティッシュといったニュアンスで用いられている例がアウグスティヌスにも見あたるとアガンベンは指摘している。

さて、問題はここからである。アガンベンは「人間と犬は除いて」において、ドゥルーズについてハイデガーとの対比において語っていた。ところが「絶対的内在」では、いわばドゥルーズの視点によってハイデガーを救済することができる（つまりフッサールによる志向性の構想から救済することができる）というほどのことが語られている。その救済は、『開かれ』でユクスキュルのダニをめぐってなされるのと同じ救済のことである。その記述には註が付され、この点についてはまだ探究が進んでいないと断られてはいる。「だが、ドゥルーズのハイデガーがレヴィナスやデリダのハイデガーとはまったく別なものであるのは確かである」とアガンベンは書きとめている。そしてそこには、純朴さすら感じられる図式が提示されている。「超越」の側にカント、フッサール、レヴィナス、デリダが、「内在」の側にスピノザ、ニーチェ、ハイデガー、フーコー、ドゥルーズが並べられ、ハイデガーが両者のあいだで結節点のように描かれているのである。しかしこの、内在側に引き寄せても読めるものとされるハイデガーとはどのようなハイデガーなのか？

それを知るには、アガンベンが一九八八年に書いたハイデガー論「現事実性の情念」を読むにしくはない。[12] この論文は要するに、現存在を論ずるいわゆる基礎的存在論が展開される以前のハイデガーにおいて、現存在の萌芽と見なせる「現事実性（Faktizität）」概念がどのような意味をもっていたかを明らかにするものと要約できる。つまり、フッサール現象学の後、『存在と時間』の前という特定の時期に何が見られるかということである。現事実性はそこで、フッサールにおける「事実性（Tatsächlichkeit）」との対比において描き出されている。後者が事物が単にそこにたまたまあるということを指すのに対し、前者にあってはそこにそれがあるということ自体にこそ焦点が合わせられる。

そこでこの「現事実性」という単語の語源が問題にされるのだが、じつはその語源談義は『スタンツェ』で展開されていたものとまったく同じである。少し長めに引用してみよう。

> この用語のハイデガー的な意味あいの起源はおそらくはフッサールにではなく、むしろアウグスティヌスに探し求めるべきだろう。アウグスティヌスは「魂は作りもの《ファクティキア》である」と書いている。すなわち、人間の魂は、神によって「作られ」たものだという意味で作りものだということである。ラテン語ではファクティキウス(facticius)はナティウス(nativus)に対立するもので、「自ずとできるものではない」もの、つまり自然ではないもの、自分自身によって存在へと自ずと運ばれるのではないものを指す[……]。この用語の意味はそのまま受け取らなければならない。というのも、アウグスティヌスが異教の偶像を表すのに使っているのがこの同じ形容詞であって、そこではこの「ファクティキウス」が、私たちが使う「フェティッシュ」という用語に完全に対応する意味あいで用いられているからである。「ある種の[……]作られた《ファクティキウス》神々」とアウグスティヌスは書いている。[13]

つまり、「現事実性」という用語を耳にしたら、そこには即座に(もともとそこにある自然なものというニュアンスをではなく)「作りもの」のニュアンスを聞き取らなければならないということである。ハイデガーにおいて現事実性は、「実定的にそこにあるものは自然なものではない」というニュアンスを帯びているとされる。これこそが、ハイデガーにおいて内在の名において救済されるものである。あらかじめそこにあるにもかかわらず不自然な部分というイメージである。

フェティシズムは、その不自然な部分を、部分が全体から分離されていること自体を問いただすことなく無批判に享受するありかたである。たとえば若い娘の太腿が好きな男は、太腿がいわば現事実性において何ものかの原初的不在の代替物として切り取られて出現しているということを説得されようとも、その切り取り自体を問題化することなく太腿を愛し続けることができる。商品のフェティシズムに幻惑されている若い娘も同様であり、彼女にとって「十万円のハンドバッグ」は十万円の価値があるからこそ、なおさらすばらしく見えるかもしれない。

このような者たちに対して「娘の全体を、本質を、心を愛せよ」と命じたり、「そのハンドバッグは、容れものとして充分に使うことができるのか？」と問いただしたりしても意味はない。交換価値に対して使用価値を擁護しても無駄である。そのように擁護されうる使用価値はあくまでも交換価値の措定から遡行的に想定されるものでしかない。つまるところ彼らには、使用価値が遡行的に想定されるということはあらかじめ自明であって、そのことを指摘しても意味をなさない。

彼らに対する唯一可能な批判は、若い娘の太腿を実際に切断して机の上にごろりと放り出すことによって、あるいは十万円に対してつねに十万円自体を売ること（アイソポスの寓話に登場する、触るものがすべて黄金になるミダス王の立場に娘を置くこと）で実現されるだろう。つまりそれは、「かわいい」――一時期の表現を使えば「萌える」――対象としてのフェティッシュが本来もっている（にもかかわらず隠蔽されている）不自然な分節化・構造化へと、「剝き出しの」、生命に欠けるイメージをそのまま回復してやるということである。あるいは、その意味での「現事実的」な「内在」

を回復してやるということである。

「剝き出しの生」とは、この全般化されたフェティシズムの体制において、十全たるありようから分離されつつ利用されてしまう部分対象のことである。生命を対象としたフェティシズムの体制は、十全な生命に劣るもの――たとえば臟器――をフェティッシュ化可能なものと見なし、つまりはいわば医学的に「かわいい」もの、手に負えるものと見なして分離して流通させ、十全な生命に奉仕させる。これはいったい、いいのか悪いのか？

いわば「悪い」のは、フェティシズムの体制のほうであってフェティッシュと見なされるもののほうではないと言ってみてもいい。「剝き出しの生」はよくも悪くもない。いいところがあるとすればそれは、事物ならではの（つまり生命に乏しいものとしての）不気味さの動きを指し示しうる（その動きに直接アクセスする可能性をもっている）という、その一点のみである。

とはいえ、このような批判を通じてアガンベンが一体をなす（充溢した、十全な）生命への回帰を目指すことなどは当然ない（ゾーエーは単なる生ではあるが、それが十全な生命として単に肯定されることはありえない）。そうではなく、フェティッシュとされたもののあらかじめの運動――私たちにはつまるところそれしか、あるいはそのイメージしか残されていない――を逆に絶対化することを通じて、彼はいわばむしろはじめから不自然なものである「作りもの」の内在を（つまり「欲望する機械」の自己享楽を）徹底的なしかたであらわにしようとしているのである。

註

1　Giorgio Agamben, "Sauf les hommes et les chiens," *Le monde* (Paris: Le monde, November 7, 1995), p. 37.〔「人間と犬は除いて」石田靖夫訳、『現代思想』第二十四巻、第一号（青土社、一九九六年一月）五八―五九頁〕

2　以下を参照。"webdeleuze"〈http://www.webdeleuze.com/php/texte.php?cle=142&groupe=Leibniz&langue=1〉

3　Agamben, *L'aperto* (Torino: Bollati Boringhieri, 2002), pp. 44–74.〔『開かれ』岡田温司ほか訳（平凡社、二〇〇四年）六二―一〇九頁〕

4　Agamben, "L'immanenza assoluta," in *La potenza del pensiero* (Vicenza: Neri Pozza, 2005), pp. 377–404.〔「絶対的内在」、『思考の潜勢力』高桑和巳訳（月曜社、二〇〇九年）四六〇―四九六頁〕

5　Agamben, "Dal limbo," in *La comunità che viene* (Torino: Bollati Boringhieri, 2001), pp. 11–12.〔「リンボから」、『到来する共同体』上村忠男訳（月曜社、二〇一二年）一二―一五頁〕

6　Michel Carrouges, *Les machines célibataires* (Paris: Arcanes, 1954).〔『独身者機械』新島進訳（東洋書林、二〇一四年）〕

7　Yve-Alain Bois & Rosalind E. Krauss, *Formless* (New York: Zone Books, 1997).〔『アンフォルム』加治屋健司ほか訳（月曜社、二〇一一年）〕

8　Jacques Lacan, *Les quatre concepts fondamentaux de la psychanalyse* (*Le séminaire*, 11), ed. Jacques-Alain Miller (Paris: Seuil, 1973).〔『精神分析の四基本概念』小出浩之ほか訳（岩波書店、二〇〇〇年）〕

9　Margaret Cohen, *Profane Illumination* (Berkeley & Los Angeles: University of California Press,

1993).

10 Jacqueline Chénieux-Gendron, *Le surréalisme* (Paris: PUF, 1984), p. 114.〔『シュルレアリスム』星埜守之ほか訳（人文書院、一九九七年）一三九頁〕

11 Agamben, *Stanze* (Torino: Giulio Einaudi, 1977 [1993]).〔『スタンツェ』岡田温司訳（筑摩書房、二〇〇八年）〕

12 Agamben, "La passione della fatticità," in *La potenza del pensiero*, pp. 289–319.〔「現事実性の情念」、『思考の潜勢力』三五二―三九二頁〕

13 Agamben, *Stanze*, p. 43.〔『スタンツェ』七七頁〕

「装置《ディスポジティフ》とは何か?」翻訳者解題(二〇〇六年)

用語法は詩的な契機だとするヴァルター・ベンヤミンの言明の引用から始まるこの「装置《ディスポジティフ》とは何か?」には――用語法から問いを立てることはすでに「パルデス」(一九九〇年)でもおこなわれ、しかもそこではこの同じ言葉が引かれている――、二〇〇〇年五月二十五日にパリで開かれたシンポジウム(アガンベン自身をめぐるもの)で彼が発表した「パラダイムとは何か?」[後に『事物の印徴』(二〇〇八年)に収録される]にも姿を現したルートヴィヒ・フォイヤーバハの「発展可能性《エントヴィクルングスフェイヒカイト》」への言及や、『開かれ』(二〇〇二年)に登場するヤーコプ・フォン・ユクスキュルの議論の変奏、さらには『瀆聖』(二〇〇五年。日本語訳『瀆神』)の議論の逐語的使用や、「暴力批判論」(一九二一年)のベンヤミンに倣って「聖なるもの」を現代における最重要の主題とする『ホモ・サケル』(一九九五年)第二部の議論の暗黙の参照などが見られ、近年の彼の仕事全般を規定している一般的地平の存在が想像される。

その地平で今回展開されるのは、ある意味では私たちに馴染みになってもきたこの地平自体を、また別な視点から再定義する試みである。

前半は、一九七〇年代後半にミシェル・フーコーの思考に頻出し、(おそらくは「エピステーメー」に代わるものとして）決定的な意味を担うようになる「装置《ディスポジティフ》」という用語の検討に割かれている。

この用語については、時代的にも意味的にも、ルイ・アルチュセールの「イデオロギーと国家のイデオロギー装置」（一九七〇年）で中心的な位置を占める「イデオロギー装置《アパレイユ》」や、ジル・ドゥルーズとフェリックス・ガタリの『アンチ－オイディプス』（一九七二年）に頻出する「配備《アジャンスマン》」との通底性や相違点を云々するのがむしろ自然かもしれない。だがアガンベンはその道を選ばず、ジャン・イポリットによる若いヘーゲルの読解を呼び水としつつ、「神学的系譜」と彼が呼ぶところのものを召喚することで、このフーコーの用語自体を一種の「知の考古学」の対象にする。

そもそもドゥルーズがすでに、今回のアガンベンのテクストとまったく同じ「装置《ディスポジティフ》とは何か？」（一九八八年）という題をもつフーコー論を発表している。彼はそこで、「装置」の構想を――ある意味では正当に――フーコーの思考の内部において捉え、「配備」「逃げ道」「変数」といった自分自身の道具立てに接近させることで浮き彫りにしようとしていた。これに対してアガンベンは、おそらくはドゥルーズによるこの試みを暗黙の出発点としたうえで、あらためて知のアーカイヴへの遡行を試みる。

アガンベンが展開する「知の考古学」の詳細は本文にあるとおりだが、ここで置かれる「オイコノミア」という補助線が、現代の諸種の体制にとっての系譜上の源泉と位置づけられる誕生期の自由主義（重農主義、古典的な政治経済学《ポリティカル・エコノミー》）へと延びるものであること、さらにはオイコノミアに関連して現れる神の「摂理（providentia）」という語が近代に至って「福祉国家（état-providence）」という造語の一部になること、またフーコーが一九七〇年代後半に（とくに『安全・領土・人口』（一九七七―七八年度）と『生政治の誕生』（一九七八―七九年度）という二年間のコレージュ・ド・フランス講義で）検討の対象としていたのがまさに、近代を準備したその時代に成立した「安全社会《セキュリティ》」という自由主義的な「装置《ディスポジティフ》」だったこと、これらの点にも連想を働かせれば、アガンベンの試みの射程はより確実に計り知られるにちがいない。

議論の後半は、前半で明らかになった「装置《ディスポジティフ》」――オイコノミア、処置《ディスポジティオ》、実定性《ポジティヴィテート》、管理、運営、マネジメント、つまりは既定・緊急の出来事に現状追認的・場当たり的に対処する臨機応変な制度の総体を指す――の働きを現代生活批判において捉え返すものとなっており、真摯であるがゆえに一見悲観的なアナーキズムによって彩られている。

その議論の方向づけは、『目的のない手段』（一九九五年。日本語訳『人権の彼方に』）におけるそれ、さらにはその本の献辞に名の見えるギー・ドゥボールのそれを思わせる。たとえば、現代世界を装置の膨大な集積として定義づける本文中の一節も、世界はいまや「商品［フェティッシュとしての魅力を帯びた、交換価値をもつもの］の膨大な集積」という姿を呈しているとするカール・マルクス『資本論』（一八六七年）の有名な冒頭を「転用」したドゥボールの『スペクタクルの社会』（一九六七年）の冒頭（世界はいまや「スペクタクル［つまりイメージ装置］の膨大な集積」という姿を呈しているとする）をさらに書き換えたものと読める。

後半で展開されている議論からはまた、フーコーの「安全社会《セキュリティ》」とほぼ同義に理解される「制御社会《コントロール》」という用語をカギとしてドゥルーズが展開した現代社会批判——「制御社会《コントロール》についての後記」(一九九〇年)——のことも思い浮かぶ。なお、この用語を「管理社会」と訳す慣例は、ここでの文脈からも示唆的である。

『開かれ』と『瀆聖』を通過し、また時代自体を通過することでいわば更新されたアガンベンの現代批判だが、とはいえ「主体化/脱主体化」をめぐるその議論は、やはり一九八〇年代前半に彼を捉えた「人間の声」や「言語」をめぐる問題設定——その一端は「もの自体」(一九八四年)などで垣間見ることができる——の延長線上にある。この「装置《ディスポジティフ》」とは何か?」は、論文「もの自体」での試み——言語が存在することによって「もの自体」が必然的に隠蔽されるというありさまを執拗に探究すること——が、「〈統治されえないもの〉」に対する問い返しとして再定義されたところで、読者を突き放すようにして終わっている。

じつを言えば、「脱主体化」をめぐる議論は、きわめて今日的であるとはいえ、もはやそれほど珍しくはない。だが、少なからぬ人々がこの問題に対して性急な解決を提示し、(アガンベンも批判しているように)諸装置の善用を次善の策としたり、あるいは新たな再主体化を模索したり、さらには脱主体化を称揚するアイロニカルな身振りをいつしかシニシズムとして自ら内面化してしまったりしているなかにあって、「残るもの」「〈統治されえないもの〉」（たとえばハーマン・メルヴィルの短篇小説「バートルビー」（一八五三年）の主人公——アガンベン自身「バートルビー　偶然性について」（一九九三年）で検討を加えている——がそのイメージを与えてくれる）の場所に断固踏みとどまるアガンベンの主張には、やはり充分に傾聴すべきところがある。

ドゥルーズのイロハ（二〇〇七年）

ジル・ドゥルーズの長大なインタヴューをヴィデオ化した『アベセデール』は何への導入となるかと問われたとすれば、私はまず平凡な回答を与えたいと思います。私はドゥルーズの良い読者ではありません。また、大学で一般教養を教えることを生業としているということもあります。そのような私はこのヴィデオを、端的にドゥルーズの思想への導入として使える、よくできた作品だと思いました。

しかし、それだけではつまらない回答にしかなりません。そこで以下、どのような点でこの『アベセデール』がドゥルーズの思想への導入になりうると思ったか、三点を挙げて説明してみたいと思います。

フランス語で「アベセデール」とはABCということです。ABCとはアルファベットの最初の三文字でもあるし、そこから転じて「基礎的なこと、初歩的なこと」という意味にもなります。ちなみに、日本語では「イロハ」という言葉があります。これは日本語の文字の配列の最初に登場する三文字であり、またABC同様に、初歩的なものというニュアンスももっています。そこで今回は、『アベセデール』の真似をしてドゥルーズの「イロハ」を挙げてみることにします。

まずは「イロハ」の「イ」。イッポテマエ（一歩手前）です。一歩手前というモティーフはこのヴィデオにも、ドゥルーズの作品全般にも、しばしば現れます。

『アベセデール』の「B（飲む）」では、飲ん兵衛の「最後の一杯手前にたどりつきたい」という欲望について語られていました。この話はバカげた笑い話であって、ドゥルーズでなくとも誰でも話すだろうことではあります。しかし、これがじつはドゥルーズのある種の引きこもり、一歩引き下がるという思考の身振りを理解する助けになってくれます。「A（動物）」では、ある種の動物に対する彼のこだわりが語られていました。そこで中心的に取りあげられるのは生物学者ユクスキュルの研究したダニの環境世界でした。それによると、ダニには三つの知覚刺激しかないといいます。三つの知覚刺激からなる環境が、ダニにとっての全面的世界を形成しているというのです。

重要なのは、これが、人間というある種メジャーな知覚をもった存在からのマイナーへの引きこもりとしてイメージされているということです。世界のメジャーな知覚の一歩手前へと引き下がり、マイナーな知覚の世界へと引きこもること。これがドゥルーズの思考の身振りです。

彼は動物のために（pour）書く、とも言っていますが、その「のために」とは「の場で、に代わって」ということを意味しています。ダニのところに身を置いて、ダニの代わりに語ってみるということ、ダニへと引き下がってみること、これが大事なのです。

それによって「見える」ようになるものがある。哲学者の務めとは、ドゥルーズによれば、ある種の事柄を「見せる」、つまり見えるようにすることであるといいます。この引きこもりによって見えるようになるもの、それこそが、ドゥルーズが『アベセデール』で――もちろん『アンチ‐オイディプス』でも――倦まず語っている、「欲望する機械の配備」なるものに他なりません。

このありようは「内在」とも「マイナー」とも呼ばれ、『アベセデール』の各所に姿を現していますが、「一歩手前」もまた、これらを指し示すキーワードたりうるはずです。

次に「イロハ」の「ロ」。ロウジンリョク（老人力）です。これは日本ではかなり知られている、しかもドゥルーズとは表面上まったく関係のない単語です。

これは、戦後日本の代表的な前衛芸術家である赤瀬川原平――日本版のシチュアシオニストと言ってみてもいいかもしれない――が考えた概念です。同名の本が一九九八年に刊行され、ベストセラーになりました。

一九三七年生まれの彼は六十歳になったころ、記憶力が衰えたことをたびたび思い知らされることになりました。何かを思い出そうとしてもなかなか思い出せないのです。それは通常であれば、能力の低下、たとえば記憶力の低下として語られるはずのことです。だが、前衛芸術家である赤瀬川はこれを逆手に取り、「老人力が上がった」と解釈してみせました。

「老人力」とはそのような新語ですが、ここで「ドゥルーズは老人力の人である」と言ってみたいと思います。もちろん、六十歳を超えた老人ドゥルーズの姿が『アベセデール』に確認されるということからもその連想は正当化されるでしょう。ですが、もっと重要なのは、老人力という考えかたがドゥルーズの語っていること自体と完全に一致しているということです。

「J（喜び）」で、ドゥルーズは悲歌なるものについて語っています。彼によれば悲歌とは「私の身に起こっていることは、私の力を凌駕している」という嘆きのことだといいます。私は何らかの力、潜勢力を保持しており、にもかかわらずその力を超えることが私の身に起こっている、ということです。

このありさまの偉大さをドゥルーズは讃え、これを「悲しみ」とはっきり区別しています。悲しみとは、力から分離されてあるということです。力から、潜勢力から分離されてあるとはつまり、必然性へと運命づけられてあるということです。たとえば、ペットのイヌやネコに対するドゥルーズの嫌悪は「A（動物）」でも示されていましたが、それはペットが——またその飼い主である人間も——「家族」という体制によって力から分離され、必然性へと運命づけられているからです。すなわち、イヌもネコも人間も、その意味で「悲しい」存在なのです。

それに対して「悲歌」とは、喜び——つまり力、潜勢力——の極端な、逆説的な形での現れ、ほとばしりです。ドゥルーズは老いているだけではなく、『アベセデール』の「M（病気）」でも確認できるように病気がちでもあります。ですが、病気についても彼はまったく同じ立場を取っています。彼は老いも病気もまったく否定などしていないのです。病気は自分にとって敵などではなく、むしろ生命を研ぎ澄ませ、生命に耳を傾けさせるものだ、ということさえ言っています。また、老いについてもこれと同じことを言っています。

これも一つの「一歩手前」と言えるかもしれないけれども、この特殊な一歩手前を「老人力」と名づけることは、けっして不適切ではないだろうし、私たちに何らかの示唆を与えてもくれるでしょう。

最後は「イロハ」の「ハ」。ハガキ（葉書）です。『アベセデール』には、日本に関わる事柄が何回か登場します。ヴァンセンヌでの講義にはたいてい日本人学生も来ていたとか、禅云々といったことです。大半はそれほど面白い言及ではありません。しかし、そんな日本趣味のなかにも、少し面白い話があります。「G（左翼）」で、左翼というのは知覚を変化させるということに関わっているということが言われているのですが、そこで、それは日本人の住所の書きかたのようなものだといういう言いかたがされています。いわく、フランスでは番地、街路、都市名、国名というふうに書いていくけれども、日本ではいきなり国名から、つまり非常に大きな世界から始まり、そこから都市名、云々と続いていき、最後に自分にたどりつくというのです。

これはこれで面白い話ですが、べつに日本人がだからといってあらかじめ左翼だということでもないし、ましてやドゥルーズが日本人を褒めているのではありません。とはいえ、この「日本」的な住所の書きかたが、ドゥルーズが言うところの「左翼」的知覚を触発するということは、たしかにあるかもしれません。

思い出すのは十歳のころの自分のことです。友だちに宛てて季節の便りを出すときに、ふつうは「神奈川県、横浜市……」と書くところを、バカな少年だった私は「宇宙、銀河系、太陽系、第三惑星地球、アジア、日本、神奈川県、横浜市……」と書いていたのです。そして、その葉書はたしかに宛先に届くのです。これこそまさに、欲望する機械の配備そのものです。家族的なもの、必然性を強いるものを軽々と飛び越え、さまざまなものと接続・切断を繰り返す子どもの特異性、狂人の特異性そのものです。私は少年のころ、その意味で「左翼」だったのです。日本的な住所の書きかたが、子どもの世界の知覚にうまく働きかけたのでした。

そのことを思い出させてくれたドゥルーズに、あらためて感謝したいと思います。

フーコーとアガンベン

奇妙な文献学者の系譜（二〇〇八年）

はじめに

私はこの数年、ジョルジョ・アガンベンの仕事の翻訳にたずさわっています。フーコーとの関連で言えば、とくに『人権の彼方に』（一九九六年）と『ホモ・サケル』（一九九五年）を訳したのが決定的でした。この二冊は一九七〇年代後半のフーコーの主要テーマの一つである「生政治」を、アガンベンなりの理解において再検討し、そこから新たなパラダイムを引き出そうとしたものだと言えます。

私はその後、フーコーの一九七七―七八年度講義『安全・領土・人口』（二〇〇四年）を翻訳する機会にも恵まれ、また、それと並行して、七〇年代後半フーコーに照準を合わせた論文集『フーコーの後で』（二〇〇七年）を編纂することもできました。

そのような来歴をもつ者にとって、今回のセッションのテーマ「生政治と抵抗」の前半、つまり「生政治」はまったく無理のないものです。一九七〇年代後半フーコーのありうべき射程を、たとえばアガンベンの『ホモ・サケル』をふまえつつ（アガンベンを通して、アガンベンと対照させながら）「生政治」を中心に据えて再検討するというようなことが、ストレートな課題としてすぐにイメージできます。

1　抵抗について

しかし、テーマの後半、つまり「抵抗」のほうは少し厄介です。というのも、研究に対する判断基準として、「その研究は抵抗にとって有効か？」という問いが機能するということがあるからです。アガンベンによる「生政治」の取り扱いかたが、まさにこの種の問いを惹き起こしてきました。要するに、アガンベンの貢献によって権力についての理解は進むにしても、かえって抵抗のやりかたがわからなくなる、抵抗のしようがなくなる、したがって実際の抵抗にとってはかえって障害になる、というような批判が成立しえたということです。たとえば、主権が歴史的に相対化可能な権力行使のパターンであるとするフーコーに対し、主権による例外化の対象として「ホモ・サケル」なるものを提示したアガンベンはつまるところ事態を非歴史化してしまい、そのために近代特有の権力行使に対する抵抗が構成されなくなってしまう、というたぐいの批判です。

このような批判に対して、次のような弁護をしてみせることもできなくはないでしょう。すなわち、アガンベンが主張しているのは非歴史的なことではなく、じつはまさに近代における主権の現れかたがきわめて特殊だということ自体なのであって、それは主権的例外化の対象自体が主権者のなかに見いだされるようになったこととしてはっきり示されている。つまり、主権的権力の行使が通底しているというところはフーコーと異なっているものの、近代における主権的権力の現れはともあれきわめて特殊であって、その特殊性の記述という点ではフーコーと変わるところはない、云々。

たとえば以上のように言いつのることもなるほど可能ですが、それでも議論は往々にして堂々めぐりになります。

「抵抗」に関わるにあたっては、それよりも、ある迂回路を経由するほうがむしろ得るところは大きいかもしれません。その迂回路とは、フーコーの思考の身振りにどれほど特異な部分があるか、それがアガンベンによってどのように意識され継承されているか、という方法論的な議論、一見すると抵抗に結びつく議論からは遠いように見える議論です。

そもそも、生政治やホモ・サケルといったものは何なのでしょうか？　これらを提示することで、フーコーやアガンベンはそれぞれのやりかたで抵抗を組織しているように思えます。そのような意味での抵抗を方法論的に下支えしているものは何なのかを問うてみること、これが、ここで言う迂回路です。そして、この迂回路はフーコー自身、アガンベン自身によってすでにそれぞれのやりかたで提示が試みられています。
そして興味深いのは、アガンベンによる方法論をめぐる議論が他ならぬフーコー論として提示されてきているということです。

2 「装置《ディスポジティフ》とは何か?」

アガンベンがフーコーの方法論を中心的に論じているテクストとして、まずは「装置《ディスポジティフ》とは何か?」(二〇〇六年)があります。ちなみに、ジル・ドゥルーズにも同名のフーコー論(一九八八年)があります。

『言葉と物』のフーコーが「エピステーメー」と呼んでいたものは有名ですが、一九七〇年代後半になるとそれに「装置《ディスポジティフ》」という明快な別名を付与されました。アガンベンはその用語の系譜をたどってヘーゲルの「実定性《ポジティヴィテート》」に至り、また、これがハイデガーの「仕組み《ゲシュテル》」と酷似している、と議論を展開します。そして、フーコーによるこの用語選択が、現代社会の特有のありかたを適切に叙述することを可能にしたということが暗示されます。「装置」という一見何の変哲もない用語の選択が、じつは、現代における「エピステーメー」の叙述にとって決定的だった、ということです。言い換えれば、かつてマルクスの「商品」やギー・ドゥボールの「スペクタクル」が担ったのと同じ役割を「装置」が担うということです。

このアガンベンの議論はなるほどそれ自体、私たちの今回のテーマに照らしても充分に示唆に富むものです。抵抗の所在が装置をまさに装置として捉えることにおいて明らかになる、とされているからです。

3　『事物の印徴』

ただし、今日これからお話ししたいのはこのテクストについてではありません。お話ししたいのは、そもそもそれ以前に、そのような「装置」といった用語——さらにはパノプティコンや規律といった用語——はいったい何なのかという原理的な方法論を検討している本についてです。「方法について」という副題を付されている『事物の印徴』（二〇〇八年）のことです。この本は三章で構成されていますが、いずれもフーコー論として書かれています。本として刊行されたのは二〇〇八年ですが、知るかぎりでは第一章は二〇〇〇年五月、第二章は二〇〇八年三月に読まれた講演原稿です。第三章についてはよくわかりませんが、この短い本はともかく一気呵成に書かれたものではなく、フーコーの影響を濃厚に受けた『ホモ・サケル』以降のアガンベンが、自らの方法論とフーコーの方法論とを並行的に考察するこの数年間に、少しずつ生み出したものです。「装置《ディスポジティフ》とは何か？」も、もちろんこの営みのなかに含めて考えることができます。

ここでも思い出されるのはドゥルーズのことです。ドゥルーズによるフーコー論『フーコー』

（一九八六年）もまたそのように数年にわたって書き継がれました。また、方法論自体が問われているという点でもアガンベンの本と共通しています。そして一番の共通点は、両者とも、そもそもフーコーが方法論を叙述しているテクスト自体を検討の中心に据えていることです。『知の考古学』（一九六九年）のことです。

よく知られているとおり、『知の考古学』は、『言葉と物』（一九六六年）以降のフーコーが自分の方法論の明確化をいくつかの機会に求められたことをきっかけとして書いた、自分の方法論の再定義の試みです。さらにその後、この再定義を踏み台としてフーコーの研究は権力論へと大きくシフトしていくことになりました。じつを言えば、フーコーはこれ以外の場所でも、自分の過去の研究を総括して再定義し、それを現在の研究の位置づけのために用いる身振りを何度も繰り返しています。ですが、この『知の考古学』はそのなかでも特殊です。その再定義が他ならぬ方法論をめぐっておこなわれているからです。

アガンベンの研究がこの後どのように変化していくのかはわかりませんが、この本が書かれることになった経緯には、フーコーが『知の考古学』を書いたときの状況と同じような状況があったと想定できます。つまり、『言葉と物』のような、大きなパースペクティヴを提示する主著（アガンベンのばあいは『ホモ・サケル』）が出され、それに対する方法論上の裏づけが求められたということです。『ホモ・サケル』における「ホモ・サケル」や「剝き出しの生」、あるいは『アウシュヴィッツの残りのもの』（一九九八年）に登場する「ムスリム」といったようなものは、方法論的に言って何なのかという問いが立てられました（すでに述べた「抵抗」という文脈もここに絡んできます）。

そのような問いに対して回答するように実際に迫られたということもあるのでしょうが、おそらくはそれ以上に、その問いに応えることがアガンベン自身にとっても意味があることだと思われたのでしょう。だから、『知の考古学』のフーコーに自分を重ねつつ、フーコーの方法論を論ずることで自らの方法論が浮き彫りになるような二重の議論を試みたのでしょう。フーコーとアガンベンの立場は完全に重なるはずもありませんが、それでもやはり、これから見るとおり、フーコーの立場と重ねることでアガンベンの立場は――というより「剝き出しの生」「ホモ・サケル」「ムスリム」といった用語の立場は――効果的に明確化されていると言ってよいと思います。加えて、このアガンベンの身振りによって、新たなヴィジョンが浮かびあがってくるということがあります。

まずは、その方法論に関するアガンベンの議論の一端をご紹介します（ここでは第一章と第二章の論旨から、今回の議論に関係する部分だけを取りあげます）。その後で、それによって浮かびあがってくる新たなヴィジョンとは何なのかを簡単に述べてみたいと思います。というのも、そのヴィジョンは他ならぬアガンベンの「抵抗」に道筋をつけるものでもあると思うからです。

4 「パラダイムとは何か？」

第一章「パラダイムとは何か？」は、フーコーのいう「歴史的ア・プリオリ」（「エピステーメー」という別名で最もよく知られるもの）を再検討するテクストです。それだけだと退屈な論文になってしまうかもしれませんが、この奇妙なテクストは、この種の撞着語法がフーコーの立論においては必然的に要請されるものだというところにこだわっているという一点において他のフーコー論から区別されるのではないかと思います。

アガンベンは、フーコーのいうエピステーメーがたとえばトーマス・クーンのいうパラダイムとは異なり、しかじかの時代に共有される諸規則の総体を指すのではなく、そうした諸規則の総体をさえ含むさまざまな特定の言説を生むことになる諸関係の総体の組織自体を指すものであるということを指摘するところから始めています。このことはフーコーのテクストに親しんでいる人にとってはそれほど目新しいことでもないでしょう。ただ、そこで登場している具体的なエピステーメーがどのようなものとして提示されているのかにアガンベンは注意をうながしています。

アガンベンが例として挙げるのは、あのパノプティコン（一望監視）です。パノプティコンはそれ自体、具体的な構造物であり、実際にも個物として存在します。ところが、それと同時に――これの「それと同時に」というところがポイントなのですが――権力メカニズムの図式（ダイアグラム）でもあります。だからこそ、これを敷衍して一般的に語ることもできるわけです。

これは「例」に特有のありかただとアガンベンは言います。つまり、ある集合に属している、他の要素とのあいだに必然的に共通点をもつ要素、複数のもののなかの一つのものでありながら、そのまさに共通点を代表的・特権的に表すものとして当の集合から取り出され、特異な単独のものとして提示される――というより、正確に言えば、集合から取り出されることで当の集合を遡行的に作る――、ということです。

例のもつこの奇妙な性格には、これまでもアガンベンはしばしば言及してきました。ギリシア語の「例」は「paradeigma」です。「paradigm」とはもともと「脇に示されたもの」です（それゆえに「パラダイム」の名はクーンのシステムよりもフーコーの図式のほうにふさわしいことになります）。ラテン語では「exemplum」ですが、これもまた「取り出されたもの」です。取り出されることによって逆に、自分の所属する集合を定義するということです。つまり、例というのはあらかじめ必然的な撞着語法なのです。特別な平凡なもの、と言ってみてもいいかもしれません。

ところで、通常の論理においては、この撞着語法は部分と全体の二分法へと解消されてしまいます。例を部分の一つと見なし、全体から部分へ（演繹）、あるいは部分から全体へ（帰納）という手続きが設定されます。しかし、例が特異な例として維持される論理パターンがある、とアガンベンは言います。類比《アナロジー》です。類比においては、類似物は特異であることをやめず、全体へと解消されることがない。しかも全体に対して力を及ぼし、全体をいわば磁力の通った磁場のようなものへと変容させてしまうというのです。

フーコーが用語として提示する大監禁、告白、試練、試験、自己への配慮などはすべてそのような「例」だとアガンベンは言います。フーコーは、いわば磁場のようなものを生じさせる「例」を特定して取り出し、そのことによって磁場を目に見えるものにしてくれるわけです（実際にフーコーはこの磁場に相当するものを「力場」と呼びます。そこで磁力にあたるものが「力」ないし「権力」に相当します）。これは、純粋に通時的な歴史的アプローチからも、純粋に共時的な構造論的アプローチからも取り出すことのできないものです。一見するとこれは共時的アプローチのように見えるかもしれません（クーンの理論と似て見えたり、「構造主義」の一種と見なされたりしたのはそのためです）。ですが、そうではなくて「例」こそが、まさに語源的な意味での「パラダイム」として、しかじかの図式の通時性と共時性を一挙に浮かびあがらせるというわけです。その意味では、この「例」は磁石のようでもあり、また磁場を目に見えるものにしてくれる砂鉄の一粒一粒のようでもあります。それ自体磁力を帯びている砂鉄、というのが、パノプティコンをはじめとする「例」の適切なイメージなのかもしれません。

このフーコーのアプローチについては、ドゥルーズが「斜め」というイメージで語ったことがよく知られています。縦（歴史）と横（構造）に対して、そうではなくて問題なのは「斜め」なのだというのですが、その一見したわかりやすさが、かえって事態をわかりにくくしてしまっているかもしれません。しかし、アガンベンの議論を経由すれば、この斜めの道行きに駆動力を与えているものが「例」の、「例」ならではの力であるということがあらためて理解されることになります。フーコーの理論は、それ自体磁力というか、負荷を帯びている特異例（ドゥルーズはそれを「稀少な」ものと呼んでいますが）によって組織される理論だということです。

そこからアガンベンはさらに、自分もまた同じように理論を組織しているとして、「ホモ・サケル」や「ムスリム」、あるいは『王国と栄光』（二〇〇七年）における「オイコノミア」などはすべてその意味での「例」に相当すると主張しています。要するに研究者たるもの、例の力場、類比の磁場に身を置き、その力を誰よりも敏感に感じ取るセンサーたらねばならないということです。アガンベンはフーコーに倣ってそのような研究者たろうとしている、ということになります。

5 「印徴の理論」

さて、第二章「印徴の理論」では、そのような例ないし類似物が、フーコーにおいてどのように扱われてきたか、そしてそのことにどのような意味があるかが語られています。

アガンベンはそこで、エンツォ・メランドリの指摘から得たとする着想を披露しています。メランドリはフーコーと同い年の哲学者です。主著は「類比」に関する大著『直線と円環』(一九六八年)です。その彼がフーコーについて、とくに『言葉と物』をめぐって論文を二、三書いているのですが、そこで彼がとくに注目しているのは、『言葉と物』が設定した三つのエピステーメーでも最初のものです。つまり、フーコーが「記号論」になぞらえて語っていたルネサンスのエピステーメーです。

よく知られているとおり、そのエピステーメーは類似を旨とするもので、たとえば目の病気に、種が目に似た形をしている植物が効く、といった認識が成立するとされます。その種の認識において働いているのが「印徴(signatura)」です。この「印徴」をまってはじめて類似の体制は動きだします。

それは単なる記号でもなければ、シニフィアンでもシニフィエでもない。それは、しかるべく読み取られることではじめて、しかも即座にレッテルのように意味を有するもの、すでにそこにあるがふだんは沈黙している個別の単語のようなものです。それをしかじかの体系にしたがって解釈しようとするのが解釈学であり、ルネサンスにあっては「印徴」の学と解釈学とが重なりあっていたため、世界が「印徴」自体によって組織されているように認識されました。ただし、この重なりあいは当然のものではなく、時代を経ると両者は乖離していくことになります。

アガンベンが、この「印徴」へのメランドリの注目から引き出した着想は、この「印徴」こそまさに、後にフーコー自身の方法論を支える単位の母型となったものなのではないか、というものです。その単位とはもちろん、『知の考古学』における「言表《エノンセ》」のことです。つまり、乱暴に言えば、「印徴」イコール「言表」というわけです。

表象のエピステーメー、変化のエピステーメーを通過して「印徴」は忘却されていきましたが、それが他ならぬ「歴史的ア・プリオリ」を標定するにあたって用いられる「言表」という形で復活を遂げたというのです。いわば、フーコーを通じて、「印徴」は二重の復活を遂げたということになります。まずは歴史において同定されるべき一つのエピステーメーとして。次いで自らが探求をおこなううえで必要不可欠な方法論上の単位として。

たしかに、そう言われれば、「言表」は共時的な記号論からも通時的な解釈学からも逸脱する、ドゥルーズが言うところの「斜め」のものとして示され、それが示されることでひるがえって印徴を含む全体のありようが示されるようなものとして提示されていました。第一章「パラダイムとは何か?」で言われるところの「例」としてということです。「言表」は「例」を方法論的に取り出したものであって、それはレッテルやインデックスのように与えられる「印徴」という形をしているというわけです。
この種の「印徴」によって認識を組織するという、しばらく絶えていた習慣が十九世紀後半に復活したということを示したのが有名なカルロ・ギンズブルグの論文「手がかり」（一九七九年）である、とアガンベンは説明しています。知ってのとおり、その論文ではフロイトの精神分析、ホームズ（コナン・ドイル）の探偵行為、モレッリの美術鑑定が、無意識のうちに残された細部の「手がかり」によって真理に到達するという共通点をもつ、つまり「推論的（インデックスに依拠した）パラダイム」に属しているとされていましたが、そこで扱われる「徴候」こそ、「印徴」が近代になって浮上したものに他ならないというわけです。

ちなみにアガンベンは言及していませんが、これもすでに知られているとおり、推理小説における推理についてはその論理パターンに対してシービオク夫妻という記号学者によって説明が与えられたことがあります（『シャーロック・ホームズの記号論』（一九八三年））。いわく、その発見的《ヒューリスティック》な推論は演繹でも帰納でもなく、アブダクションを旨とする。そのつどゼロから、限られた条件にしたがっていくつかのストーリーを思いつき、そこから最も妥当性の高いストーリーにたどりつくということですが、そこでカギとなるのが「手がかり」、つまり「印徴」「徴候」です。ホームズによる推理が終わり、その説明が済んでみれば、なるほど彼の語るストーリー以外は不可能であるように思えるし、「手がかり」もまた最も効果を発揮しており、その磁力で全体を律しているかのようですらある。あらかじめ意味をもっていたようには見えなかったにもかかわらずです。

フーコーの分析単位である「言表」もまたそのようなものなのではないかとアガンベンは示唆し

ていることになります。

6　文献学者の系譜

さて、面白いのは、同じように「印徴」に頼った研究者として、アガンベンがこの第二章でアビ・ヴァールブルクの名を挙げているということです。じつは、ヴァールブルクは第一章で、やはりフーコー同様に「例」に頼る者としても登場しています。

ヴァールブルクについては、アガンベンはここでも、一九七五年に書いた論文で展開した主張を繰り返しています。そこでの主張を簡単に整理すれば、だいたい次のようになります。

ヴァールブルクは図像学《イコノロジー》の先駆者と呼ばれるけれども、単に形式から内容へと研究対象を移行させたということではない。そこで問われるのは内容を帯びた形式、つまり社会的記憶という負荷を帯びたイメージであって、ヴァールブルクの課題は、それぞれの画家や作家がそのような負荷を帯びたイメージとどのように意識的・無意識的に渡りあってきたかを明らかにすることだった。「情念定型《パトスフォルメル》」とも呼ばれるその対象のそれぞれをきちんと捉えるには、細部に隠れているという良い神を見抜く力が――というよりその細部の電位差を感じ取る敏感さが――必要とされる。ヴァールブルクがそのような敏感さをもっていたということは、彼の晩年の手慰みとしてそれまで重要視されてこなかった図版集『ムネーモシュネー』によってじつは最もはっきりと示される。

その『ムネーモシュネー』ではたとえば「ニンファ」という「情念定型」が登場しています(なお、この「ニンファ」をめぐってアガンベンは『ニンファ』(二〇〇七年)という小さな本を書いてもいます〔日本語訳は『ニンファ　その他のイメージ論』(二〇一五年)に収録〕)。これは動きのある女性、すたすたと軽やかに歩く女性のイメージのことですが、ヴァールブルクのメガネにかなった雑多な女性像が取り集められることで、そこには「ニンファ」が確かに歴史のなかを歩いているということになります。しかし、それらのイメージのなかでどれがとくに「ニンファ」だというのでもないし、それらすべてのオリジナルとなる理念形としての「ニンファ」が与えられているわけでもありません。それらのイメージが負荷を帯びているということにおいて「ニンファ」なのです。映画の一コマ一コマのことを考えればいいかもしれません。

この「ニンファ」に代表されるような「情念定型」が、フーコーなら「言表」と呼ぶような、共時と通時の区別を乗り越える「例」とちょうど重なるものであるということは明らかだと思います。

ヴァールブルク論に一九八三年に付け加えた短い文章でアガンベンは、ある人文科学の代表者となるべき人々の列伝を書こうとして、その第一弾がそのヴァールブルク論になった(第二弾はエミール・バンヴェニスト論で、これは未刊に終わった)と述懐しています。そこから想像できるのは、もしかすると三十年以上の空白を隔ててこの列伝はついに書き継がれたのかもしれないということ、つまりフーコーがその人文科学の代表者の座に据えられたのかもしれないということです。

その人文科学の研究者に入るとされていたのはヴァールブルク、バンヴェニスト、そしておそらくは(ヴァールブルク論のなかで列挙されている)マルセル・モース、エドワード・サピア、レオ・

スピッツァー、カール・ケレーニイ、ヘルマン・ウーゼナー、ジョルジュ・デュメジルといった人たち、あるいはまた（アガンベンはヴァールブルク論ではその名を挙げていませんが）フリオ・イェージやロジェ・ドラゴネッティ、さらにはヴァルター・ベンヤミンといった人たちなのでしょう。この人たちは人類学者でしょうか？　言語学者でしょうか？　歴史学者でしょうか？　何と呼べばよいのかわかりませんが、ともかくこの奇妙な文献学者たちの系譜に連なり、さらにはその系譜に光を当てる役に立つにちがいないのが他ならぬフーコー、そして望むらくはアガンベン自身、ということになるのでしょう。「印徴」を「例」として挙げ、この世界に拡がる磁場、歴史と解釈のあいだに潜む磁場を手を替え品を替え明らかにしようとする奇妙な学問に自らを捧げる人たちです。

終わりに

最後に、抵抗の話が残っていました。しかしアガンベンにとって、またアガンベンの想いに映るままのフーコーにとって、抵抗は磁場を見えるようにすることそれ自体によってなされるという結論はすでに出ているのではないでしょうか。そして、そのために提示されるおのおのの用語は、ニンファであれパノプティコンであれホモ・サケルであれ、いずれもそのような抵抗を証すものなのであって、しかもそれは、読者のほうにその用意さえあれば、まさしく特異な「印徴」として世界の見えかたを変え続ける力をもっているのだと思います。

『思考の潜勢力』翻訳者後書き（二〇〇九年）

本書には決まった読みかたはもちろんない。初期や中期とでも呼べる時期に属する著作から、現在まで続くいわば盛期の「ホモ・サケル」シリーズをはじめとする著作に至るまで、今日では幸いなことにアガンベンの著作の多くが日本語でも読めるようになっている以上、あえて読解の厳密な指針を示すにもおよばない。

本書の提示している配列に素直にしたがって、三つの大きなテーマ――言語活動（言語哲学）、歴史（歴史哲学）、潜勢力（政治哲学ないし倫理学）――を読み解くことから始めてもよいだろうし、複数のテクストで中心的に取りあげられている三人の思想家――アリストテレス、マルティン・ハイデガー、ヴァルター・ベンヤミン――に個別に焦点を合わせ、それぞれをまとめて読むのも一つの方法である。

エマニュエル・レヴィナス、ジル・ドゥルーズ、ジャック・デリダといったいわゆる「現代思想」の代名詞たちをめぐる議論からアガンベンの思考を透かし見ることを読解の最初の手がかりにしてもかまわないし、アビ・ヴァールブルク、マックス・コメレル、フリオ・イェージ、ジャン＝クロード・ミルネールといった孤高の知性たちへの注目から学ぶのもよいだろう。ポール・ヴァレリー、ヴィクトール・セガレンをめぐる文学論は個別研究というより文学原論と呼ばれるべきものであるが、これらもまた、文学に関する根本的な問いをあらためて立てるにあたって少なからぬことを示唆してくれるはずである。

本書のそこかしこに登場する名、とりわけジョルジョ・パスクアーリ、レオ・スピッツァー、エミール・バンヴェニスト、ロジェ・ドラゴネッティといった名は、アガンベンの思考に着想を与えているもののなかに占める文献学的知性の重要性をあらためて浮き彫りにしてくれる。ゲルショム・ショーレムやハンス＝ゲオルク・ガダマーらのしかじかの主張に対する、またデリダ（の戯画的反復）に対する明確な反駁は、決定不可能性に彩られたニヒリズムに抗するべく解釈に要求される厳密さにあらためて思いを至らせる。

このように、読解の道筋に制限はない。ただし、本書を読むにあたって一つだけ注意しておいてよい点があるかもしれない。三十年にわたって書かれたテクストを収めた本書を、哲学者アガンベンの思考がどのような進化をたどったのかを知る一つの軌跡としてもっぱら読むようなことにはまったく、とは言わずともほとんど意味がないだろうということである。

それは、アガンベンはいわば進化しない哲学者だからである。

なるほど、アガンベンは特定の時期に特定のテーマに集中的に考察を加えてはいる。そのことは、本書所収のテクスト群をばらばらにして、年代順に並べた単行本リストのなかにあらためて初出順に繰り入れてみればすぐにわかる。だが、だからといってそれは彼が思考の当のものを次から次へと変えているということを意味するわけではない。たとえば一九九〇年代以降、政治的なものへの関心を明らかなしかたで前面に出し、それが彼の名を高からしめていることは否定できないとしてもである。

なるほど、単行本の数々を読んでも、本書に目を通しても、アガンベンほど多くのことに次々と関心を寄せる哲学者もいないという印象を受けるかもしれない。しかしそれは、好みや必要のおもむくままに問いを立ててきた結果であると見なすよりも、むしろ一貫して同じことを問い続けてきた結果であると見なすほうが無理がない。

真に問われるべき、ごく限られた数の、互いに密接に関連した問いがいくつかある。それらの問いの布置をまず定着してくれるのは三大テーマであり、そしてまた先述の三大思想家であるが、その布置はさらに明瞭に縁取られることをつねに要求している。そのため、この哲学者は手を替え品を替え、あらゆる角度からそれらの問いを深めようと試みる。

本書を読むことでいっそう明らかになるのは、同じ問いをつねに深めようとする、倦むことを知らないこのアガンベンの姿勢である。だから、アガンベンは進化ではなく深化する哲学者である、と駄洒落を言ってみてもよいかもしれない。この哲学者の関心や主張はそれほどまでに一貫しており、私たちが想像するよりはるかに揺らぎがない。

そのため、こちらのテクストで簡潔に暗示されるにとどまっていることが、同じ思考を前提としつつ、あちらのテクストで全面的に展開されているということがしばしば見られる。それは本書所収の諸テクストのあいだで見られるだけでなく、他の著作とのあいだにも頻繁に確認される。

本書には、一読しただけでは意味を取りにくいほのめかしが他の著作よりも多くあるようにも感じられる。だが、そのようなほのめかしの多くが、他のテクストを読むことによって明確な輪郭を取るようになる。同じテクスト、同じ箇所が、少なからぬテクストで同じように引用されている。こちらのテクストがあちらのテクストのヒントとなり、また別なテクストがその理解を助ける。これこそ、彼の思考の一貫性が可能にしてくれている当のものである。行きつ戻りつすれば、必ずや新たな理解にたどりつける。

この日本語版の成立には相当の時間がかかってしまった。本書の底本の刊行は二〇〇五年だが、私は実際には三年よりはるかに長い時間をこの仕事に費やしてしまった。『バートルビー』の翻訳者後書きにも書いたが、私は当初、アガンベンの論文集の日本語版刊行の企画をまったく独自に立てていた。収録すべきテクストを私が選び、そのリストを原著者と顔をつきあわせて検討するという作業を始めたのは一九九八年ごろだったのではないかと思う。リストが長大になってしまったり、選ぶ基準が定まらなかったりして、いたずらに時間が経ってしまった。だが、いずれ刊行されるはずの本に収録されることが確実ないくつかのテクストについてはすでにこのころに見切り発車で翻訳作業を開始している(いや、別の本にまず収録された「パルデス」に至っては、すでに一九九五年には翻訳作業を開始していたはずである)。

そのうちに、ダニエル・ヘラー＝ローゼンがすばらしい英語版論文集を編纂・刊行した。

そこで、英語版の選択をそのまま借りつつ、ただし英語からではなくイタリア語原典から翻訳するという方針に変更した。しかし、『人権の彼方』や『ホモ・サケル』の翻訳の刊行に時間を取られたということもあり、作業は遅々として進まなかった。そこで先述のとおり、末尾に収められていた「バートルビー　偶然性について」だけを独立させて先に刊行した。

　ちょうどそのころ、本書の底本となった本が刊行された。決定版として刊行されたことは一目瞭然だったため、これを底本として作業を本格的に再開した。

　この十余年は、アガンベンの仕事が日本語で（のみならずフランス語、英語でも）広く知られるようになった時期とちょうど重なっている。

　たとえばの話だが、私は「パルデス」を翻訳する機会を得たという単なる偶然から、アガンベンの仕事がまだあまり知られていなかった時期に、この哲学者の仕事の重要性に一足先に気づくことになった。「幸福な若干名《ザ・ハッピー・フュー》」であると思いこんだ私は、こちらの雑誌、あちらの論文集に彼の仕事を見つけては読みふけった。さらには原著者自身やヘラー‐ローゼンをはじめとする友人たちから多くのコピーをもらい、それらをひたすら読むことでこの哲学者の思考の全体像をともかく自分なりにつかんでいった。その全体像の把握にあたって最も決定的だった論文の数々はまさに、本書に収められている諸テクストとほぼ一致する。

　したがって、本書の刊行は二つの「知られざるもの」が姿を消すということを意味している。アガンベンのかつての思考を新たに照らし出してくれる、過去の重要な「知られざるテクスト」がこのような規模と内容でまとめて紹介されることはもはやない。そして、何よりもアガンベン自身が「知られざる哲学者」にとどまることはもはやない。私たちはようやく、「周知の哲学者アガンベン」の「周知の思考」と腰を据えて向きあうことができるようになった。本書はその意味で、まさしく決定版である。

『王国と栄光』翻訳者後書き（二〇一〇年）

ジョルジョ・アガンベンの思想について日本語でもかなりのことを知ることができるようになっている現在、本書の置かれた文脈について特段の補足的説明は必要ないだろう。また、本書の内容自体についても本来、あえて概略を提示するにはおよばない。だが正直に言えば、主として翻訳であることにともなう困難さが生じていなくもない。

本書ではキリスト教に関連するものを中心として、すでに短くない伝統をもつさまざまな用語が用いられている。当の文脈に関する知識が乏しければ、読者は理解に困難を覚えるにちがいない。それだけではなく、本書ではそれらの用語の使われかた自体が問いに付されてもいる。多くの用語はまさに重要であるがゆえに、時代を追うごとに意味が拡張されたりずらされたり、いくつかの文脈で異なる意味あいをもって使われるようになったりしている。それらの用語は日本語に置き換えられるにあたってしばしば、それぞれの用法ごとに別の訳語を充てられてきた。そのような慣習は充分に理解できるものだが、本書でその伝統を採用してばらばらに訳語選択をおこなってしまうと、当然のことながら議論は意味不明なものとなる。そのため本書では、カギとなる用語には原則として同一の訳語を充てている。だが、その訳語選択が単に生硬なものと映り、かえって読解を妨げてしまうということも充分にありうる（そもそも、本書のタイトルに登場している「王国」「栄光」「オイコノミア」「統治」のすべてが、そのような困難な用語群に属していると言える）。

したがって、以下ではそれらの用語を（原語を添えつつ）挙げて、本書の議論を追うために必要となるだろう含意――つまり、それぞれの用語から容易に連想されると期待されているだろう最低限の意味の拡がりや連関――を指示しておく（したがって、以下はアガンベンによる議論をなぞるものではまったくなく、彼によって批判的に問いただされる内容をも含んでいる）。

「オイコノミア（economia）」（つまりエコノミー）は、「政治的オイコノミア（economia politica）」という用語が「政治経済学」を表すようになって久しい現在にあっては、財を扱うこと一般としての「経済」（ないし効用最大化としての「節約」）の意味に解されることがふつうだが、この単語はもともと古代ギリシアにおいては「家政」、つまり家の運営を指していた（なお、当時は「家（oikos）」と「国（polis）」が対照的に捉えられていたため、「政治的（つまり国の）オイコノミア」という表現はいわば撞着語法である）。この用語の中心をなすニュアンスは、しかじかのもの（原義では家）において、その内在的維持のために、方便や斟酌をまじえながら臨機応変に「布置（disposizione）」や「秩序づけ（ordinamento）」を、つまりは措置や処置をおこなう、ということである。「運営（amministrazione）」「経営（gestione）」「管理（cura）」を「実行（esecuzione）」ないし「行使（esercizio）」することと捉えればよい。

だがこの「オイコノミア」は、キリスト教神学においては特異なニュアンスを帯びている（日本語では、この文脈ではしばしば「経綸」と訳される）。神に関する教説のうち、神の存在自体に関わるもの——つまり「存在論（ontologia）」に属する超越的議論——が狭義の「神学（teologia）」を構成するのに対して（神学という単語がこの狭い意味で用いられるときには「テオロギア」と音写されることも多い）、イエスによる歴史的救済に関わるもの——つまり「実践論（pragmatica）」に属する内在的議論——がオイコノミアに相当する。とりあえずは、三位性における「父」がテオロギアに、「息子」がオイコノミアに対応すると考えてもよい。

（「三位性（trinità）」は、正統的とされるキリスト教の「教義（dogma）」の最重要部分を構成するもので、「三位一体」と訳されることが多い。「位格（persona）」として父・息子・聖霊がある（息子は「子」と訳されることが多い）。父（要するに唯一神）から「ロゴス（verbo）」たる息子——イエスというメシア（キリスト、つまり救世主）——が、そして父と息子から聖霊が「発出

(processione)」ないし「産出(generazione)」される。だがこの発出・産出は、他の被造物におけるような「創造(creazione)」ではない。三位格のあいだに主従関係は存在しないし、そもそも神は(位格は三だが)「実体(sostanza)」は一であるとされる。)

この息子による「実践(prassi)」ないし「行動(azione)」としてのオイコノミア——つまり、「キリスト論(cristologia)」において語られる息子の受肉・受難・復活など——は、神による神秘的な救済計画なるものによってあらかじめ定められていたとされる。その計画は「摂理(provvidenza)」にしたがっている。摂理とはつまり、「前知(prescienza)」をもつ神の先見の明である。オイコノミアはこの文脈で「布置(disposizione)」「配剤(dispensazione)」と訳されるが、それはつまり、人知を超えたところでなされる神の「はからい」「おぼしめし」のことである。そのはからいの実行は、「予表(prefigurazione)」が示され(これはそのままでは人間には理解できないしるしである)、それが「完了(compimento)」「充溢(pleroma)」に至らされる(つまり実現する)というしかたでなされる。そのオイコノミアが最終的に向かう先は「終末論(escatologia)」において唱えられる「最後の審判(Giudizio)」、そしてもちろん「救済(salvezza, redenzione)」である。

さて、この教説における二極(テオロギアとオイコノミア、存在と実践)を、世俗的権力のありように重ねて「王国」と「統治」に対応するものと解することもできる。「王国(regno)」という訳語は少しわかりにくいが、要するに「君臨する(regnare)」ということがなされている状態・政体を指す。権力による「支配(dominio)」一般のうち、君臨——

つまり王国の支配者としてただ存在すること——という局面を指すのがこの「王国」である。それに対して「統治(governo)」は、もともとは船の「操舵」を指す。この用語は「指導する(guidare)」——つまり船を、そして船員を導く——という強い含意をはらみながら、実際の支配活動を指すものとなる(この単語が表すのはふつう、統治をおこなう「政府」である)。統治が活動であるのに対して、王国は無為であると言うこともできる。父が無為なアルケー(基礎・原理・始まり)——実際の「権力(potere)」を離れた「権威(autorità)」「尊厳(dignità)」「威厳(maestà)」——であるとすれば、息子は「アルケーのない(anarchico)」実際の権力者である。アルケーのない(非アルケー的な)とは、通常の言葉遣いではアナーキストだということを意味する。父の君臨の「単一支配(monarchia)」——この単語はふつう「君主制」を指すが、文字どおりには単一の者による支配一般を指す——に対して、息子の統治によって導入されるのが「アナルキア(anarchia)」——アルケーのない状態、つまりアナーキー——である。

この二重構造は、世界の維持(摂理にもとづく世界統治)をめぐってつねに姿を現すものであるが、それが神学的に組織されたものとして「位階」がある。「位階(gerarchia)」は、もともとは「聖なる(hieros)」と「アルケー」から作られた造語である。日本語では「ヒエラルキー」という表記が定着しているが、意味はまずは端的に「序列(rango)」と解すればよい。それは天上における天使の序列を指しもするし、地上の霊的権力である教会における序列を指しもする。

「天使（angelo）」――つまり神の使者――の序列を上位から順に挙げれば、まず「熾天使（serafino）」「智天使（cherubino）」「座天使（trono）」、次いで「主天使（dominazione）」「力天使（potestà）」「能天使（virtù）」、最後に「権天使（principato）」「大天使（arcangelo）」、そして狭義の天使である。これらの単語は、日本語ではもっぱら天使を指すものであるかのように訳されざるをえないが、「座天使」を表す単語はもともと単に「玉座」一般を、また「主天使」以降「権天使」までの単語もそれぞれ「支配」「権力」「力」「権勢」――いずれもほとんど同じ意味だが――をまずは指す。

「教会（chiesa）」――つまり世俗的な「民会（ecclesia）」に擬せられて形成された信者共同体――は「聖職者（sacerdote）」たちによって指導されるが、（カトリックのばあい）イエスから共同体組織の任務を委ねられたとされる使徒ペトロとその後継者たる「教皇（pontefice）」が序列の頂点にある。その下に「司教（vescovo）」――つまり「監督者（episcopo）」――、平の聖職者である「司祭（sacerdote）」と続く。

彼らは洗礼、聖体、告解といった「秘蹟（sacramento）」を、「信徒（fedele）」に対してイエスに代わっておこなうことを「役務（ufficio）」ないし「服務（servizio）」とする。これは「代務（ministero）」と呼ぶことができる（この単語は世俗的文脈で用いられれば内閣・省庁を指す）。この「代務者（ministro）」（世俗的文脈では大臣）ないし「代理者（vicario）」は、この地上世界の運営・管理を神に代わって実行する者だと言える。それと同じく、下位の天使の働きもまた運営や代務であるとされる（それに対して、上位の天使の働きはもっぱら「観想（contemplazione）」、神への「臨席（assistenza）」であるとされる）。このような者はいずれも「官僚（burocrate）」ないし「役員（funzionario）」に譬えられうる。

だが、この官僚たちの役務がいわゆる代務にとどまるかというと、そうではない。役務には神の「礼拝（culto）」が必然的に含まれる。つまり、何よりもまず「典礼（liturgia）」――「儀典（protocollo）」「儀式（cerimonia）」「式典（cerimoniale）」「儀礼（rito）」「礼式（rituale）」の数々――によって、神の「栄光（gloria）」――権威・尊厳・威厳――が「喝采（acclamazione）」されるのでなければならない。その「称讃（lode）」――「祈念（augurio）」「祝賀（celebrazione）」「崇敬（venerazione）」「崇拝（adorazione）」――の典型が「讃歌（inno）」、つまり「讃美歌（canto di lode）」であり、あるいは「アーメン」である。この「栄誦（dossologia）」――文字どおりには「栄光論」――の総体によって作り出されるのが「栄化（glorificazione）」という圏域である。栄化とは、神が何かに栄光を授けることを指しもするし（神が神自身を栄化したり、父が息子を、息子が父を栄化したりもする）、逆に神の栄光を讃えることを指しもする。

この栄化という圏域において、空虚な権力の存在が、つまりはその「無為（inoperosità）」が讃えられ、「同意（consenso）」を与えられる（それを象徴するのが「玉座の準備（etimasia）」という、空虚な玉座を表象するイコンの形象――しばしば「ヘトイマシア」ないし「エティマシア」と音写されるもの――である）。だが「無為」にはもともと、そのような「無用な（inutile）」「怠惰な（ozioso）」ものというニュアンスだけでなく、（有為な活動からなる、また時として無為な存在と有為な活動とからなる）権力装置全体を「働かなくすること（disattivazione）」――「働き（opera）」を停止させること――という、いわば作用としてのニュアンスもある。それはいわば非の働き、無為化とでも解せるものである。

本書に登場する、多かれ少なかれ説明を要する重要なキーワードは、これでほぼ網羅されているはずである。本文中での用語のニュアンスを捉えるにあたって困難を覚えたとしても、この雑駁な列挙に立ち返れば少しは理解が容易になるだろう。本書にはその他、イタリア語以外（ギリシア語、ラテン語、ドイツ語など）で引かれている文言も多数あるが、それらにもそのつど対応する訳語を付してあるため、読解にあたって大きな誤解は生じないだろうと信ずる。

さらに付け加えるべきことはない。本書がアガンベンによる「ホモ・サケル」というプロジェクトの第二巻第二部にあたるものであること［なお、後に「第二巻第四部」に変更される］、このプロジェクトに属する本は第一巻『主権的権力と剝き出しの生』（一九九五年）――単に『ホモ・サケル』とも呼ばれる――を皮切りに、第三巻『アウシュヴィッツの残りのもの』（一九九八年）、第二巻第一部『例外状態』（二〇〇三年）と変則的に刊行が続き、そして本書（二〇〇七年）が発表され、その後すでに第二巻第三部『言語活動の秘蹟』（二〇〇八年）も刊行されていることを記すだけで充分だろう。

とはいえ、実用的なことを一言だけ付記しておく。本書は独立して読めるように書かれており、「ホモ・サケル」シリーズに属する他の本（たとえば、同じ第二巻に属する『例外状態』）を参照しなければ理解できないというものではない。だが、本書のねらいを明確に捉えるには、これらの著作をあわせて参照するのももちろん役に立つ。さらに言えば、このプロジェクトの近傍に位置する『残りの時』（二〇〇〇年）や『事物の印徴』（二〇〇八年）を、そして論文集『思考の潜勢力』（二〇〇五年）に収録されているいくつかの論文（とくに「人間の働き」と「絶対的内在」）を併読することが直接的に有用である。

アガンベンとイメージ

『ニンファ　その他のイメージ論』への解説(二〇一五年)

はじめに

『ニンファ　その他のイメージ論』は、ジョルジョ・アガンベンが折りに触れて書いてきたイメージ論、絵画論を日本語で独自に集成したものである。テクストの選択は編訳者がおこなったが、原著者から若干のテクストの追加・削除の提案があり、それを採用することで最終的な出版許可を得たため、原著者の認定した版と見なしていただいてさしつかえない。

この分野におけるアガンベンのテクストが完全に網羅されているわけではないが、実質上は、既訳書と合わせれば関連する議論のほぼすべてがカヴァーされるはずである。

同様の出版の試みとして、『イメージと記憶』と題された論集がフランス語で刊行されたことがある。一九九八年に出されたその本は四本の論考を収録した小さな本だった。[1]二〇〇四年には同じ題で、しかし収録作が八本追加されて計十二本になった新版が刊行されている。[2]これらの貴重な例外を除けば、アガンベンのイメージ論集刊行の企ては（イタリア語でも英語でも、その他の言語でも）存在していない。本書はこの『イメージと記憶』を直接的な出発点にしているわけではないが、二〇〇四年版所収のテクストはすべて（すでに他の論集に収められている三本を除いて）収録し、[3]さらに未収録テクスト十一本を新たに加えている。

構成については以下のとおりである。内容的にも分量的にも全体を代表すると見なしうる重要な論考「ニンファ」を冒頭に置き、全体への入口とした。次いで部を改め、イメージ一般について論じている、もしくは舞踊や映画を通じてイメージを扱っているテクスト五本を置いた。さらに第三部として、個々の美術家（大半は二十世紀後半以降のイタリア在住の画家）をめぐって、あるいは絵画一般をめぐって書かれた、比較的短いテクスト十四本を配置した。

この三部構成も個々のテクストの配置も読みやすさを考えてのものではあるが（執筆・発表順は考慮せず、多少なりとテーマに近さが見られるものを隣りあわせて並べるという方針を採っている）、この構成に絶対的な基準があるわけではない。自由な順序で読み進めていただければ幸いである。

1　テクスト解題

まずは、それぞれのテクストについて書誌と内容を簡単に記し、扱われている画家などについても若干の紹介を試みる。

第一部に収録しているのは「ニンファ」一篇のみである。以下が初出である。“Nymphæ,” *Aut aut*, no. 321/322 (Milano: Il Saggiatore, 2004), pp. 53–67. 後に以下の単行本となっている（本書では単行本のほうを底本としているが、内容は同一である）。*Ninfe* (Torino: Bollati Boringhieri, 2007).

初出の『アウト・アウト』誌はアビ・ヴァールブルク（一八六六—一九二九年）の特集号となっている。日本語でも近年よく知られるようになったこのドイツの美術史家をめぐっては、アガンベンはすでに一九七五年に重要な論考「アビ・ヴァールブルクと名のない学」を発表している（これは一九八四年に、やはり『アウト・アウト』誌のヴァールブルク特集号に「傍註」を付して再発表され、後に『思考の潜勢力』に収められている）。[4] その後も、アガンベンは折りに触れて——とくに二〇〇八年にまとめられた『事物のしるし』[5] において——ヴァールブルクによる歴史的イメージをめぐる認識論を取りあげている。

全十節からなる本論考の各節では、現代美術家ビル・ヴィオラ（一九五一年—）のヴィデオ・アート、十五世紀の舞踊教師ドメニコ・ダ・ピアチェンツァ（一四〇〇—七〇年ごろ）の『舞踊論』、二十世紀なかばのアウトサイダー画家ヘンリー・ダーガー（一八九二—一九七三年）の遺した挿絵、二十世紀前半の文化史家ヴァルター・ベンヤミン（一八九二—一九四〇年）の唱えた「弁証法的イメージ」、十六世紀前半の錬金術師パラケルスス（一四九三—一五四一年）による精霊論、十四世紀の詩人ジョヴァンニ・ボッカッチョ（一三一三—七五年）によるニンファのイメージなど、一見したところまちまちと思える対象が参照されている。[6] 雑多な議論を寄せ集めた短文集とも見えるが――原題は複数形になっており、くどく訳せば「ニンファたち」となるが、つまりはニンファをめぐる物尽くしというところである――、動きという負荷を帯びた歴史的イメージなるものに関するヴァールブルクの特異な認識論に対するアガンベンの理解がそれらの多様な議論を貫き、全体を一つにまとめあげている。

第二部は映画、舞踊といったスペクタクルを含むさまざまなイメージを論じた諸論考からなる（偶然だが、初出はすべてフランス語である）。数篇ずつまとめて紹介しよう。

最初に置かれた「映画の一倫理のために」と「ギー・ドゥボールの映画」の初出は以下のとおりである。"Pour une éthique du cinéma," trans. Daniel Loayza, *Trafic*, no. 3 (Paris: POL, 1992), pp. 49–52 ; "Le cinéma de Guy Debord" (1995), in *Image et mémoire* (Paris: Hoëbeke, 1998), pp. 65–76. 知るかぎりでは、前者についてはイタリア語のテクストは発表されていない（もともとはフランスの映画批評誌『トラフィック』のために書かれた）。また、後者は直接フランス語で準備されたとおぼしい。一九九五年十一月にジュネーヴで第六回国際ヴィデオ週間が開催され、そのなかでギー・ドゥボール（一九三一―九四年）のフィルムの回顧上映が企画された。それにあわせてドゥボールをめぐる一連のセミナーがおこなわれたが、このテクストはそのときにアガンベンがフランス語で発表した内容を録音から起こしたものである。そのため、これらについてはそれぞれフランス語版をそのまま底本としている。なお、後者には日本語訳がすでに存在するが、[7] 本書に収録するにあたって全面的に手を入れている。

題から明らかなとおり、この二篇は広い意味での映画論だが、いずれもスペクタクル批判として読める。「スペクタクル」と聞くと劇場芸術（演劇、舞踊、映画……）を思い浮かべるのが通例かもしれないが、ここでは、社会思想家であるドゥボールの書いた『スペクタクルの社会』（一九六七年）冒頭近くに見られる「人々のあいだの社会的関係が、諸イメージによって媒介されてしまっているもの」[8]という定義を念頭に置くのがよい。この二篇ではともに、「スペクタクル」と名指されたその体制をいわば働かなくさせる方法が、他ならぬ一つのスペクタクルである映画に備わっているはずのしかじかの可能性を探ることによって指し示されている。二篇めではまさに当のドゥボールによる実験的な映画制作が取りあげられている[9]（なお、ドゥボールや映画についてアガンベンがほぼ同じ観点から書いた他のテクストがわずかながらある[10]）。

続く「身振りと舞踊」と「来たるべき身体　かつて一度も書かれたことのないものを読むこと」は舞踊論と見なせる二篇である。それぞれの初出は以下のとおりである。“Le geste et la danse,” trans. Daniel Loayza *et al., Revue d’esthétique*, no. 22 (Paris: Jean-Michel Place, 1992), pp. 9–12 ; “Les corps à venir: Lire ce qui n’a jamais été écrit,” *Les saisons de la danse*, no. 292, extra (“L’univers d’un artiste”), no. 5 (“Hervé Diasnas”) (Paris: Dans’ Press, May 1997), pp. 6–8. 知るかぎりでは、前者のイタリア語テクストは発表されていない。また、後者はフランス語で直接書かれたテクストとおぼしい。そのため、ここではやはり、これらのフランス語版を底本として用いている。

先立つ二篇が単なる映画論でないのと同じように、この二篇も単なる舞踊論ではない。「身振りについての覚え書き」（一九九一年）という、部分的に「身振りと舞踊」と同一内容を含んでいるテクストがあるが[11]、これは先の映画論二篇にも通ずる内容となっている。その論考が、本書の映画論二篇と舞踊論二篇のあいだに挟みこまれた透明な数ページに印刷されていると想像すればわかりやすい。これらの舞踊論でキーワードとなっているのは「身振り」であるが、それが「スペクタクル」という体制を壊乱すべく脱臼され、いわば生《き》のままで提示されるという可能性が、やはりスペクタクルである舞踊においてまさに追求されている。

なお、二篇めで批評の対象となっているエルヴェ・ディアスナス（一九五七年―）は、一九七〇年代後半から現在に至るまで活動しているフランスのいわゆるコンテンポラリー・ダンスの舞踊家である。言及されている『ドナバ、あるいは最初の沈黙』は『最初の沈黙』として一九八七年にブダペストで初演されたもので、現在も『沈黙の反映』として演じられている。『ナイ』は一九八一年にニュー・ヨークで、『夜明けの微笑』は一九九五年にストラスブールで初演されている。なお、一九九八年にはアガンベンの提案を承け、彼の短いテクスト「思考の終わり」[12]（一九八二年）を着想源とした同名の舞踊作品を、音楽家ステーファノ・スコダニッビオの協力を得て発表してもいる[13]。

第二部を締めくくる「哲学者とムーサ」は、より思弁的な芸術原論と言える。以下が初出である。"Le philosophe et la Muse," trans. Jacques Rolland, *Archives de philosophie*, 57, no. 1 (Paris: Beauchesne, January-March 1994), pp. 87–89. イタリア語のテクストは知るかぎりでは存在しないため、やはりこのフランス語版を底本としている[14]。

ムーサ――霊感、着想が神格化されたもの――を芸術の起源の欠如を名指すものとして捉えたうえで、その欠如自体にまなざしを向けること（それはメタ言語活動ではなくメタ言語活動の欠如を指し示すことだとされる）によって芸術は哲学と結びつくと説いている。覚え書きふうに書かれているため叙述が省略的ないし暗示的に見えもするが、その内容は第一部の「ニンファ」と通底し、また第三部の個々の作家論を導くものにもなっているはずである。

第三部は個々の美術家ないし絵画作品を論じた、あるいはまたそこから出発してイメージに関するさまざまな思索をめぐらせた、相対的に言って短い論考を集めたものとなっている。これも点数が多いので、可能な範囲で数点ずつまとめて紹介する。

冒頭の「イメージの向こうの国」「顔と沈黙」「形象の不可能性と必然性」の三篇は現代画家ルッジェーロ・サヴィーニオの絵画を論じた、あるいは彼の絵画を出発点とした論考群である。それぞれの初出は以下のとおりである。"Il paese al di là delle immagini," in *Ruggero Savinio* (Roma: Galleria d'arte Il Gabbiano, 1980 [1990]), no pagination ; "Il viso e il silenzio," in Ruggero Savinio, *Opere 1983* (Milano: Philippe Daverio, 1983), no pagination ; "Impossibilità e necessità della figura," in *De pictura*, no. 1 (online journal, 2013), pp. 130–131. 〈http://issuu.com/depictura/docs/depictura01〉これらをそのまま底本としている。最初の二篇は個展図録に付された論考で、最後の一篇は二〇一二年にローマの国立近代美術館で開かれた回顧展「形象の行程」に際して書かれたものである。なお、このテクストが発表された『デ・ピクトゥラ』は、後述するモニカ・フェッランドが手がけているオンライン雑誌である。

ルッジェーロ・サヴィーニオ（一九三四年―）は、アルベルト・サヴィーニオ（一八九一―一九五二年）――一九一〇年代の形而上学的絵画で広く知られるジョルジョ・デ・キリコ（一八八八―一九七八年）の弟で、文筆家、画家、作曲家として活躍した――の息子にあたる画家である。知るかぎりでは日本語で紹介されたことはない。だが、アガンベンに「存命中の最高の画家たちのうちにたしかに含まれる一人の巨匠」と形容されているこの画家は一九八八年と九五年にヴェネツィア・ビエンナーレに出品しており、先述のとおり二〇一二年にはローマの国立近代美術館で回顧展が開かれている。主として油彩で、パステル画のような独特の表面の質感を作り、海岸や廃墟といった風景や室内、またそのなかにいる人物を、いわば当の絵画の向こう側に霞んでいるかのように描く作風が特徴である。[15]

アガンベンによる論考の一篇めは、画題としての風景が古代においては舞台背景として誕生したことを紹介し、そのことと悲劇の主人公が運命づけられている沈黙とのあいだに照応関係を見ている。それに対して近代の風景は心理から身を引き剝がすことで生まれると説き、崇高を追求するサヴィーニオの風景画に迫ろうとしている。二篇めでも、シモニデスの有名な言葉「絵画は沈黙している詩」を出発点として、「イメージにおける言語の沈黙」とは何かがあらためて考察されている。三篇めでは、形象が画布に定着されることのはらむ逆説――アガンベンは「自らの出現においてまるでそれ自体の色彩や物質によって侵蝕され翳られ抹消されているようなイメージという逆説」と説明している――が探られている。

続く「顔面の天使　ジャンニ・デッシの絵画のために」と「イメージの受苦　ジュゼッペ・ガッロの絵画のために」は、二人の画家のそれぞれの個展図録に付された論考である。それぞれの初出は以下のとおりである。“L’angelo della faccia: Per la pittura di Gianni Dessì,” in *Gianni Dessì* (Milano & New York: Galleria Salvatore Ala, 1984), no pagination ; “La passione delle immagini: Per la pittura di Giuseppe Gallo,” in *Giuseppe Gallo* (New York: Sperone Westwater, 1986), no pagination. これらを底本としている。

ジャンニ・デッシ(一九五五年―)とジュゼッペ・ガッロ(一九五四年―)は日本語でも散発的に紹介され、作品が展示されたこともある。[16] ミニマリズムやコンセプチュアル・アートの興隆の後、一九八〇年代になると「ニュー・ペインティング」ないし「新表現主義」と総称される具象・表現主義への回帰が世界的に見られたが、イタリアでも「トランサヴァングアールディア」と呼ばれる、同様の傾向をもつ運動が起こった。サンドロ・キア(一九四六年―)、エンツォ・クッキ(一九四九年―)、フランチェスコ・クレメンテ(一九五二年―)らが代表者とされる。デッシとガッロは、その影響を受けつつ独自の展開を見せた「新ローマ派」という集団――他にブルーノ・チェッコベッリ(一九五二年―)、ドメニコ・ビアンキ(一九五五年―)らがいる――のなかに数えられる。[17]

デッシは一九八四年と八六年にヴェネツィア・ビエンナーレに出品しており、二〇〇六年にはローマの現代美術館で回顧展が開かれている。デッシの一九八〇年代の作品には、赤、白、黒などで塗りこめた背景をもつ大画面に少数の図形的モティーフ(四角や目の形など)が油彩やミクスト・メディアで、手技がはっきりわかる粗い様子で提示されているものが多い。そのモティーフは何かを意味しているようにも見えるが、特定の意味を明瞭に指し示しているとは読めず、見る者を戸惑わせる(その後、一九九〇年代からは白と黄色を基調とし、展示空間そのものを大きく用いた具象的な彫刻や抽象的な塗り分けも多く制作しているが、一九八四年のアガンベンが参照していたのはそれ以前の作品群である）。なお、スコダニッビオ——ディアスナスをめぐってすでに名の挙がった音楽家——が制作した舞台作品『地上の天国』（二〇〇六年）にアガンベンとともに協力したこともある。[18]

ガッロもまた、一九八六年と九〇年にヴェネツィア・ビエンナーレに出品し、二〇〇七年にローマの現代美術館で回顧展が開かれている。オフ－ホワイトや赤が基調であることが多く、大小さまざまな画面が均質ないし不均質に塗られ、そこに多少なりと写実的な具象的モティーフ——弦楽器、鍵、鈴、人物の立像のシルエットなど——がしばしば極端に小さく描きこまれる、というのが一九八〇年代の作品によく見られる特徴である。それらの小さな形象は文脈からのモティーフの分離（あるいはそもそもの文脈のなさ）を、また画面全体の余白ないし背景を意識させずにはおらず、そのことによってぼんやりとした謎が惹き起こされる。なお、その後は、写実的・具象的な諧謔的彫刻のインスタレイションや、落ち葉や紙のちぎりくずの形、アルファベットといったモティーフを細かく無数に画面上にちりばめる作品も制作している。[19]

さて、アガンベンによる二篇は互いに関連して書かれたものではないが、奇しくもそのいずれにおいても、イメージ（人間に対して見かけとして現れるもの）とは何かという根本的議論が初期キリスト教周辺の資料に拠りつつ展開されている。一篇めでは、『ナグ・ハマディ文書』に現れる「顔面」や「イメージ」といった表現の意味を再考することから出発して、イメージのもつ逆説的なありかたに迫っている。二篇めでは、初期キリスト教の異端による、「キリスト自身は十字架にかけられていない。受苦したのはキリストのイメージだけだ」という教説を頼りに、イメージの救済とは何かが探られている。なるほど、この二篇は直接デッシやガッロの作品について書かれているというよりは、それらをきっかけとして書かれている論考ではある。だがそれでもやはり、イメージ一般について、また絵画一般について考える機会をアガンベンに提供しえているのは、当時の彼らの作風に共通に見られる、いわば問いただされた具象、ないし謎のない謎とでも形容できる造形の特徴だと言えるだろう。

「童話と形象　ジョゼッタ・フィオローニの魔法童話のために」は、画家の一連の挿絵の仕事を取りあげた個展図録に寄せて書かれた論考である。初出は以下である。"Fiaba e figura: Per la fiaba di magia di Giosetta Fioroni," in Giosetta Fioroni, *Fiaba di magia: Opere 1962–1972*, ed. Laura Baccaglioni *et al.* (Mantova & Suzzara: Casa del Mantegna & Galleria Civica, November–December 1979), pp. 13–15. これを底本としている。

ジョゼッタ・フィオローニ（一九三二年—）は、知るかぎりでは日本語できちんと紹介されたことはないが、[20] イタリアにおけるポップ・アートの立役者の一人として知られる。一九七〇年代にローマを中心に活躍した「ピアッツァ・デル・ポーポロ派」と呼ばれる一群の画家——他にマリオ・スキファーノ（一九三四—九八年）、ターノ・フェスタ（一九三八—八八年）、フランコ・アンジェリ（一九三五—八八年）らがいる——のなかに数えられる。[21] 彼女は一九五六年から合計で四回、ヴェネツィア・ビエンナーレに出品している。二〇〇四年にはパルマにあるピロッタ宮で、また二〇一三年から翌年にかけてはローマの国立近代美術館でも回顧展が開かれている。代名詞的な作風を示しているのは、白地に無階調の単色の陰影だけで人物像や顔を写実的に描いてある初期の作品群——

コントラストの強すぎるモノクロ写真をそのまま単色で写したような印象を与えるもの――だが、コラージュや記号（文字など）の書きこみを多用した多色の作品や、文章のあいだに絵文字がところどころに挟まっている作品も多い。後年には、彩色されたさまざまな陶製作品もある。

また、童話の挿絵の試みも多い。アガンベンの論考で検討されているのはそれである。かつての秘儀の核心は「言いえないもの」の経験（つまりは沈黙そのものを経験すること）だったと確認されたうえで、おとぎ話というのはその秘儀が失われてその代わりに魔法が置かれたものだと指摘される（そこでは、言葉をもたないものが逆に韻を踏んで語りはじめる）。おとぎ話における被造物たちは「言いえないもの」の「形象」（譬喩、予表）とされ、その形象をそのまま提示するのが挿絵――たとえば他ならぬフィオローニのそれ――だと述べられている。

続く「存在しないアトリエ」は画家の回顧展図録に寄せて書かれた論考である。以下が初出である。"Lo studio assente," in Marco Goldin, ed., *Maselli: Opere 1947–1997* (Venezia: Marsilio, 1997), pp. 9–11. これを底本としている。

論じられているティティーナ・マゼッリ（一九二四―二〇〇五年）も、やはり日本語でこそほとんど紹介されてこなかったものの[22]、一九五〇年を皮切りに、先述の六四年を含め八四年まで五回もヴェネツィア・ビエンナーレに出品している著名な画家である。死後、間を置かず二〇〇六年にローマのアウディトリウム・パルコ・デッラ・ムージカで回顧展が開かれている。先述のフィオローニに先行する世代に属し、イタリアにおけるポップ・アートの先駆者とも言われる。彼女の作品は、形象の捉えかたという点では写実的な表現を示しているとは言えるが、対象や背景の色相を大胆に変更し、極端にコントラストを強めた目の眩むような色合いで、サッカー選手の動きやそびえる高層ビルを折り重ねるように描く作風が特徴的である。

アガンベンの論考では画家のアトリエの表象が問題になっている。十六世紀に画題になってしばらくの間は、アトリエの表象は絵画制作の痕跡をとどめていなかったという。それが十九世紀以来、美術家の制作プロセスが作品自体より前面に出るようになると、アトリエは乱雑な状態で描かれるに至るとされる。ところが、マゼッリのアトリエは整頓されている。それは、彼女の作風それ自体がそのようなアトリエが担うべき制作プロセスを含みこんでそのまま提示しているからだ――つまり、彼女の独自の方法で描かれた作品は、ビルを描いていようがサッカー選手を描いていようが、現代画家のアトリエによって表象されるべきだったものをすでにあらわにしているからだ――、というのがこの論考によって提示されている回答である。

次いで読まれる「落ちる美」は、サイ・トゥオンブリの彫刻展図録に寄せられたごく短い論考である。初出は以下である。"Bellezza che cade," in Cy Twombly, *8 Sculptures* (Roma: American Academy, 1998), p. 5. これを底本としている。[23]

サイ・トゥオンブリ(一九二八―二〇一一年)は国際的に知られている画家だが、日本語でのまとまった言及は充分とは言えない。[24] アメリカ出身だが、活動開始からしばらくして拠点をローマに移し、そこで晩年まで制作した。ロバート・ラウシェンバーグ(一九二五―二〇〇八年)と交流のあったこともよく知られているトゥオンブリは、アメリカのネオ・ダダをイタリアに伝える役割を果たした(既述のフィオローニとも親しく、彼女らに与えることになった影響も無視できない)。単色

（灰色やオフ－ホワイト）に塗られた大画面に、たいていのばあいそれほど太くない線で、文言（しばしば古代ギリシア－ローマに着想を得たとおぼしいもの）や図形が散発的に、落書きのように書きこまれるというのが代表的な作風である。色がそこかしこに叩きつけられて広く垂れ、画面全体に赤や黄色の染みが踊っている後年の連作もある。また、それらと並行して、（絵画作品と比べれば数は多くないが）さまざまな形の木片やがらくたを白く塗りこめたような彫刻群も知られている。[25]

アガンベンが論じているのはこの彫刻群についてである。この論考によれば、「落ちる美」――その先は崩れていくだけというような瞬間にある美――をいかにして捉えるかがしばしば問われてきたという。芸術それ自体をあらわにするその営為は、創造に一種の中断をもちこむことによってなされる――トゥオンブリの彫刻がおこなっていることこそ他ならぬこの脱創造である――というのがこの論考の主張である。

続く「ピエール・クロソウスキー」は、個展図録に寄せて書かれた、これもごく短い論考である。以下が初出である。"[no title]," in Paola Mieli, ed., *Pierre Klossowski* (Milano: Padiglione d'Arte Contemporanea, 1980), p. 1. これを底本としている。原題は存在しないため、『ニンファ　その他のイメージ論』で付してある題はあくまでも暫定的なものである。

ピエール・クロソウスキー（一九〇五―二〇〇一年）については、もはや多くを説明する必要もないだろう。フランスの思想家、小説家、翻訳家で、主要著作はすべて日本語訳されている。[26]一九七〇年代から著述を放棄し、彼もまた弟――著名な画家バルテュス（一九〇八―二〇〇一年）――と同じく絵画制作に専念することになる。代表的な作風は、大画面に等身大の人物群像を描き出すというものである。色鉛筆が用いられ、ある時期までは、自作の小説群に登場するエロティックな挿話をそのままなぞるように描かれているものが少なくない。描かれている人物の多くは妻をはじめとする実在の人物がモデルとなっており、稚拙な見かけのなかにかろうじて保たれている写実性が、過度に様式化されたぎこちないポーズ——別のしかたで弟の作品にも確認される——とあいまって、薄々としたいかがわしさを喚起する。この画業は隠居文筆家の余技と見なされて終わってしまうことなく広く知られるようになり、死後の二〇〇六年から翌年にかけて、ロンドンのホワイトチャペル・ギャラリー、パリのポンピドゥー・センターなどを巡回する回顧展が開かれるに至っている[27]（なお、生前のクロソウスキーとアガンベンの交友関係が、わずかにだがすでに公になっている）[28]。

アガンベンの論考では、クロソウスキーを模像《シミュラークル》の画家とのみ見なす通俗的解釈が退けられる。イメージとはむしろオリジナルとコピーのあいだにある不分明なものであって、そのことが示されるのがクロソウスキーの絵画だとされる。そして、そこで示される当の猥褻な快楽もまたそのような不分明さを証すものだと語られている。

続く二篇「ピエロ・グッチョーネの状況」と「ソニア・アルヴァレス、毛布とベッドカヴァー」では、「シクリ・グループ」と呼ばれる美術家集団に属する二人が取りあげられている。以下（前者は挿絵を付した本や舞台美術を収録した本など、出版物の形を取った画業をあらためて紹介した個展の図録、後者はフェッランドの手がける既出のオンライン雑誌）が初出である。“Situazione di Piero Guccione,” in Piero Guccione, *Libri illustrati*, ed. Pierpaolo Cimatti *et al.* (Milano: Skira, 2011), pp. 17–20 ; “Sonia Alvarez, coperta e copriletto,” *De pictura*, no. 1, pp. 20–21. 〈http://issuu.com/

depictura/docs/depictura01〉これらをそれぞれ底本としている。

「シクリ・グループ」は、シチリア島南部に位置するシクリ周辺で活動している美術家（大半は画家）の集まりだが、知るかぎりでは日本語で取りあげられたことはない。一九八〇年代初頭からしばしばグループ展を開くなどしている。全員の作風に共通するところはないが、都市を離れた広大な風景（当然、シクリ近郊が多い）を丁寧に、写実的に描く画家が比較的多い[29]。

シクリ生まれのピエロ・グッチョーネ（一九三五年―）はグループの中心人物である。一九六六年を皮切りに、ヴェネツィア・ビエンナーレには二〇一一年まで合計で五回出品している。一九六〇年代なかばごろから、人物や風景をきわめて写実的に描く作風を確立する。初期作品には空港の待ち合いロビーや自動車のエンジン・フードなど都市生活に関わるものが描かれていることが多いが、拠点をシクリ近郊に移した一九七〇年代からは、一見すると平板な色面を提示しつつ、さざ波や航跡、潮目を油彩ないしパステルで丁寧に描きこんだ海の風景画の連作が代表作になっている。また、アガンベンも言及しているとおり、過去の名画の細部をパステルで描き取る連作や、舞台美術のための仕事などもある[30]。

ソニア・アルヴァレス（一九三二年―）はマルセイユで、ギリシア人の両親から生まれている。各地を転々としたが、一九七〇年代後半にグッチョーネに出会い、伴侶となってシクリ近郊に移っている。作風は一貫しており、自宅とおぼしい室内の細部――ベッドカヴァー、枕、カーテン、椅子など――を、扉の隙間や薄いカーテンから洩れ入る光、あるいは夜のランプの光のもたらす繊細な効果に注意しながら、油彩ないしパステルで写実的に描き取った作品が大半である[31]。

アガンベンによる二篇は、この二人の画家の作風をそれぞれにあとづけようとするものである。グッチョーネ論ではエピクロス派の詩人ルクレティウスの語る「扁薄さ」、ないしライプニッツの唱える「微小知覚」が紹介され、それがグッチョーネの画業のさまざまな局面において確認できると指摘される。アルヴァレス論では、(グッチョーネと同様の微細な描写によって描かれる)風景のような室内の描出がありのままなものの啓示として語られ、それが「取り返しがつかないもの」と名指されている。

「黄金の枝」は、画家の個展に際して図録に掲載された論考である。以下が初出である。"Un ramo d'oro," in Monica Ferrando, *Un ramo d'oro* (Firenze: Galleria Falteri, 2009), pp. 1–3. これを底本としている。

モニカ・フェッランド(一九五八年―)はジャンニ・ヴァッティモ(一九三六年―)に師事した美学者であり、美学・美術史に関わるドイツ語からの訳業もある。[32] 早くから画業も手がけているが、日本語で紹介されたことはおそらくない。ルッジェーロ・サヴィーニオとの一九八〇年代なかばからの交流にも影響を受け、一九九〇年代以降の作品は、表面に独特の質感をもたせたパステルないし油彩の風景画、室内画、人物画が多くなっている(その他、墨や水彩を用いた作品も少なくない)。[33] ギリシア神話に登場する娘神コレーを題材とした連作は一九九一年から続くものだが、これは後にアガンベンのテクストを付してまとめられている。[34] また最近は、すでに幾度か登場している『デ・ピクトゥラ』というオンライン雑誌も編集している。

アガンベンによる論考では、十九世紀ドイツの画家ハンス・フォン・マレの語る「見かけ」に注意が喚起されたうえで、[35]神話を題材とすることもあるフェッランドの作品は神話の見かけをこそ定着していると主張されている。神秘は神話のパロディであり、それゆえこの神話の見かけからは神秘が生ずるという指摘が、哲学者ジャンニ・カルキア（一九四七―二〇〇〇年）――生前はフェッランドの伴侶だった――の主張を引用することでなされている。

「栄光のイデア」も、画家の個展図録に掲載された論考である。以下が初出である。"Idea della gloria," in *Dieter Kopp: Dipinti acquarelli disegni* (Roma: De Luca, 1985), pp. 5–7. これを底本としている。

ディーター・コップ（一九三九年―）はドイツの画家で、一九六〇年代から現在に至るまでローマを拠点として制作を続けている。一九八九年からはローマの芸術家協会（アッカデーミア・ナツィオナーレ・ディ・サン・ルーカ）に加わっている（ちなみにサヴィーニオ、デッシ、トゥオンブリ、グッチョーネも会員である）。一九九三年にはヴェネツィア・ビエンナーレにも出品している。静物（しばしば植物の葉やタマネギ）、室内（しばしば裸婦をともなう）、風景（荒れ地、木立、水辺）といった主題を写実的に捉えるという、いわば古典的な作風だが、対象と観者のあいだに不透明な霞みがあるように描かれている作品が少なくない。

アガンベンの論考自体にコップの作品への具体的な言及はないが、イメージのもつ「見かけ」と「栄光」の二重性を露呈する稀な絵画の例として、この画家が念頭に置かれているとおぼしい（なお、『ニンファ　その他のイメージ論』で図版に挙げている『中国の碗』はアガンベン所蔵の作品である）。

この論考における議論は、ある意味では、アガンベンのイメージ論の全体をコンパクトにまとめたものとなっている。

なお、この論考は間を置かずに小論集『散文のイデア』（一九八五年）に収められている。[36] じつのところ、このテクストを選ぶことは、単行本（イタリア語オリジナル）に収録されてこなかったイメージ論を一冊にまとめるという編纂の原則からは外れる。だが、原著者の強い意向があったため、本論考も『ニンファ　その他のイメージ論』に収めることにした。

第三部を、そして本書の全体を締めくくる「絵画の寓意」は、文字どおり絵画それ自体について論じたテクストである。以下の（既出のテクスト数本と同じく）『デ・ピクトゥラ』が初出である。"Allegoria della pittura," *De pictura*, no. 1, pp. 46–47. 〈http://issuu.com/depictura/docs/depictura01〉これを底本としている。

『絵画の寓意』と呼ばれている、十七世紀に描かれたとおぼしい作品（作者は不詳）の解釈という形を取ったこの論考は、絵画が眠る女として寓意的に表象されていることの意味を、潜勢力を眠りに譬えるアリストテレスを援用しつつ提示し、真の絵画は絵画自体を宙吊りにしうるものであると指摘して終わっている。

2　アガンベンのその他のイメージ論、アガンベンをめぐるイメージ論

『ニンファ　その他のイメージ論』はアガンベンによる代表的なイメージ論を選んで集めたものだ

が、すでにお読みいただいたところからもおわかりのとおり、アガンベンのイメージ論はこれだけで網羅されるものではない。

彼の手になるその他のイメージ論を便宜上、年代順に確認していこう。

一九七〇年代に刊行された『中味のない人間』（一九七〇年）と『スタンツェ』（一九七七年）という二冊はそれぞれ、大部一巻の芸術論、イメージ論だと言える。[37] また、同時期に発表されている「アビ・ヴァールブルクと名のない学」（一九七五年）は、今日に至るまで彼のイメージ論の根幹をなしている構想を提示する論考となっている。[38] 彼の中心的な関心事はそもそものはじめからイメージだったのだとおのずと考えさせられる。

一九七〇年代末からは『インファンティアと歴史』（一九七八年）、『言語と死』（一九八二年）が刊行されている。[39] 一見するとアガンベンの関心は言語活動の何たるかを原理的に考察することへと移行したとも思えるが、もちろんイメージへの関心が失われたわけではない。アガンベンが言語とイメージをほぼ同一の観点から捉えているという根本的事実を引きあいに出すにもおよばない。相対的に後景に退いたように感じられるかもしれないイメージ論も、小論集『散文のイデア』（一九八五年）に寄せ集められているテクストのいくつか——具体的にはとくに「見かけのイデア」と「栄光のイデア」——では最前面で展開されている。[40] 同時期には「記憶の及ばないイメージ」（一九八六年）も発表されている。[41] また、一九七〇年代末には、エイナウディ社から出された大項目主義の『百科事典』のために、美学の一大概念「趣味」の項目も執筆されている。[42]

一九九〇年代に入ると政治的なものへの関心が際立つようになる。周知のとおり一九九五年からは「ホモ・サケル」シリーズの刊行も始まっている。ここでも、しばしばスペクタクル批判の相貌を示す政治思想は、政治を（きわめて広い意味での）イメージの体制と見なす構想によって下支えされている。そのことは、『ホモ・サケル』（一九九五年）の第二部第五章「主権的身体と聖なる身体」や、後年の『王国と栄光』（二〇〇七年）の第八章「栄光の考古学」といった、「ホモ・サケル」シリーズ中の著作に見られるイメージ論においてももちろん確認できるが、[43]それですべてではない。アガンベンの政治的転回とでも呼べるもののまさにマニフェストにあたる小論集『到来する共同体』（一九九〇年）に、すでに「ディム・ストッキング」というスペクタクル批判の論考が見られる。[44]さらに、論文集『人権の彼方に』（一九九六年）に収録されることになる「『スペクタクルの社会に関する註解』の余白に寄せる註釈」（一九九〇年）、「顔」（一九九〇年）、「身振りについての覚え書き」（一九九一年）ではいずれも、イメージ論が新たな政治思想の構想にとって不可欠だとする主張がさまざまに変奏されつつ展開されている。[45]「コメレル　身振りについて」（一九九一年）という論考が発表されたのも同時期であり、これもまた同一の問題設定から書かれたことは明らかである。[46]

二十一世紀になってから発表されたいくつかの論考においても、（広義の政治との関わりにおいて）イメージの何たるかを追求するこの姿勢は継続されている。思い浮かぶのは論文集『瀆聖』（二〇〇五年）に収められた「審判の日」「スペキエス的な存在」「瀆聖礼讃」「映画史上最も美しい六分間」のこと、また論文集『裸性』（二〇〇九年）に読める同名論文のことである。[47]また、アガンベン自身の探究の方法論があとづけられている『事物のしるし』（二〇〇八年）はまるごと一冊が、当の方法においてイメージの果たす決定的な役割に対して最終的な定式化と裁可を与えたものと言ってよい[48]。

そして最後に、このイメージ論の一覧を完全なものにしたければ『言いえない娘』（二〇一〇年）に触れないわけにはいかない[49]。フェッランドのコレー連作とのいわば合作という体裁になっているため収録は見送らざるをえなかったが、この仕事が彼のイメージ論において無視しえない位置を占めていることに疑念の余地はない。『ニンファ　その他のイメージ論』に収めることのできた一九七九年の「童話と形象」で言及されている――そしてその三年後の『言語と死』でも重要な意味を担っている[50]――エレウシスの秘儀なるものが、三十年余りの時を隔ててあらためて全面的な検討に付されているのを見るとき、私たちはアガンベンがイメージの何たるかをたえず問うてきたということを、そして多様なアプローチにもかかわらず彼の思考の根ざすところが揺らぐことはなかったということを再確認する。

本書に収めた以外で書かれたアガンベンのイメージ論は以上でほぼ列挙し終えたと信ずる。だが、逆の動きが起こる――美術家その他が自らの活動にあたってアガンベンの著作から着想を得る――ということもある（そもそも、収録されている論考で扱われている芸術家の幾人かにも相互作用が起こっているだろう。すぐに思い浮かぶのはディアスナス、デッシ、フェッランドだが、その他の事例もあるかもしれない）。それらをアガンベンの作品と呼びうるのは強引な譬喩においてだけだとしても、そこにも多かれ少なかれ興味深い展開が見られるのはたしかである。以下に目についたもののみ順不同で羅列してみよう。

ロベルト・パーチ・ダロ（一九六二年―）の率いる「ジャルディーニ・ペンシリ」という演劇集団はしばしばアガンベンの協力を仰いでいる。『無主地』（一九九二年）という、アガンベンやベンヤミンその他のテクストを用いた作品が制作されているし（ちなみにこれはラジオ・ドラマにもなっている）、『開かれ』（二〇〇二年）への註解という形を取った『アニマリエ』（二〇〇二年）も発表されている。[51]

フルヴィア・カルネヴァーレ（一九七五年―）がジェイムズ・ソーンヒル（一九六七年―）との共同名義として二〇〇四年から用いている架空の「レディ‐メイド美術家」クレール・フォンテーヌ――二人はその「助手」という設定である――の作品にも、ネオン管で「いたるところに外国人が」と（アラビア語、イタリア語、中国語などで）綴られた同名の連作（二〇〇五年―）、「剝き出しの生」と壁にステンシルで大書する同名の作品（二〇〇五年）、ジェアン・シャルリス・ジ・メネジス（二〇〇五年七月にロンドンでテロリストと誤認されて射殺されたブラジル人）を追悼する『例外状態についての覚え書き』（二〇〇五年）、『瀆聖』所収の「助手たち」を読みあげる人物を撮影した同名のヴィデオ作品（二〇一一年）など、アガンベンに直接関わる作品が少なくない。[52]

映像作家オレグ・チェルニー（一九七一年―）もアガンベンとの関わりのなかで幾度か作品を制作している。エルヴィン・ミヒェルベアガー（一九五〇年―）と共同で監督した『それでも』（二〇〇六年）はトゥーレット症候群の患者たちが集まって語りあうドキュメンタリーであり、これは明らかに「身振りについての覚え書き」から着想を得ている。その後も、ヴェネツィアの運河を背景にして室内に立つアガンベンを撮った映像（もともとほぼ不動のポーズを取っている映像が時として速度を極度に遅らされ、ほとんど静止するに至る）に「映画史上最も美しい六分間」全文を読みあげる彼自身の声が重なる『上映が始まった』（二〇〇六年）、進む客船から撮られたヴェネツィアの右から左へと流れる遠景（しだいに前後のコマが混ざり、画面は無数のぼやけた水平線で覆われる）にアガンベンの声（地動説を船旅の譬喩で説明するガリレオ・ガリレイの『天文対話』の一節を読みあげている）が重なる『全線』（二〇一〇年）、とある夜にアガンベンと友人たちが音程の何たるかについて議論する様子が撮影された『存在しない野蛮人（別題：ユニゾン）』（二〇一二年）――後にこの二作は他のいくつかの短篇とともに『キノ・ブレイス（別題：ぼやけの語源）』（二〇一三年）に統合される――が作られている。[53]

写真家アルミン・リンケ（一九六六年―）は、権力の座となっている在ローマの公的施設（大統領公邸、両議院、内閣府、サン・ピエトロ大聖堂など）の内部を撮影した写真集『国家の身体』（二〇一〇年）を刊行したが、[54]その各所には『王国と栄光』からの抜粋が挟みこまれ、現代における権力の儀礼的栄化についておのずと考えさせられるようになっている。

ドイツのカッセルでほぼ五年ごとに開かれている大型展覧会「ドクメンタ」にもアガンベンとの関わりが見られる。第十回（一九九七年）の準備的な刊行物に、『ニンファ　その他のイメージ論』にも収録した「ギー・ドゥボールの映画」の英語訳・ドイツ語訳が収められたのがおそらく関係の最初だが、[55]次いで第十一回のディレクターであるオクウィ・エンウェゾー（一九六三年―）は、展覧会に生政治的問題設定を導入するにあたってアガンベンを明示的に参照した。[56]さらに、第十二回（二〇〇七年）のディレクターであるロジャー・M・ビュルゲル（一九六二年―）は、「剝き出しの生とは何か？」——明らかに『ホモ・サケル』によって光を当てられた問題設定——を三つの主要テーマの一つとした。[57]

ポーランドのポズナンに本拠地のある「シグヌム財団」がヴェネツィアに保有している「パラッツォ・ドナ」という建物で開催している展覧会にもアガンベンはたびたび関わっている。二〇〇九年の展覧会「目醒めて夢見よ」の図録に「イメージ、夢、目覚め」が発表されている他、二〇一一年の展覧会「個別」の図録には『裸性』所収の「しないでいられることについて」が転載されていることが確認できる。[58]

狭義の芸術生産だけでなく、このような展覧会企画や批評の領域にまで範囲を拡げ、また直接的影響だけでなく間接的影響も考慮に入れるならば、アガンベンの思想から着想を得ただろう営みの一覧は一挙に膨れあがる。そのような広義の芸術生産に多かれ少なかれ影響を与えているとおぼしいキーワードの冗長な一覧をあらためて記せば、無為、バートルビー、生政治、剝き出しの生、例外状態、ムーゼルマン、インファンティア、幼形成熟《ネオテニー》、潜勢力（そして非の潜勢力）、透明なもの《ディアパネース》、句跨り《アンジャンブマン》、句切り《カエスラ》、スペクタクル、身振り、ニンファなどとなる。もちろんこれらはアガンベン一人の占有する概念ではなく、たとえば「無為」にはジャン＝リュック・ナンシー（一九四〇年—）ら、「生政治」にはミシェル・フーコー（一九二六—八四年）らといった他の人物の名も連署されているし——その他の概念についても事情は同じである——、いまでは多くの思想家がとくに出所にこだわらずこれらを用いるようになってもいるが、とはいえこれらにアガンベンの思考の痕跡が強く感じ取られるということも依然として事実である。[59]

それら多くの営みのなかから影響関係の明らかなものを他にわずかに挙げるとすれば、シチュアシオニスト以降のアナキズム的・自律主義的《アウトノミスモ》主張を展開する思想闘争誌とでも形容できる『ティックン』（一九九九―二〇〇一年）、および「不可視委員会」の手になる『到来する蜂起』（二〇〇七年）が筆頭に来るだろう。これらの刊行物を世に出したグループはアガンベンに直接的な支持を受けつつ、芸術的着想に充ちたさまざまな活動を展開していた。[60]

田中純（一九六〇年―）の企ても記しておいてよい。ヴァールブルク研究者である田中は二〇一二年に「ムネーモシュネー」（晩年のヴァールブルクが制作した図像パネル集）をめぐる小展示を企画した。そこでは新作パネルを制作するという試みがなされたが、実際に作られたパネルは『ニンファ　その他のイメージ論』にも収録した「ニンファ」第四節を典拠の一つとし、ダーガーの遺した少女たちの図像を取りこむものとなった。[61]

最後にもう一人、ジョルジュ・ディディ－ユベルマン（一九五三年―）を挙げてもよいだろう。美術史家・思想史家として日本語でもすでによく知られている彼の探究の中心にはしばしばヴァールブルクの思想が据えられている。[62]この彼のヴァールブルクへの関心はまず間違いなくアガンベンとの出会いによって強化されたもの――それによってもたらされたものとまでは言わずとも――だが、[63]その関心は後に『ニンファ・モデルナ』（二〇〇二年）――路上のぼろ布の図像学――という、芸術的とさえ形容できる突飛な論考を生むに至った。[64]

終わりに

本書の各テクストをお読みいただくにあたっては充分な情報がすでに提示されたものと思う。あとは自由な読解が残されているだけである。じつを言えば、アガンベンのイメージ論は個別の研究対象となって久しい。[65] それらの研究とともにであれ、まったく独自にであれ、本書をお望みの使用へと解き放っていただければ、編訳者としてはこれに優る幸せはない。

註

1 Giorgio Agamben, *Image et mémoire*, trans. Marco Dell'Omodarme *et al.* (Paris: Hoëbeke, 1998). 収録作は「アビ・ヴァールブルクと名のない学」「起源と忘却」「ギー・ドゥボールの映画」「記憶の及ばないイメージ」である。

2 Agamben, *Image et mémoire*, trans. Dell'Omodarme *et al.* (Paris: Desclée de Brouwer, 2004).

3 除かれたのは「アビ・ヴァールブルクと名のない学」「起源と忘却」「記憶の及ばないイメージ」である。この三本はいずれも以下の論集に収録済みである。Agamben, *La potenza del pensiero* (Vicenza: Neri Pozza, 2005).〔『思考の潜勢力』高桑和巳訳(月曜社、二〇〇九年)〕

4 Agamben, "Aby Warburg e la scienza senza nome," *Prospettive Settanta*, 1, no. 2 (Roma:

Associazione culturale Setanta, 1975), pp. 70–85 ; Agamben, "Aby Warburg e la scienza senza nome," *Aut aut*, no. 199/200 (Firenze: La Nuova Italia, 1984), pp. 51–66 ; Agamben, "Aby Warburg e la scienza senza nome," in *La potenza del pensiero*, pp. 123–146. 〔「アビ・ヴァールブルクと名のない学」、『思考の潜勢力』一五〇―一七六頁〕

5　Agamben, *Signatura rerum* (Bollati Boringhieri, 2008). 〔『事物のしるし』岡田温司ほか訳（筑摩書房、二〇一一年）〕

6　本篇のそれぞれの訳註に挙げたもの以外にも、それぞれについて日本語で参考にできる文献がある。ヴィオラについては以下を参照。ビル・ヴィオラ『ヴィデオ・ワークス』（NTT出版、一九九七年）。ヴィオラ『はつゆめ』（淡交社、二〇〇六年）。ドメニコについては以下を参照。ドメニコ・ダ・ピアチェンツァ「舞踊論（その1）」川崎淳之助ほか訳、『聖徳大学言語文化研究所論叢』第十二巻（聖徳大学出版会、二〇〇四年）四四七―四九四頁。ドメニコ「舞踊論（その2）」川崎淳之助ほか訳、『聖徳大学言語文化研究所論叢』第十三巻（聖徳大学出版会、二〇〇五年）四九三―五七九頁。川崎淳之助ほか「15世紀イタリア宮廷舞踊とリズム」、『比較舞踊研究』第十六巻（比較舞踊学会、二〇一〇年）一―八頁。ダーガーについては以下を参照。ジョン・M・マグレガー編『ヘンリー・ダーガー　非現実の王国で』小出由紀子訳（作品社、二〇〇〇年）。小出由紀子『ヘンリー・ダーガー　非現実を生きる』（平凡社、二〇一三年）。ベンヤミンの弁証法的イメージについては多くの文献が存在するためここでは省略する。パラケルススの精霊論については以下の三篇の数ページがかろうじて参照できる。大橋博司「『妖精の書』」、『パラケルススの生涯と思想』（思索社、一九七六年［一九八八年］）一八〇―一八四頁。マンリー・P・ホール「四大元素とその住民」、『秘密の博物誌』大沼忠弘ほか訳（人文書院、一九八一年）二三五―二五六頁。クルト・ゴルトアンマー「中間存在者」、『パラケルススス』柴田健策ほか訳（みすず書房、一九八六年）五四―五七頁。ボッカッチョとニンファについては以下を参照。伊田久美子「Boccaccioにおけるmisoginia（女嫌い）の意味」、『イタリア学会誌』第四十二巻（イタリア学会、一九九二年）一七三―一九七頁。

7 「ギー・ドゥボールの映画」高桑和巳訳、『総特集ゴダール』（河出書房新社、二〇〇二年）二一二―二一八頁。

8 Guy Debord, *La société du spectacle* (Paris: Gallimard, 1992), p. 4 (§ 4).〔『スペクタクルの社会』木下誠訳（筑摩書房、二〇〇三年）一五頁〕

9 二〇〇九年に山形国際ドキュメンタリー映画祭と東京日仏学院で、ドゥボールの遺した全六本のフィルムが上映されたことはあるが、現在、ＤＶＤ等で日本語版を入手することはできない。ただし、内容を以下のトランスクリプションから垣間見ることができる。ギー・ドゥボール『映画に反対して』上下巻、木下誠訳（現代思潮社、一九九九年）。

10 Agamben, "Glosse in margine ai *Commentari sulla società dello spettacolo*," in *Mezzi senza fine* (Torino: Bollati Boringhieri, 1996), pp. 60–73〔「『スペクタクルの社会に関する注解』の余白に寄せる注釈」、『人権の彼方に』高桑和巳訳（以文社、二〇〇〇年）七五―九三頁〕; Agamben, "Violenza e speranza nell'ultimo spettacolo," in Agamben *et al., I situazionisti* (Roma: Manifestolibri, 1991 [1997]), pp. 11–17 ; Agamben, "I sei minuti più belli della storia del cinema," in *Profanazioni* (Roma: Nottetempo, 2005), p. 107.〔「映画史上最も美しい六分間」、『瀆神』上村忠男ほか訳（月曜社、二〇〇五年）一三六―一三七頁〕

11 Agamben, "Note sul gesto," in *Mezzi senza fine*, pp. 45–53.〔「身振りについての覚え書き」、『人権の彼方に』五三―六六頁〕

12　Agamben, “La fine del pensiero,” in *Il linguaggio e la morte* (Torino: Giulio Einaudi, 1982 [2008]), pp. 137–139.〔「思考の終焉」、『言葉と死』上村忠男訳（筑摩書房、二〇〇九年）二四七―二五二頁〕

13　ディアスナスについては本人のサイトも参照できる。〈http://www.diasnas.fr/〉

14　以下の同名のテクストには同一の内容も部分的に確認できるが、これは異本というよりも別テクストである。Agamben, “Le philosophe et la Muse,” trans. Gérard Macé, *Le Nouveau Commerce*, no. 62/63 (Paris: Nouveau Quartier Latin, autumn 1985), pp. 75–90.

15　多くの個展図録の他、以下が参照できる。*Ruggero Savinio: Opere su carta* (Bergamo: Moretti & Vitali, 2003).

16　デッシへの言及は、知るかぎりでは以下に見られる。前野寿邦「目立つイタリアと日本の展観」、『美術手帖』第四百七十八号（美術出版社、一九八一年三月）二六―二七頁。フラミニオ・グァルドーニ「イタリアにおける10年間」酒井うらら訳、『art vision』第二十一巻、第三号（ビジョン企画出版社、一九九三年）五―二四頁（ガッロへの言及もあり）。『art vision』第二十二巻、第一号（ビジョン企画出版社、一九九四年）五八頁（ガッロへの言及もあり）。奥野克仁ほか「1990年代の作家の横顔」、ふくやま美術館編『イタリア・謎と神話』（ふくやま美術館、一九九四年）三六頁。クラウディオ・チェッリテッリ「イタリア絵画の諸問題」諸川春樹訳、ふくやま美術館編『イタリア・謎と神話』六四頁（ガッロへの言及もあり）。チェッリテッリ「1990年代　絵画の神話から平面の新たな神秘へ」ミラン・トランスレーション・センターほか訳、『イタリア・謎と神話』一三五頁。ブルーノ・コラ「トリノ・ローマ・ミラノ　イタリア現代美術における三つの重要都市」加藤磨珠枝ほか訳、愛知県美術館ほか編『イタリア美術1945–1995　見えるものと見えないもの』（愛知県美術館ほか、一九九七年）一七頁。拝戸雅彦「80年代―90年代」、愛知県美術館ほか編『イタリア美術1945–1995

見えるものと見えないもの』九九頁。

ガッロは、一九八七年に日本で個展が開かれている。Akira Ikeda Gallery 編『Giuseppe Gallo』(Akira Ikeda Gallery、一九八七年)。その他、知るかぎりでは、既述以外に以下に言及が見られる。ふくやま美術館編『イタリアン・ネオ・モダン』(ふくやま美術館、一九八九年)八二頁。ふくやま美術館編『20世紀の日本と西洋』(ふくやま美術館、二〇〇八年)七七、二一一頁。

また、デッシとガッロを扱っている日本発の出版物として、以下を忘れることはできない。*ArT RANDOM*, 15 (*Domenico Bianchi, Gianni Dessì, Giuseppe Gallo*) (Kyoto: Kyoto Shoin, 1989).

17 「新ローマ派」については以下のモノグラフがある。Roberto Gramiccia, *La Nuova Scuola Romana* (Roma: Editori Riuniti, 2005).

18 以下を参照。Gianni Dessì, *Un anno* (Pistoia: Gli Ori, 2009), pp. 106–151.

19 ガッロについては本人のサイトも参照できる。〈http://www.giuseppe-gallo.it/〉

20 かろうじて以下に名が見える。高見堅志郎ほか監修『イタリアの叛乱』(フジタヴァンテ、一九九二年)二四頁。

21 「ピアッツァ・デル・ポーポロ派」については以下のモノグラフがある。Andrea Tugnoli, *La Scuola di piazza del Popolo* (Firenze: Maschietto, 2004).

22 知るかぎりでは、かろうじて以下の例外がある。「アパルトヘイト否《ノン》！ 国際美術展」実行委員会編『アパルトヘイト否《ノン》！ 国際美術展』高橋武智ほか訳(現代企画室、一九八八年)一四頁。また、以下に名が(誤記されているものの)確認できる。高見堅志郎ほか監修『イタリアの叛乱』二五頁。

23 なお、題を同じくし、部分的に同一内容を含む以下の異本ないし別テクストが存在する。Agamben, "Fallende Schönheit," trans. Marianne Schneider, in *Cy Twombly in der Alten Pinakothek:*

Skulpturen 1992–2005 (München: Alte Pinakothek München, 2006), pp. 13–15.

24　以下を参照。建畠晢「トゥオンブリ、政治としての身体」、『アトリエ』第七百四十八号（婦人画報社、一九八九年）二〇―二八頁。林道郎『絵画は二度死ぬ、あるいは死なない』第一巻（『Cy Twombly』）（Art Trace、二〇〇三年）。酒井健「思考は軽さにおいて絵画に出会う」、『絵画と現代思想』（新書館、二〇〇三年）一五五―一八三頁。松浦寿夫「サイ・トゥオンブリー」、『美術手帖』第九百五十一号（美術出版社、二〇一一年五月）一〇四―一一一頁。また、フランスの思想家ロラン・バルトによる以下の論考に日本語訳が存在する。Roland Barthes, "Sagesse de l'art," in *Œuvres complètes*, 5, ed. Éric Marty (Paris: Seuil, 1995 [2002]), pp. 699–702〔「芸術の知恵」、『美術論集』沢崎浩平訳（みすず書房、一九八六年）一一一―一三五頁〕; Barthes, "Cy Twombly ou 'Non multa sed multum'," in *Œuvres complètes*, 5, pp. 703–720.〔「サイ・トゥオンブリ　または　量ヨリ質」、『美術論集』八三―一一〇頁〕　トゥオンブリは個展も開かれたことがあり、日本語でも以下の図録が参照できる。西武百貨店編『サイ・トゥオンブリー』（西武百貨店、一九八九年）。また、以下でも数点の図版を参照できる。「サイ・トゥオンブリ　紙上の快楽」、『アトリエ』第七百四十八号、二―一九頁。「Cy Twombly」、『FOIL』第一巻（フォイル、二〇〇七年）四―二一頁。

25　回顧展はたびたび開かれているが、彫刻のみを取りあげた展覧会図録として以下がある。*Cy Twombly: Die Skulpturen* (Basel: Kunstmuseum Basel, 2000); *Cy Twombly in der Alten Pinakothek: Skulpturen 1992–2005*.

26　代表作を絞れば、以下の三点が挙げられる。Pierre Klossowski, *Sade mon prochain* (Paris: Seuil, 1947)〔『わが隣人サド』豊崎光一訳（晶文社、一九八九年）〕; Klossowski, *Les lois de l'hospitalité* (Paris: Gallimard, 1965)〔『歓待の掟』若林真ほか訳（河出書房新社、一九八七年）〕; Klossowski,

Nietzsche et le cercle vicieux (Paris: Mercure de France, 1969).〔『ニーチェと悪循環』兼子正勝訳(筑摩書房、二〇〇四年)〕

27　日本語では、シブヤ西武シードホールで個展が開かれたため以下の図録が参照できる。シブヤ西武シードホールほか編『Hommage à Klossowski』(ペヨトル工房、一九八八年)。また、以下の画集も日本語訳で参照できる。Jacques Henric, ed., *Pierre Klossowski* (Paris: Adam Biro, 1989).〔『クロソフスキー画集』小倉正史訳(リブロポート、一九九一年)〕 クロソウスキー自身によるイメージ論の多くは以下の一冊にまとめられている。Klossowski, *La ressemblance* (Marseille: André Dimanche, 1984).〔『ルサンブランス』清水正ほか訳(ペヨトル工房、一九九二年)〕 さらに、とくに彼の絵画に焦点を合わせた二次文献として以下を参照できる(しばしば図版あり)。與謝野文子「二十三世紀の図像学者の日記より」、『みづゑ』(美術出版社、一九八四年)四五―四七頁。豊崎光一「シミュラクルとしての絵画」(一九八四年)、『文手箱』(書肆風の薔薇、一九八六年)四三―五七頁。伊藤俊治「聖なる欲動」(一九八八年)、『愛の意匠』(筑摩書房、一九九四年)一〇二―一二九頁。松浦寿輝「悲劇とパロディ」(一九八九年)、『謎・死・閾』(筑摩書房、一九九七年)一八四―一九一頁。丹生谷貴志「怪しい画家ピエール・クロソフスキー初紹介」、『芸術新潮』第四十巻、第一号(新潮社、一九八九年一月)八〇―八三頁。岡部あおみ「猥褻さへの誘惑」、『アート・シード』(リブロポート、一九九三年)一一六―一二六頁。兼子正勝「ピエール・クロソウスキー追悼」、『すばる』第二十三巻、第十号(集英社、二〇〇一年十月)一五四―一五七頁。大森晋輔「スペクタクル・模倣・ステレオタイプ」、『言語態』第五巻(言語態研究会、二〇〇四年)五一―六二頁。大森晋輔「ピエール・クロソウスキーにおけるタブローの概念」、『東京藝術大学音楽学部紀要』第三十六巻(東京藝術大学音楽学部、二〇一〇年)一―二〇頁。千葉文夫「ピエール・クロソフスキーあるいはシミュラクルの乱舞」、

『ふらんす』第八十六巻、第八号（白水社、二〇一一年八月）一三―一五頁。その他、以下の訪問記も参照。南川三治郎「「このごろは少年ばかり描いている」ピエール・クロソウスキー」、『芸術新潮』第四十五巻、第七号（新潮社、一九九四年七月）一一四―一一七頁。

28 クロソウスキーがベンヤミンについて述懐するという逸話が以下に確認できる。Agamben, "Bataille e Benjamin," *Lettera internazionale*, no. 11 (Roma: Ediesse, 1987), p. 18 ; Agamben, "Bataille e il paradosso della sovranità," in Jacqueline Risset, ed., *Georges Bataille* (Napoli: Liguori, 1987), p. 115 ; Agamben, *Homo sacer* (Torino: Giulio Einaudi, 1995), p. 125.〔『ホモ・サケル』高桑訳（以文社、二〇〇三年）一五九頁〕

29 「シクリ・グループ」については以下の回顧展図録を参照できる。*Il Gruppo di Scicli* (Milano: Silvana Editoriale, 2004) ; Lucio Barbera, ed., *Il Gruppo di Scicli* (Messina: Magika, 2010).

30 グッチョーネについては本人のサイトも参照できる。〈http://www.pieroguccione.it/〉

31 なお、アガンベンとの関わりで言えば、彼と写ったスナップ写真が知られている（一九八五年に開かれた個展の際に撮られたもの）。以下を参照。Marco Goldin, ed., *Alvarez: Opere 1976–1996* (Venezia: Marsilio, 1997), p. 111.

32 以下を参照。Rüdiger Bubner, *Esperienza estetica*, trans. Monica Ferrando (Torino: Rosenberg & Sellier, 1992) ; Hermann Usener, *I nomi degli dèi*, trans. Ferrando (Brescia: Morcelliana, 2008) ; Erwin Panofsky, *Ercole al bivio*, trans. Ferrando (Macerata: Quodlibet, 2010).

33 フェッランドの作品は以下でも参照できる。*Monica Ferrando* (Bergamo: Moretti & Vitali, 2000). また、本人のサイトも参照できる。〈http://www.monicaferrando.com/〉

34 Agamben & Ferrando, *La ragazza indicibile* (Milano: Mondadori Electa, 2010). この本にはフェッ

ランドによるコレー連作、アガンベンによるコレー論の他、フェッランドによって整理されたコレー関連資料も収録されている。

35 マレの主張にはルッジェーロ・サヴィーニオも注目しているが、そもそも、マレのテクストのイタリア語訳をサヴィーニオに提供したのはフェッランドだという。以下を参照。Savinio, "Monica Ferrando," in Savinio, ed., *Amici pittori* (Bergamo: Lubrina Editrice, 2010), p. 61.

36 Agamben, "Idea della gloria," in *Idea della prosa* (Macerata: Quodlibet, 2002), pp. 113–116.

37 Agamben, *L'uomo senza contenuto* (Macerata: Quodlibet, 1994)〔『中味のない人間』岡田温司ほか訳（人文書院、二〇〇二年）〕; Agamben, *Stanze* (Torino: Giulio Einaudi, 1977 [1993]).〔『スタンツェ』岡田温司訳（筑摩書房、二〇〇八年）〕

38 註3に記したとおり、その後『思考の潜勢力』に収められた。

39 Agamben, *Infanzia e storia* (Torino: Giulio Einaudi, 1978 [2001])〔『幼児期と歴史』上村忠男訳（岩波書店、二〇〇七年）〕; Agamben, *Il linguaggio e la morte* (Torino: Giulio Einaudi, 1982 [2008]).〔『言葉と死』上村忠男訳（筑摩書房、二〇〇九年）〕

40 前者は以下。Agamben, "Idea dell'apparenza," in *Idea della prosa*, pp. 111–112. 後者については註36を参照。

41 註3に記したとおり、その後『思考の潜勢力』に収められた。

42 Agamben, *Gusto* (Macerata: Quodlibet, 2015).

43 Agamben, "Corpo sovrano e corpo sacro," in *Homo sacer*, pp. 102–115〔「主権的身体と聖なる身体」、『ホモ・サケル』一三一―一四七頁〕; Agamben, "Archeologia della gloria," in *Il Regno e la Gloria* (Torino: Bollati Boringhieri, 2009), pp. 219–284.〔「栄光の考古学」、『王国と栄光』高桑和巳訳（青土

社、二〇一〇年）三七〇―四七三頁〕
44 Agamben, *“Collants Dim,”* in *La comunità che viene* (Torino: Bollati Boringhieri, 2001), pp. 41–44.〔「ディム・ストッキング」、『到来する共同体』上村忠男訳（月曜社、二〇一二年）六二―六八頁〕
45 「『スペクタクルの社会に関する註解』の余白に寄せる註釈」と「身振りについての覚え書き」については すでに註記した（註10、註11を参照）。「顔」は以下。Agamben, “Il volto,” in *Mezzi senza fine*, pp. 74–80.〔「顔」、『人権の彼方に』九五―一〇五頁〕
46 その後、以下のとおり『思考の潜勢力』に収められた。Agamben, “Kommerell, o del gesto,” in *La potenza del pensiero*, pp. 237–249.〔「コメレル　身振りについて」、『思考の潜勢力』二九二―三〇五頁〕
47 「映画史上最も美しい六分間」についてはすでに註記した（註10を参照）。その他は以下。Agamben, “Il Giorno del Giudizio,” “L’essere speciale” & “Elogio della profanazione,” in *Profanazioni*, pp. 25–30, 59–65, 83–106.〔「審判の日」「スペキエース的な存在」「瀆神礼讃」、『瀆神』三一―三八頁、七六―八四頁、一〇五―一三五頁〕
48 Agamben, “Nudità,” in *Nudità* (Roma: Nottetempo, 2009), pp. 83–128.〔「裸性」、『裸性』岡田温司ほか訳（平凡社、二〇一二年）九五―一四四頁〕
49 註34を参照。
50 以下を参照。Agamben, “Seconda giornata,” in *Il linguaggio e la morte*, pp. 13–23.〔「第二日目」、『言葉と死』二七―四七頁〕
51 パーチ・ダロ（および「ジャルディーニ・ペンシリ」）については本人のサイトが参照できる。〈http://www.giardini.sm〉

52　クレール・フォンテーヌについては以下の個展図録を参照。Claire Fontaine, *Economies* (North Miami: Museum of Contemporary Art, 2010)；Claire Fontaine, *Foreigners Everywhere* (Köln: Walther König, 2012).「本人」の手になる以下の小論集も参照。Claire Fontaine, *The Human Strike Has Already Begun* (Lüneburg: PML Books, 2013).「本人」のサイトもある。〈http://www.clairefontaine.ws/〉以下の二次文献も参照。Tom McDonough, "Unrepresentable Enemies," *Afterall*, no. 28 (Chicago: University of Chicago Press, autumn/winter 2011), pp. 42–55.

53　チェルニーについては作家本人が直接観せてくれた作品群を参考にした。ミヒェルベアガーには本人のサイトがある。〈http://www.michelberger-film.de/〉

54　Armin Linke, *Il corpo dello Stato* (Zürich: JRP|Ringier, 2010).

55　Agamben, "Repetition and Stoppage," trans. Brian Holmes, in Documenta GmbH, ed., *Documenta: Documents 2* (Ostfildern-Ruit: Cantz, 1996), pp. 68–72 ("Wiederholung und Stillstellung," trans. Jürgen Blasius, pp. 72–75).

56　以下を参照。Okwui Enwezor, "The Black Box," in Enwezor, ed., *Documenta 11, Platform 5: Exhibition* (Ostfildern-Ruit: Hatje Cantz, 2002), pp. 42–55. 以下も参照。Boris Groys, "Art in the Age of Biopolitics," trans. Steven Lindberg, in Enwezor, ed., *Documenta 11, Platform 5: Exhibition*, pp. 108–114〔「生政治《バイオポリティクス》時代の芸術」三本松倫代訳、『表象』第五号（表象文化論学会、二〇一一年）一一四—一二四頁〕; Milena Tomic, "Reframing the Invisible," *Topia*, no. 22 (Toronto: York University, autumn 2009), pp. 159–178.

57　以下を参照。〈http://www.documenta12.de/leitmotive.html〉以下も参照。Georg Schöllhammer, "Editorial," in Schöllhammer, ed., *Documenta Magazine*, no. 2 ("Life !") (Köln: Taschen, 2007), pp.

3–4 ; Klaus Ronneberger, “Bloßes Leben oder gerechtes Dasein,” in Schöllhammer, ed., *Documenta Magazine*, no. 2, pp. 39–50 ; Anthony Spira, “Infancy, History and Rehabilitation at documenta 12,” *Journal of Visual Culture*, 7, no. 2 (London: Sage, August 2008), pp. 228–239 ; Tomic, “Reframing the Invisible” ; 山本順子「複製技術時代におけるテロの表象」、『愛知県立大学外国語学部紀要（言語・文学編）』第四十一巻（愛知県立大学、二〇〇九年）二三七―二五四頁。

58 Agamben, “Immagine sogno risveglio,” in Grzegorz Musiał *et al.*, ed., *Awake and Dream* (Venezia: Signum Foundation Palazzo Donà Venezia, 2009), pp. 5–7 ; Agamben, “Su ciò che possiamo non fare,” in Andrzej Turowski *et al.*, ed., *Particolare* (Venezia: Marsilio, 2011), pp. 10–11.

59 アガンベンの少なからぬ著作を日本語に翻訳している岡田温司も、美術史（ないし図像誌）に属する自分の著作においてアガンベンが着想元の一つとなっていることをしばしば明らかにしている。とくに以下を参照。岡田温司『芸術と生政治』（平凡社、二〇〇六年）。岡田温司『半透明の美学』（岩波書店、二〇一〇年）。岡田温司『デスマスク』（岩波書店、二〇一一年）。岡田温司『黙示録』（岩波書店、二〇一四年）。

60 『ティックン』は以下の二号のみが刊行された。*Tiqqun*, no. 1 (n. d.: n. d., 1999) ; *Tiqqun*, no. 2 (Paris: Belles Lettres, 2001). 彼らのテクストは、日本語では以下が読める。Tiqqun, “Introduction à la guerre civile,” *Tiqqun*, no. 2, pp. 32–37（§ 67–85)〔「内戦の論理」訳者不明、『HAPAX』第二号（夜光社、二〇一四年）一二八―一三三頁〕; Tiqqun, “‘Une métaphysique critique pourrait naître comme science des dispositifs…’,” *Tiqqun*, no. 2, pp. 130–159〔「批判形而上学は装置論として誕生するだろう…」『来たるべき蜂起』翻訳委員会訳、『来たるべき蜂起』翻訳委員会編『反－装置論』（以文社、二〇一二年）六一―一三七頁〕; Tiqqun, “Ceci n’est pas un programme,” *Tiqqun*, no. 2, pp.

236–271〔「すべてはご破算、コミュニズム万歳」（翻訳ではなく省略的翻案）翻案者不明、『HAPAX』第1号（夜光社、二〇一三年）一一〇―一二〇頁〕; Tiqqun, “Comment faire ?,” *Tiqqun*, no. 2, pp. 278–287〔「どうしたらいいか？」訳者不明、『VOL』第四号（以文社、二〇一〇年）二四二―二六二頁〕; Tiqqun, “Préliminaires,” in *Premiers matériaux pour une théorie de la jeune fille* (Paris: Mille et une nuits, 2001), pp. 7–17.〔「『ヤングガール・セオリーのための基本資料』序文」訳者不明、『HAPAX』第四号（夜光社、二〇一五年）五〇―六〇頁〕

「不可視委員会」の著作は以下。Comité invisible, *L'insurrection qui vient* (Paris: La Fabrique, 2007)〔『来たるべき蜂起』翻訳委員会訳（彩流社、二〇一〇年）〕; Comité invisible, *À nos amis* (Paris: La Fabrique, 2014).〔『われわれの友へ』HAPAX訳（夜光社、二〇一六年）〕

なお、『ティックン』編集委員会の構成員の一人であるジュリアン・クーパ――「不可視委員会」メンバーとも取り沙汰された――が二〇〇八年十一月にテロ首謀者として逮捕された、いわゆる「タルナック事件」についてアガンベンは以下を書いている。Agamben, “Terrorisme ou tragi-comédie,” trans. Martin Rueff, *Libération* (Paris: Libération, November 19, 2008), p. 36.〔「テロリズムあるいは悲喜劇」『来たるべき蜂起』翻訳委員会訳、『来たるべき蜂起』一五七―一六〇頁〕

また、これも逸話以上の意味をもつ事実なので記しておくが、クレール・フォンテーヌの「助手」の一人にあたるカルネヴァーレも『ティックン』編集委員会の構成員の一人だった（クーパ、カルネヴァーレの名はいずれも『ティックン』第一号の奥付に確認できる）。

61 以下を参照。〈http://mnemosyne-ut.tumblr.com/post/38854067575/ 新作パネル t 田中純－図版情報－関連テクスト集〉

62 とくに以下を参照。Georges Didi-Huberman, *Devant le temps* (Paris: Minuit, 2000)〔『時間の前で』

小野康男ほか訳（法政大学出版局、二〇一二年）〕; Didi-Huberman, *L'image survivante* (Paris: Minuit, 2002).〔『残存するイメージ』武内孝宏ほか訳（人文書院、二〇〇五年）〕

63 以下を参照。橋本一径（インタヴュー）「ジョルジュ・ディディ＝ユベルマンに聞く」、『photographers' gallery press』第十号（photographers' gallery、二〇一一年）四三―四四頁。

64 Didi-Huberman, *Ninfa moderna* (Paris: Gallimard, 2002).〔『ニンファ・モデルナ』森元庸介訳（平凡社、二〇一三年）〕

65 アガンベンの芸術論、イメージ論が明示的に扱われている二次文献のうち、目についたもののみ以下に列挙する。Cesare Casarino, "Pornocairology," *Paragraph*, 25, no. 2 (Edinburgh: Edinburgh University Press, July 2002), pp. 116–126 ; Benjamin Noys, "Gestural Cinema ?," *Film-Philosophy*, 8, no. 22 (online journal, July 2004)〈http://www.film-philosophy.com/vol8-2004/n22noys〉; Claire Colebrook, "Agamben: Aesthetics, Potentiality, and Life," *The South Atlantic Quarterly*, 107, no. 1 (special issue: "The Agamben Effect," ed. Alison Ross) (Durham: Duke University Press, 2007), pp. 107–120 ; Alex Murray, "Beyond Spectacle and the Image," in Justin Clemens *et al.*, ed., *The Work of Giorgio Agamben* (Edinburgh: Edinburgh University Press, 2008), pp. 164–180 ; Deborah Levitt, "Notes on Media and Biopolitics," in Clemens, ed., *The Work of Giorgio Agamben*, pp. 193–211 ; Noys, "Separacija in reverzibilnost," trans. Rok Benčin, *Filozofski Vestnik*, 30, no. 1 (Ljubljana: Filozofski Inštitut ZRC SAZU, 2009), pp. 143–159 ; Christian McCrea, "Giorgio Agamben," in Felicity Colman, ed., *Film, Theory and Philosophy: The Key Thinkers* (Durham: Acumen, 2009), pp. 349–357 ; Murray, "The Homeland of Gesture," in *Giorgio Agamben* (London & New York: Routledge, 2010), pp. 78–94〔「身振りの故郷」、『ジョルジョ・アガンベン』高桑訳（青土社、二〇一四年）一四七―一

七七頁〕; Murray *et al.*, ed., *The Agamben Dictionary* (Edinburgh: Edinburgh University Press, 2011) [Jason Maxwell, "Aesthetics," pp. 21–22 ; Colebrook, "Art," pp. 28–29 ; Clemens, "Fetish," pp. 70–71 ; Thanos Zartaloudis, "Genius," pp. 76–79 ; Levitt, "Gesture," pp. 79–82 ; Paolo Bartoloni, "Halos," pp. 86–87 ; Connal Parsley, "Image," pp. 100–101 ; Levitt, "Spectacle," pp. 182–184] ; Roberto Talamo, "Nel mezzo della voce," in Lucia Dell'Aia, ed., *Studi su Agamben* (Milano: Ledizioni, 2012), pp. 9–23 ; Parsley, "'A Particular Fetishism'," in Tom Frost, ed., *Giorgio Agamben* (London & New York: Routledge, 2013), pp. 31–53 ; Henrik Gustafsson *et al.*, ed., *Cinema and Agamben* (New York & London: Bloomsbury, 2014).

「ギー・ドゥボールの映画」翻訳者解題（二〇〇二年）

一九九五年十一月にジュネーヴで第六回国際ヴィデオ週間が開催され、その機会にギー・ドゥボールのフィルムの回顧上映がおこなわれた。ジョルジョ・アガンベンはその場に招かれ、講演をおこなった。[1]

一読してわかるとおり、この「ギー・ドゥボールの映画」はシチュアシオニストであるドゥボールの映画を扱っているが、この主題については、関連情報を網羅的に提供してくれる解説がすでに日本語でもいくつか存在する。[2] それらは、シチュアシオニストたちと映画という媒体との関わりについて多くのことを教えてくれるが（その二つのテクストのうち一方は、アガンベンのこのテクストへのまとまった言及を含んでもいる）、ドゥボールとゴダールを対比して後者を前者の単なる剽窃者と評価してもおり、シチュアシオニストたちのいわゆる正統的見解への忠実さが過度に強調されている。しかし、そのような狭量な議論からは一定の距離を取ることが必要だろう。重要なのは、誰がシチュアシオニストの名に値するかを判断することではなく、シチュアシオニスト的な活動が映画におけるこれこれの手段にどのような可能性を見いだすのかを見抜き、それを使用することだからである。

アガンベンの議論から読み取ることのできるのは、そのような理論的かつ実践的な探究の可能性である。アガンベンは映像を論じたテクスト（あるいは映像にかぎらずイメージ一般を論じたものと読めるテクスト）を少なからず書いている。[3] とりわけ、このテクストとほぼ同じ問題意識から書かれたとおぼしい一群のテクストがあり、[4] またドゥボールを個別に論じた他の類似のテクストもある。[5]

それらのテクストの一つでは、パウロの「コリント人への第一の手紙」第十五章からゴダールが比較的自由な形で引用したとおぼしい一文「復活の時にはイメージが到来するだろう」[6] があらためて引用され、その言明が「イメージを復活の境位そのものとして構想している」[7] という点で多くの宗教と共通する認識を示すものだと指摘されている。パウロの教説の引用であるかぎりにおいて、その言葉はたしかにキリスト教的ないしカトリック的な響きを帯びているが、とりわけゴダールを通じてそこに聴きとられるものは必ずしも特定の宗教のしるしではない。アガンベンはまた別の場所でも、イメージによる救済のモティーフを一般化して、次のように書いている。「過去や過去の救済に関わるごとに、私たちはイメージと関わっている。というのは、かつてあったものの認識や同定を可能にするのはエイドスだけだからである」[8]。ゴダールの『映画史』がこの点を剝き出しにしたということは、「ギー・ドゥボールの映画」の本文にも読まれるとおりだ。[9]

そのゴダールは、過去の救済という務めに対してイメージの技術としてのモンタージュが提示されるという構想にしたがって実際に操作をおこなうが、そこに、アガンベンの仕事に関わりをもつ構成要素が一つ登場する。「ムスリム」がそれである。ゴダールは『映画史』の終わり近くで、この語がドイツの収容所で生きる力を失い死を待つだけの収容者を指す隠語として用いられたことをほのめかす操作をおこなっている。[10] 現在のムスリムとドイツの収容所における「ムスリム」とを一挙に関連づけるモンタージュが、イメージを通じてかろうじて「ムスリム」を救済する微弱な力となる。[11]

ところで、アガンベンは以前から、この収容所の「ムスリム」を、救済から最も遠い、それゆえに最も救済の対象として思考しなければならない「残りのもの」として考察してきた。[12] その考察に通じたければ『アウシュヴィッツの残りのもの』[13] を読むにしくはないが、ここではむしろ、アガンベンが「ムスリム」をめぐっておこなったかもしれない別の「モンタージュ」の可能性を想像してみよう。

隠語「ムスリム」の語源ははっきりしないが、数ある説明のなかに、立つこともままならず座りこんで体を屈している様子がムスリムの礼拝の様子に似ていたから、というものがある。[14] 真偽はどうあれ、体を屈した身振りは収容所の「ムスリム」たちに共通に認められ（むしろ、彼らにはその身振り以外の何も残されておらず）、それが「救いのなさ」を直接に指示していたというのは確かだろう。もはや人間とは見なされないが、まだ死体ではないもの。救済の不可能性ゆえに、救済が何よりも問題となるもの。これこそ、屈服の姿勢が一挙に指示するものだ。

同じ屈服の姿勢が、やはりそのような窮極の救済の対象であることを示している事例がもう一つ存在する。ハーマン・メルヴィルの「バートルビー」の筆生がそれだ。彼に対しても、アガンベンは「ムスリム」に対するのと酷似するまなざしを向けている。「しないのがいいのですが」という定式を反復するバートルビーの最期は、収容所の「ムスリム」の最期に似て、生死を判別しがたい屈服の姿勢だけをともなっている。[15]「壁の下のところに奇妙なふうに体を屈して膝をかかえ、横向きに寝そべり、頭は冷たい石に触れている、ぐったりしきったバートルビーが見えた[16]」。

可能性を奪われた者に残された最後の可能性とでも呼べるものが、屈服の身振りというイメージ（それは窮極の「イメージのなさ」のことだ）を通じてかろうじて姿を現す。収容所の「ムスリム」と筆生バートルビーのあいだでおこなわれる「モンタージュ」が指し示しているのは、この「イメージのなさ」を注視する可能性そのものに他ならない。

註

1　なおこれは、一九九七年夏にカッセルで開催された第十回ドクメンタに先行して作られた資料集にも、以下のとおり、英語訳とドイツ語訳で収録されている。Giorgio Agamben, "Repetition and Stoppage," trans. Brian Holmes, in Documenta GmbH, ed., *Documenta X: Documents 2* (Kassel: Cantz Verlag, 1996), pp. 68–72 ; Agamben, "Wiederholung und Stillstellung," trans. Jurgen Blasius, in Documenta GmbH, ed., *Documenta X: Documents 2*, pp. 72–75.

2　木下誠「「思考の映画」から「状況の映画」へ」、『現代思想』第二十三巻、第十一号（青土社、一九九五年）一六四―一七三頁。木下誠「訳者あとがき」、ギー・ドゥボール『映画に反抗して』下巻、木下誠訳（現代思潮社、一九九九年）一九三―二一七頁。

3　以下も、広い意味では、イメージに関する大部一巻の書物と見なすことができる。ここからも、彼が「イメージと関わる存在」としての人間に一貫して関心を寄せていることが窺える。Agamben, *Stanze* (Torino: Giulio Einaudi, 1979 [1993]).〔『スタンツェ』岡田温司訳（筑摩書房、二〇〇八年）〕

4　Agamben, "Note sul gesto," in *Mezzi senza fine* (Torino: Bollati Boringhieri, 1996), pp. 45–53〔「身振りについての覚え書き」、『人権の彼方に』高桑和巳訳（以文社、二〇〇〇年）五三―六六頁〕; Agamben, "*Collants Dim*," in *La comunità che viene* (Torino: Bollati Boringhieri, 2001), pp. 41–44〔「ディム・ストッキング」、『到来する共同体』上村忠男訳（月曜社、二〇一二年）六二―六八頁〕; Agamben, "Pour une éthique du cinéma," trans. Daniel Loayza, *Trafic*, no. 3 (Paris: POL, 1992), pp. 49–52〔「映画の一倫理のために」、『ニンファ　その他のイメージ論』高桑和巳訳（慶應義塾大学出版会、二〇一五年）五三―六一頁〕; Agamben, "Le geste et la danse," trans. Loayza *et al.*, *Revue d'esthétique*, no. 22 (Paris: Jean-Michel Place, 1992), pp. 9–12〔「身振りと舞踊」、『ニンファ　その他のイメージ論』七七―八九頁〕; Agamben, "L'immagine immemoriale," in *La potenza del pensiero* (Vicenza: Neri Pozza, 2005), pp. 333–343〔「記憶の及ばない像」、『思考の潜勢力』高桑和巳訳（月曜社、二〇〇九年）四〇六―四一八頁〕; Agamben, "[no title]," *Le monde des livres* (Paris: Le monde, October 6, 1995), p. 11. 最後の無題のテクストは、一九九五年八月に、ロカルノ国際映画祭での『映画史』第三部公開に際しておこなわれた討論会で読まれた短評を記録したものであり、ほぼ全体が「ギ

ー・ドゥボールの映画」に組みこまれている。

5 Agamben, "Note in margine ai *Commentari sulla società dello spettacolo,*" in *Mezzi senza fine,* pp. 60–73〔「『スペクタクルの社会に関する注解』の余白に寄せる注釈」、『人権の彼方に』七五—九三頁〕; Agamben, "Violenza e speranza nell'ultimo spettacolo," in Agamben *et al.*, *I situazionisti* (Roma: Manifestolibri, 1991 [1997]), pp. 11–17.

6 パウロのテクストにはこれに正確に対応する箇所は見あたらないが、この定式がパウロに由来するものだということはゴダール本人によって各所で肯定されている。たとえば以下を参照のこと。Jean-Luc Godard & Youssef Ishaghpour, *Archéologie du cinéma et mémoire du siècle* (Tours: Farrago, 2000), p. 78〔「映画のアルケオロジーと世紀の記憶」森田祐三訳、『批評空間』第二期、第二十五号（太田出版、二〇〇〇年）六八—六九頁〕; Godard, "Le montage, la solitude et la liberté," in *Jean-Luc Godard par Jean-Luc Godard*, 2, ed. Alain Bergala (Paris: Cahiers du cinéma, 1998), p. 246.〔「編集と孤独と自由」、『ゴダール全評論・全発言』第三巻、奥村昭夫訳（筑摩書房、二〇〇四年）三八〇頁〕

7 Agamben, "[no title]."

8 Agamben, "L'immagine immemoriale," p. 336.〔「記憶の及ばない像」四一〇頁〕

9 この点については以下も参考になる。野崎歓「復活のときイマージュが到来する」、『InterCommunication』第三十二号（NTT出版、二〇〇〇年）一五七—一六七頁。

10 以下の発言も参照。Godard, "Présences du cinéma," *Positif*, no. 456 (Paris: Positif, February 1999), p. 49〔「映画の痕跡」堀家敬嗣訳、『批評空間』第二期、第二十四号（太田出版、二〇〇〇年）一四三頁〕; Godard & Ishaghpour, *Archéologie du cinéma et mémoire du siècle*, p.

82.〔「映画のアルケオロジーと世紀の記憶」七〇頁〕 この「ムスリム」に注目したのは自分だけだとゴダールは主張している。

11 以下を参照。堀潤之「映画的イマージュと世紀の痕跡」、四方田犬彦ほか編『ゴダール・映像・歴史』(産業図書、二〇〇一年)六五頁。なお、末尾にアガンベンへの註記もあるこのテクストは、「イメージによる救済」を思考するうえで、全体が示唆に富んでいる。

12 初期のまとまった考察の試みは以下に読める。Agamben, "Idea dello studio," in *Idea della prosa* (Macerata: Quodlibet, 2002), p. 45 ; Agamben, "Bartleby non scrive più," *Il manifesto* (Roma: Il manifesto, March 3, 1988), p. 3.

13 Agamben, *Quel che resta di Auschwitz* (Torino: Bollati Boringhieri, 1998).〔『アウシュヴィッツの残りのもの』上村忠男ほか訳(月曜社、二〇〇一年)〕

14 Agamben, *Quel che resta di Auschwitz*, p. 40.〔『アウシュヴィッツの残りのもの』五六頁〕

15 以下では両者が最も接近させられている。Agamben, "Bartleby non scrive più." 以下も参照。Agamben, "Bartleby," in *La comunità che viene*, pp. 33–35〔「バートルビー」、『到来する共同体』四九―五三頁〕; Agamben, "Bartleby o della contingenza," in Deleuze & Agamben, *Bartleby: La formula della creazione* (Macerata: Quodlibet, 1993), pp. 43–85〔「バートルビー 偶然性について」、『バートルビー』高桑和巳訳(月曜社、二〇〇五年)八―九〇頁〕; Agamben, *Homo sacer* (Torino: Giulio Einaudi, 1995), p. 56.〔『ホモ・サケル』高桑和巳訳(以文社、二〇〇三年)七四頁〕

16 Herman Melville, "Bartleby," in *The Writings of Herman Melville*, 9 (*Piazza Tales and Other Prose Peaces*), ed. Harrison Hayford *et al.* (Evanston & Chicago: Northwestern University

Press and The Newberry Library, 1987), p. 44.〔「バートルビー」、『バートルビー』一五七頁〕

「記憶の及ばないイメージ」翻訳者解題（二〇〇六年）

「記憶の及ばないイメージ」は、ニーチェの知的活動の完成期にあたる一八八〇年代に彼を捉えた「同じものの永遠回帰」「力への意志」「遠近法主義」といった主題を、遺稿に拠りつつ再検討する、という大枠をもったテクストである。

すでに差異の哲学者ジル・ドゥルーズが一九六〇年代に『ニーチェと哲学』（一九六二年）や『差異と反復』（一九六八年）において、同じものが永遠回帰するのではなく、差異あるものの回帰こそが同じものをなすと主張していた。アガンベンはここで、一見するとドゥルーズとは異なり、ニーチェのいう「同じものの永遠回帰」を文字どおりに了解しているようだ。だが、その「同じもの」自体の基礎（むしろ基礎なき基礎）に、原初に先立って「記憶の及ばない」しかたで差異の契機としての「イメージ」があると主張しているアガンベンは（ちなみに、イタリア語の「immemoriale」ないし「immemorabile」、ドイツ語の「unvordenklich」は、文字どおりには「記憶できない」ということだが、「記憶の及ばない」というところから転じて、通常は「太古の、大昔の」という意味で用いられる）、ドゥルーズによる差異の思考をいわば「同じもの」のただなかで継続していると読める。そもそも、数あるものが一つのものにおいて、生成が存在において、偶然が必然において肯定されることが「永遠回帰」と呼ばれるというのがドゥルーズの教説であってみれば、この回帰のもととなる差異の境位を「イメージ」として稠密化するのがアガンベンの立場であり、結局のところアガンベンはドゥルーズ同様の姿勢を取っていると考えることができる。

　また、「原型があってイメージがあるのではなく、イメージがあって原型がある」という、ここでの議論の中核に位置する逆説は、『グラマトロジーについて』（一九六七年。日本語訳『根源の彼方に』）や『声と現象』（一九六七年）においてジャック・デリダがおこなった転倒――第一に発せられるものとしての言葉《パロール》とそれを写すものとしての書きもの《エクリチュール》のなす序列の侵犯――も暗に参照している（じじつアガンベンは本文中で、この転倒を簡潔に示す別名「原初的痕跡」に言及している）。この姿勢は、同時代に書かれたアガンベンの他のテクスト（「もの自体」など）にも見られる（とはいえ、もちろんこの点ではドゥルーズとデリダは彼ら自身が相互に参照しあっており、その痕跡はたとえば後者の論文「差延」（一九六八年）にたどることもできる）。

　アガンベンは若いころ、一九六〇年代後半にル・トールでマルティン・ハイデガーの少人数セミナーに参加したこともあり、その後も彼の著作から影響を受け続ける（その一見した影響は『言語と死』（一九八二年）において最も強い）。ある意味でドゥルーズやデリダ、あるいは『ニーチェと悪循環』（一九六九年）のピエール・クロソウスキー――永遠回帰に関してやはり忘却の（つまりは記憶の及ばなさの）必然性を説く――が対決を試みた相手と、アガンベンもここで対決を強いられ、大著『ニーチェ』(一九六一年)におけるハイデガーの姿勢にいささかなりと批判を加えることになる。すなわち、「力への意志」を考察するにあたって「永遠回帰」を後景に退けて「同じもの」の同一性を「力への意志」の本態として強調するハイデガーへの抵抗を、この師自身と同じ資料を用いて展開するということである(とはいえ、ハイデガーは単に全面的に否定されるのではなく、あくまでもハイデガーの思考のなかにさらなる可能性を求めるという姿勢は継続される。この慎重な姿勢は、初期ハイデガー用語「現事実性」のもつありうべき含意を執拗に追究する「現事実性の情念」(一九八八年)においても継続されている)。

ところで、このように前面に置かれた差異的境位を──「同じもの(Gleich)」を「譬喩(Gleichnis)」に近づけることで──他ならぬ「イメージ」として提示することは、西洋哲学の歴史の総体をいわばイメージをめぐる考察の歴史として捉えかえすことを可能にする。そもそも周知のとおりプラトンの「イデア(idea)」自体からして「見えかた(eidos)」と切り離せないが、「もの自体」(一九八四年)において、アガンベンはこれをこの「もの自体」という表現において捉えかえしつつ、「言語の弱さ」を突く差異的境位ないし原初的痕跡を丹念に跡づけるという試みをおこなっていた。それがさらに、この「記憶の及ばないイメージ」を通じて、思考の問題とはじつは私たちがイメージとどのように渡りあうのかということなのだ、ということが明確にされたとも言える。

またこれによって、アガンベン自身の思考も、一貫してイメージの問題にこだわってきたことが明瞭になる。『スタンツェ』（一九七九年）ですでに展開されていた「西洋文化における言葉と幻想」をめぐる学の主題は、そもそも「アビ・ヴァールブルクと名のない学」（一九七五年）における図像学の哲学的検討を通じてすでに明確化が試みられていたが、この「記憶の及ばないイメージ」による考察を経由することで、彼に馴染みのあの潜勢力の主題——また何も書かれていない書板という譬喩——に緊密に結びつくことになる。この主題を端的に表現するのが「イメージによる救済」という定式化であり、この問題は、ジャン＝リュック・ゴダール論でもある「ギー・ドゥボールの映画」（一九九五年）において具体的に追究される。これは、『ホモ・サケル』（一九九五年）の第二部第五章「主権的身体と聖なる身体」において、生政治的含意をふまえて問いなおされもする。

ただ、この一九八六年の論考で肯定的に検討されているニーチェの永遠回帰の着想は、後に『バートルビー』（一九九三年）において不充分さが指摘されることになるということも確認しておくべきかもしれない。いまにして思えば、受動的潜勢力《ポテンティア・パッシヴァ》の称揚（過去に起こったことの全面的欲望）にとどまっていたとも言えるこのテクストが——これ自体、『中味のない人間』（一九七〇年）におけるニーチェ読解の一部を精緻化したものと読めるが——、絶対的潜勢力《ポテンティア・アブソルタ》の肯定（過去にあったかもしれなかったが実際には起こらなかったことの全面的欲望）を貫く『バートルビー』へと至るための一つの不可欠な布石だったことになるとも見える。だが、現在という空虚な高みからの専横な遡行的解釈は、ここまでにしておく。

『ホモ・サケル』、『例外状態』、新安保法制（二〇一五年）

はじめに

ジョルジョ・アガンベンは、一九四二年生まれのイタリアの哲学者です。彼はキャリアが非常に長く、二十八歳のときにすでに『内容のない人間』（一九七〇年）という処女作を出しています。その後の『スタンツェ』（一九七七年）を含め、一九七〇年代の仕事は、美学というか図像学というか、イメージに焦点を合わせた論考が中心になっていました。

それが（いまお話ししているのは非常に大雑把な話で、ご紹介のためにあえて単純化していますので、あまり鵜呑みにせず、後でご自身で確認していただきたいと思います）、一九七〇年代末からは、それまでの思考を言語論や歴史哲学に接続して、より広範な思考を展開するようになります。成果としては『インファンティアと歴史』（一九七八年）、『言語と死』（一九八二年）、そして、『散文のイデア』（一九八五年）が挙げられます。

一九九〇年代からは、それまでの思考がいよいよ、みなさんの注目を引く政治思想に接続していくことになります。その象徴的な目印となっているのが『到来する共同体』（一九九〇年）です。これ以降、政治思想が――とくに政治のアクチュアリティが確実に視野に入っている議論が――展開されていくことになります。

『到来する共同体』の五年後に、『ホモ・サケル』（一九九五年）が出されます。これはおそらくアガンベンの最も有名な仕事ですが、これは彼がそれ以降二十年にわたって出し続けた「ホモ・サケル」シリーズの第一巻ともなります。

ちなみに、このシリーズはようやく完結しました。最終巻は第四巻第二部『身体の使用』（二〇一四年）です。ただ、その後に第二部第二巻『スタシス』（二〇一五年）が刊行されています。このように、刊行順は必ずしも巻を追っていないのですが、とはいえ、これでともかく完結のようです。全部で九冊が刊行されました。二〇一五年十月の時点では、そのうち五冊が日本語訳されています。

これらの仕事はもちろんそれぞれに個別の論点を扱っているので、「ホモ・サケル」シリーズが全体として何を扱っているのかという問いに応えるのは難しいのですが、あえて一言で言えば、「広い意味での政治的な事象を、哲学と文献学を主要な道具として再定義する試み」と言えるのではないかと思います。つまり、政治思想を新たにやる、そしてその道具は哲学と文献学である、ということです。彼の議論は文献学的なものなので、当然のことながら非常に古い話が頻出します。

しかしその議論では、ミシェル・フーコーなどのばあいと同じく、最終的には必ずアクチュアリティが視野に入っています。この研究を経由すればアクチュアリティの見えかたが変わる、ということが目指されているわけです。このシリーズに属する作品はすべて、そのようなねらいをもって書かれていると言ってよいと思います。今日お話しすることでは、そこが重要になってきます。

1 『ホモ・サケル』

次に、『ホモ・サケル』の概要を説明いたします。

すでに述べたとおり、これは「ホモ・サケル」シリーズの第一巻であり、タイトルがシリーズ全体にも名を提供しています。

この本には副題が付されています。「主権的権力と剝き出しの生」です。しかし、これはそのままではわかりにくい。そこで、その説明をするところから始めたいと思います。「剝き出しの生」のほうは後で扱うとして、まず「主権的権力」についてお話しします。「権力」と聞いて人がまず思い浮かべるのは国家権力でしょう。たとえば、「権力批判」といえば国家権力に対する批判のことを、「権力の横暴」といえば国家権力の強権的振る舞いのことをまずは思い浮かべるでしょう。

しかし、みなさんもおそらくご存じだと思いますが、政治思想では「権力」はすでに国家権力の典型的モデルから解き放たれています。そのような解放を試みた代表的人物がフーコーです。彼は何をしたのか？　彼の権力論は、『監視と処罰』（一九七五年）以降しばらく書かれるさまざまなテクストから読み取ることができます。彼は、権力を国家権力の独占からいわば解放します。彼は大権力（国家権力）の代わりに「微小権力」を立て、そのようなさまざまな微小権力を云々することができるような枠組みを作ろうとしました。そして、それらの微小権力を産出する装置もしくはメカニズムを検討しようとしました。

そのような装置のなかでも最も有名なものが「パノプティコン」です。パノプティコンは、もちろん国家権力によって用いられてはいるけれども、パノプティコン自体が国家権力によって成立しているというわけではない。パノプティコンは、それ自体が一つの微小権力を産出する特殊な装置なのです。これが、一つの権力パターンを説明する、いわば「実在する譬喩」のようなものになります。では、この実在する譬喩としてのパノプティコンという装置を使えるのは誰か？　いろいろな者たちがそれを使うことができます。国家もそれを使うことができるし、他の制度もそれを使うことができる。

このように、権力モデルを国家に独占させず、実在する譬喩としての装置をさまざまな制度が使えるような理論的枠組みを準備する、というのがフーコーの目論見だと言えます。権力論は、ますます国家権力の占有から離れていく。

パノプティコンにかぎらず、微小権力が形を取る装置というのはさまざまに存在しており、それらによって制御され飛び交うことになる権力の力線をどのように見抜くかということが重要になるわけです。

さて、フーコーと権力について言っておかなければならないことがもう一つあります。彼は権力を国家から解放するだけでなく、国家権力自体も主権への局限から解放しようとしています。国家を動かしている権力行使のパターンとは何か？　それは主権だろう、とふつうは思います。しかし、それだけではないとフーコーは考えています。

すでに『監視と処罰』でもそのような議論は展開されていますが、さらにわかりやすいのは『安全・領土・人口』です。これは、フーコーが一九七七―七八年度にコレージュ・ド・フランスでおこなった講義を本にしたものです。この講義録はたしかにかなり雑駁な議論も含んではいるのですが、私が思うには、これはフーコーの権力論の一つの到達点になっています。

『安全・領土・人口』では、国家権力のありようは時代によって力点が移動していく、と言われています。この議論は一時期かなり援用されたものなので、政治思想に関心があるかたはご存じかもしれませんが、いちおうご紹介しておきましょう。

最初、国家権力において力点を置かれる権力行使のパターンは主権です。ここに現れるのは、『ホモ・サケル』の副題にも登場する「主権的権力」です。これはつまり、国家のおこなう権力行使のパターンのなかでも最も基礎的なものです。その主権が道具として用いるのは法です。主権は、法を使って、領土に対して働きかける。

その主権がなくなってしまうわけではないけれども、時代が下るにつれて、支配的な権力行使のパターンが主権から別なものへと移り変わっていく、というのがフーコーの主張です。主権の次に出てくるのが規律（ディシプリン）です。規律が道具として用いるのは統制です。統制の行使される先はもはや領土ではなく、臣民の身体だということになります。その後に登場するのが安全（セキュリティ）です。安全が道具として用いるのは最適化です。最適化は、対象に直接働きかけず、環境に働きかけます。最適化の行使される先は、人口です。同じ一つの国家においてであっても、権力行使のパターンはこのように移り変わっていく。つまり、主権的権力だけが国家権力であるわけではない。

このような話はいったいどこから出てきたものなのか？ フーコーは、もともとは狭い意味での権力論を研究対象にしていたわけではありません。一九六〇年代には、彼は一種の人文知（ある種の社会科学も含みますが）の考古学を手がけています。西洋において人文知がどのように枠組みを変えてきたかを検討しているのです（これを彼は「考古学」と呼んだり「系譜学」と呼んだりしています）。そのような検討を代表する労作が『言葉と物』（一九六六年）です。そこで展開されていた議論が、もちろん必要な修正を加えたうえでですが、いわばそのまま権力論にも代入された、というのが大まかな経緯です。

少し長い脱線になりましたが、ここまでで確認できたことは次のとおりです。フーコーを経由した私たちにとっては、権力論の対象が国家の行使する主権的権力に限定されるという発想は二つの意味ですでに乗り越えられてしまっている。権力は国家の占有するものではないというのが一つめの意味であり、そもそも国家の権力は主権に限定されるものではないというのが二つめの意味です。

さて、ここでアガンベンの『ホモ・サケル』に話を戻します。すでに確認したとおり、副題に「主権的権力」が登場しています。つまりアガンベンは、国家権力の主軸である主権という権力行使のパターンにこだわっているというわけです。この点を揶揄したり批判したりするということが、これまでもさまざまなしかたでなされてきました。アガンベンは理論構築にあたってフーコーに多くを負っているのに、フーコーがせっかく導入してくれた考古学の成果を無視しているのではないか、というわけです。しかし、本当にそうでしょうか？

これも雑駁な説明にとどめますが、フーコー流の考古学の源流は、まずはマルティン・ハイデガーの「存在の歴史」に求めることができます。存在なるものの意味は一つに定まっているものと見えるけれども、それはじつは西洋哲学史のなかで移り変わっているのであって、しかもその存在なるものの本義は忘却されているという話です。そこからさらに遡れば、私たちはフリードリヒ・ニーチェによる反カント主義や遠近法主義、つまりは真理を相対化・歴史化する主張へとたどりつくことになります。このようなものがフーコー流の考古学の一つの源泉です。真理なるものについてなされていたそのような政治を、いわばそのまま権力なるものに適用してやればどうなるか、ということです。このような意味での、真理の歴史とでも呼ぶべきもの、権力の歴史とでも呼ぶべきものが存在するというのがフーコーの主張です。

このような見かたをしているがゆえに、フーコーは近代を相対化することもできます。フーコーの仕事になぜ意味があるのかという問いがあるとして、その理由の一つとして挙げられるのは、そこを経由すれば「近代はそれほどよくないかもしれない」という議論があるしかたで可能になる、ということです。

ところが、アガンベンによって展開されている議論は、まるでそのような「真理の歴史」や「権力の歴史」——近代を相対化することを可能にしてくれる当のもの——をきれいに抹消してしまうかのように見えます。彼が『ホモ・サケル』で話しているのは、もっぱら、いわば非歴史化された（どの時代にも等しく確認できる）主権的権力についてです。権力を問題にするにあたって、彼はもっぱら主権について語っています。『ホモ・サケル』で扱われているのは、法や主権です。他の権力行使のパターンは原則として問題になっていません。そのようなパターンは国家があるかぎり存在するので、議論が非歴史化されてしまいます。しかし、じつはこの問題は巧みなしかたで解決されることになります（これについては後述します）。

権力はさまざまな逆説をはらんでいます。それらの逆説を説明するにあたって、フーコーは一種の歴史的な見かたを導入しますが、アガンベンはあえて権力行使のパターンのすべてを主権へと稠密化することで、それらの逆説に向きあうという道を選んでいます。つまり、それらの問題をあくまでも法において検討する、ということです。同じ問題に向きあうにあたって、もっぱら、法を根拠として根本的なしかたで生じてくる逆説を扱っている、というわけです。

じつは、このようにすると、フーコーがおこなった近代の相対化も、アガンベン流のやりかたではあれ、実現することができます（この点は、先ほども申したとおり、後述します）。法にもとづく主権という権力行使のパターンを、とにかく純粋なしかたで再検討することで、アガンベンは、彼なりの系譜学——フーコーのものとはかなり姿を異にしていますが——を打ち立てようとしているわけです。

『ホモ・サケル』で、主権を再考するにあたってアガンベンが主軸として援用しているのは、カール・シュミットの主権論――『政治神学』(一九二二年)の冒頭からしばらく続いている議論――です。そこでシュミットは、主権者とは例外状態に関して決定する者のことである、と書いています。

法権利というものがあります。これは、法律があまねく行き渡っているような法秩序の状態のことだと考えていただければ結構です。この法権利を、領土およびその内部の臣民に行き渡らせておく権力が、私たちがふつうに了解する主権です。ふつうに考えるのであれば、主権は、法権利を絶対的な基準とする規範を制定し維持するということが本来的な権能だということです。法権利を強制する、あるいはその強制の状態を維持するのが主権の権能である、と見なすのが無理のない理解でしょう。

それに対して、シュミットの主張によれば、主権者は例外状態に関して決定するとされます。つまり、法権利という状態を制定できるということのうちに、それから外れるものが何であるかを決定する権能もあらかじめ組みこまれているのでなければ、主権は主権の名に値しないだろう、というのです。言い換えると、自分の威力を及ばせずに済ませておくところ、自分の威力から置き去りにしておくところを、他ならぬ自分の威力によって制定する、という権力です。自分が制定する法権利という状態がどこまで及ぶのかを決定する権能が、主権にはあらかじめ含まれているのでなければならない。それがシュミットの主張です。

シュミットによる議論は、現実世界においてはドイツ第三帝国における独裁を正当化するのに使われることになったので評判が悪い。なるほど、それはそのとおりですが、議会制民主主義が見ずに済ませていた主権の権能を彼が一九二〇年代に見抜いてしまっているというのもまた無視できない事実です。議会制民主主義が機能不全に陥るというのはその時代にかぎったことではなく、私たちのアクチュアリティにおいても当然確認できる事態ですが、この時代にすでに議会制民主主義の機能不全を乗り越える権能をもつものこそ主権者の名に値すると言ってのけた彼の議論の強度を否定することはできません。

アガンベンは、シュミットによるこの議論をわざと文字どおりに読みます。それはもちろん、全体主義を肯定するためではありません。そうではなく、シュミット流の「主権」が西洋の政治においてどのような軌跡を残しているのかを追いかけようというのです。そのときにアガンベンがわかりやすい目印として用いているのが、題にもなっている「ホモ・サケル」です。

「ホモ・サケル」は、古代ローマにあった古い法的慣習に登場します。ある種の違反を犯した者（境界石を動かした者、天秤で不正を働いた者など）は、当時の通常の司法による制裁を受けずに、それとは異なる制裁を受けます。「ホモ・サケルであれ」と言われる、というのがその制裁です。ホモ・サケルの意味は「聖なる人間」です。「聖なる人間であれ」と言われた者は、誰が殺してもかまわない存在になってしまう（誰が彼を殺しても殺人罪にはならない）。彼は法的制裁（たとえば死刑）を被るわけではないけれども、もはや法的な権利や義務をもたない存在にされてしまい、したがって誰が彼を殺しても「人間」を殺したことにはならないということです。

ホモ・サケルは法の外に置かれるわけですが、何が彼を法の外に置くのかと言えば、法自体です。法自体が彼を法の外に置き去りにする。法はそのようにして、当人を法の外に置き去りにすることで、一種の法的制裁を加えることができるわけです――法が自分で手を下すわけではありませんが。このありかたをアガンベンは「包含的排除」と呼んでいます。あるいはまた「主権的例外化」という言いかたもされています（「例外化」とは――アガンベンの独特な語源談義によれば――ラテン語で「exceptio」である。これは「ex-capere」に由来し、「外に捉える」という意味である、とされます）。このような存在を産出するのが、「主権」という権力行使のパターンです。法権利のなかで、法権利から打ち捨てる、置き去りにするということです。

重要なのは、このホモ・サケルがあくまでも法的に産出された存在だということです。法的慣習――非常に奇妙な慣習ではありますが――こそが、このような存在を産出しています。アガンベンの議論のなかで、とくにこの点が理解されないことが多いように思います。ホモ・サケルとはあらゆるマイノリティの目印のこと、周縁化されたあらゆる者たちの目印のことだ、と曲解されてしまうことが多いのですが、それは誤りです。法が法の威力のおよばないところをしつらえ、排除されたものをそこに合法的に置く、という一連のプロセスがないと、ホモ・サケル（ないしそれに類したもの）が産出されたとは言えません。

さて、アガンベンの主張によれば、このような包含的排除、主権的例外化によって産出されるものは、主権のあるところであればいたるところに見られます。主権的権力を行使する国家はもちろんつねに存在するので、そのようなホモ・サケルの化身たちは、端的にいたるところに見られるわけです。逆に言うと、そのような存在を産出することができる者、そのような産出の権能をもつ者こそ主権者だということです。

ちなみに、なぜこの存在は「ホモ・サケル（聖なる人間）」と呼ばれたのでしょうか？　この点に関する詳細な議論は『ホモ・サケル』第二部で展開されていますが、ここでも簡単に触れておきます。アガンベンの主張によれば、私たちはそもそも「聖なるもの」の何たるかを間違って構想していいます。十九世紀後半以降、「聖なるもの」についての構想があるしかたで凝り固まってしまい、それがいまに至るまで引き継がれているというのが彼の主張です。その誤った構想は、「聖なるもの」には神聖な崇高なもの、呪われた唾棄すべきものという相反する二つの意味をもつとするもので、その両義性は言いえないものによって担保されるといいます（つまり、知的な説明ができないということです）。アガンベンによれば、「聖なるもの」にはあらかじめそのようなえも言われぬ両義性があるわけではありません。それは単に法や政治の場から排除されるというしかたで捉えられている何ものかを一般的に指している。その一方は、法や政治の場を制定するほどの自己例外化の権能をもつものであり、他方はその権能によって例外化される対象であるというにすぎない、というわけです。だから、そのような例外化の対象が「聖なる」人間と呼ばれるのは当然のことだということになります。

というわけでアガンベンは、西洋の法制度の歴史をたどりながら、そのような「聖なるもの」を同定していくことになります。そのなかでもとくに重要なのは近代以降に関する議論です。ここで、フーコーは近代の相対化ができるけれどもアガンベンにそれができるのかという先ほどの話につながります。

近代民主主義を特徴づけているのは、当然のことながら、人民主権です。少し考えればわかることですが、人民主権とはかなり奇妙なものです。図式的に捉えてみましょう。それまでの国家であれば、主権者（王）がいて、その主権者によって統治される領土に臣民たちがいます。その臣民たちのうちの一部が主権的例外化の対象になります。アガンベンによれば、そのような存在（ホモ・サケルの化身）が産出されないと、主権は存在しません。ところが、近代になるとその主権者の座を人民自身が占めることになります。つまり、人民自身が人民を統治します。ということは、人民が、自らが統治する当のもの（人民自身）のなかに主権的例外化の対象を括り出すということになる。自分のなかにホモ・サケルが産出されるということです。そうしなければ（例外化がなされなければ）、定義上、自分は主権者にはならないのだから、このプロセスは必ず生じているはずです。

では、人民のうちにあって、例外化されるもの（聖なるもの）はどこに行ったのか？　アガンベンが近代を相対化できるのは、この点において、ある突飛な発想を導入することができているからです。彼によると、そこで「聖なる」ものとなった（包含的に排除された）のは、人民一人一人の「生命」だというのです。そのようにして、「聖なる」ものは各人において潜在化されることになります。

ふだんは、その「聖なる」ものとしての生命は顕在化していません。私たちは自分が「ホモ・サケル」であるなどと認識することもないし、そのように感覚することもありません。それは、ふだんは私たちが法権利の主体だからです。法権利の主体である以上、私たちは人権をもっています。人権は——たとえば自民党の改憲案を作った者たちをはじめとする一部の人々の主張を除けば——、一般に天賦のものだとされています。生まれれば、それだけで私たちはその権利を保持します。私たちは政治的な主体であるかぎり人権をもち、人権があることによって護られる。しかし、これはあくまでも理論上のことであって、実際には、この人権なるものが剝奪されるということは頻繁に起こっています。というより、たしかハンナ・アーレントの言葉を引きながらアガンベンが言っていたことだと思いますが、人権が参照されるのは、まさに人権が顧みられなくなっているときに他ならない。

天賦のものであったはずの法的・政治的なありかたが危うくなったときに、私たちの一人一人が抱えていた「聖なる」生命がそのまま露出してしまう。それが、『ホモ・サケル』の副題「主権的権力と剝き出しの生」の後半に読まれる「剝き出しの生」というものです。人権という法的な庇護の装置が事実上外れて（外されて）しまうとき、つねにその下に潜在的なしかたで運ばれていた「聖なる」生命が剝き出しの形で現れてくるということです。

問題になるのは、その「剝き出しの生」がどうなってしまうのかというところです。私たちが法権利の主体であることをやめて例外化されると、いわゆる「人間」ではなくなるけれども、だからといって生物学的な「ヒト」であることをやめるわけではありません。近代における主権的例外化の対象とはそのような存在です。

アガンベンが挙げている実例はわかりやすいものです。たとえば、ドイツ第三帝国で市民権を剝奪されたユダヤ人がそうです。収容所に送られたユダヤ人は全員、あらかじめ市民権を剝奪されているので、収容所に送りこまれているのは「人間」ではありません。したがって、それが何人死のうが、人間として数えられるに値しませんし、殺したところで殺人罪は構成されません。そこでは、法的に誤ったことがおこなわれているわけではありません。さらに言えば、彼らに対しては人体実験も可能です――「人間」ではなく「ヒト」である以上、それは恰好の被験者です。

アガンベンはまた、収容所におけるユダヤ人という例とまったく構造上同型なものとして、現代における脳死の人間を取りあげています（この並置は『ホモ・サケル』という本のなかで最もスキャンダラスと見なされたものだと思います）。脳死というのは医学の発達によって生じた状態です。もともとは脳死の人間など存在しなかったのに、延命技術が発達することで、脳幹が機能を停止しているのに呼吸機能その他は維持されているという奇妙な状態にある人間が生じてしまった。そのときに、その状態にある人間たちを限りなく延命するという選択もあったはずですが、なんと医学はそこに資源を見いだしました。明確に定義づけることのできるしかじかの段階を通り過ぎてしまったことが確認できれば人権を停止させよう（つまり「人間」として死んだことにしよう）、そうすれば、その「人間」ならざる「ヒト」から臓器という資源を採取することができる、というわけです。その目印となったのが脳死です。人間の生死の厳密な境界についてなど、既存の法をいくら読んでも書かれてはいません。それは、法とテクノロジーが交渉や擦り合わせをおこなうなかで融通無碍に決められていく、動性をもった境界線なのです。

他にも、移民や難民に対する処遇においても同様の「剝き出しの生」が露出することがあります。彼らが、一時的に留め置かれる難民キャンプや空港の待合区域において相応の処遇を受けられるかどうかを決めるのは人権といった理念的なものではなく、実際には当局の品性だけだということもあります。そこにおいて法は恣意的に身を退き、最も人権を擁護されてしかるべき存在が剝き出しの生へと遺棄されてしまうことがあるというわけです。

これらの例は見かけはそれぞれまったく異なりますが、構造上はまったく同じものです。つまり、法自体によって法の外に置き去りにされ、そのことによって「ただ生きている」という危ういありさまが露出してしまうということです。

このような存在が産出されてしまうことに対して、私たちは法を整備して対処すればよいのでしょうか？　じつはそれではうまく行きません。なぜなら、もうおわかりのとおり、この存在は、主権的権力が法権利に身を退かせることによって産出している当のものだからです。

このアクチュアリティの袋小路にいい加減気づくべきだ、というのが、『ホモ・サケル』におけるアガンベンのメッセージだ、と言ってよいでしょう。

2　『例外状態』とアクチュアリティ

次に、『例外状態』についてお話しいたします。

『例外状態』は二〇〇三年、『ホモ・サケル』の八年後に発表されていますが、基本的な枠組みは同じです。ただし、どこに焦点が合わせられているのかというところが異なっています。『ホモ・サケル』のほうは、「ホモ・サケル」という主権的例外化の対象が歴史のなかでどのように化身を登場させるかを跡づけていくという筋になっていましたが、『例外状態』のほうで焦点が合わせられているのは、その主権的例外化が法自体においてどのように制定され正当化されるか、というところです。要するに、例外状態、非常事態、緊急事態、戒厳状態、有事といった法制度のことです。法制度において、主権的例外化がどのような形で合法的に担保されるのか、という議論です。

この例外状態が布告されると、通常の法の施行が部分的に停止されます。立法権が部分的にであれ行政に移されます。そのような法的現象が例外状態と呼ばれるものです。

『例外状態』における立論は、構造的には『ホモ・サケル』におけるそれと類似しています。つまり、非常に周縁的なものと思われる現象がじつはすべての鍵なのだという議論です。すべての鍵であるにもかかわらず、というより本当はすべての鍵であるからこそ、いままで検討の対象になってこなかった。そこで、これまでの不充分な検討を批判しながらたどり、例外状態論をもう一度きちんと練りあげよう、というのがこの本の大きな目論見だということになります。

この本の概要を知りたければ——本自体もそれほど長いものではないのですが——、そのダイジェストにあたる同名の論考を読むことができます。これは、本のほうの『例外状態』が刊行される前に、二〇〇二年末におこなわれた講演の抜粋です。

少しだけ内容を見てみましょう。「例外状態とは、法権利が法権利自体を宙吊りにすることで生きもの［としての人間］を法権利のなかへと包含する、という独創的な構造です[1]［……］」とあります。その構造は、具体的には次のような形を取ります。

たとえば、ナチ国家という事例がこれにあたります。ヒトラーは、権力を掌握するやいなや（あるいはむしろ、権力が彼に授けられるやいなや、と言ったほうがより正確でしょうが）、一九三三年二月二十八日に、人民と国家の保護のための政令を発布しています。この政令は、ヴァイマール憲法のなかの、個人の自由を保障する条文をすべて宙吊りにしてしまうものです。その後この政令が撤回されることはなかったので、法的観点からすれば、第三帝国はまるごと全体が、十二年にわたって続いた例外状態と見なせるわけです。[2]

第三帝国というと、新たな政体であると捉えてしまいがちですが、それはあくまでもヴァイマール体制の上に折り重なっているものです。もちろん、水と油のようなものがうまく重なるはずはないのですが、そのときに例外状態という法的現象がクッションのように働いているわけです。

行政に立法権が移行していくというのは、さまざまなところで観察できることです。それは平時でも見られます。立法府はもちろん日本であれば国会（衆議院、参議院）ですが、誰が国会で立案をしているかといえば、もちろん議員立法も懸命になされているとはいえ、結局のところ閣法（内閣が法案を立てる）が全般化しています。あるいは、法では大枠だけを決めておき、細部は行政命令に委ねるということも頻繁におこなわれています。

それが極端なところまで行くと、本当に立法権が行政府に移るということになります。通常の法の一部が停止され、行政が立法するようになる。あるいは行政命令が法の力をもつようになる。そうすると当然のことながら、ホモ・サケルの化身がそこかしこに姿を現すということも全般化するようになります。
この「例外状態」が書かれたときに最もアクチュアルだったのはどのような出来事でしょうか？二〇〇一年には「九・一一」がありました。誰がやったのか？　アル－カイダという奴らだ。アル－カイダはどこにいるのか？　どうやらアフガニスタンにいるらしい。アフガニスタンにいるのはタリバンという奴らだが、タリバンがアル－カイダをかくまっているらしいから、タリバンをつかまえなければいけない――ごく大雑把に言うと、そのようなことがありました。そして、つかまえたタリバンをキューバのグァンタナモというところにあるアメリカ軍基地内の収容所（キャンプ・デルタ）に入れました。

［例外状態の］構造がもつ根本的な意味は、二〇〇一年十一月十三日にアメリカ合衆国大統領が発布した「軍事命令（military order）」によって、きわめてはっきりとしたものになりました。それは、テロ活動をしている疑いのある「非市民（non-citizens）」を特別の裁判にかける、というもので、その特別な裁判は、被疑者の「無制限の拘禁（indefinite detention）」や軍事委員会への身柄引き渡しを含むものでした［……］。ブッシュ大統領の命令の新しいところは、当該の個人の法的立場を根こそぎ消し去ってしまい、それによって、法権利の分類することも名づけることもできないような実体を産出する、というところにありました。アフガニスタンで捕らえられたタリバンたちは、ジュネーヴ条約で定められている戦犯という立場を享受できない、というだけではありません。彼らは、アメリカ合衆国の法律によって定められているいか

なる被疑者の立場にもあてはまらないのです。囚人でも被告でもなく「単なる被拘禁者(simple detainees)」である彼らは、事実上の純粋な主権に従い、時間的な意味で無制限だというのみならず本性上も無制限であるような拘禁に従うのです。というのも、この拘禁は法を完全に逃れ、いかなる形のものであれ司法上の制御というものを完全に外れているからです。グアンタナモの「被拘禁者(detainee)」によって、剝き出しの生は、その最も極端な不分明さへとたどりつくのです。[3]

ちなみに、先日成立した新安保法制によって自衛隊員はこれから海外に派遣されてしまうかもしれませんが、その彼らもまた、戦犯や捕虜という立場を享受することができません。定義上、戦争行為をおこなうわけではないからです。これもまた今回の法制の大きな欠陥であるということはたびたび指摘されています。

例外状態を発生させるこのような法の働きを、アガンベンは「非執行(inexécution)」と表現しています。執行しないというしかたで執行する、というわけです。これが、例外状態において行使される行政の権能のありかただというわけです。

さて、私は今回のお話をするにあたって、一つの目論見をもっています。アガンベンがおそらくは望んでいるように、私たちのアクチュアリティの見えかたを彼の提示したパースペクティヴを用いることで変えてやろう、というのがその目論見です。

まずは、二〇〇二年の「例外状態」の文脈と、私たちの文脈とを押さえておきたいと思います。

アガンベンがこのような論考を発表したのは、単に学問的探究として面白いからではありません。一九九〇年代以降の彼の政治思想に関わるすべての論考と同じく、これもまたアクチュアリティを完全に意識した議論になっています。

周知の事実を確認しておきます。前史としては、一九九一年の湾岸戦争があります。一九九〇年にイラクがクウェイトを侵攻し、それに対して多国籍軍が組織されてイラクが攻撃されたというものです。そして、あいだは端折りますが、二〇〇一年には「九・一一」があります。その後すぐにアフガニスタンが攻撃されます。それから、先ほどのタリバンの拘禁その他が起こります。それから、二〇〇三年には対イラク戦争があります。大量破壊兵器の開発といういわば言いがかりをつけて、アメリカ合衆国がイラクを攻撃するというものです。これらが、アガンベンが『例外状態』を準備していた背景となっていた状況です。

アガンベンはイタリアの哲学者ですから、ここではイタリアという文脈にも少し触れておきます。イタリアでも戦争への派兵は憲法上できないようです（詳しいことは知りませんが、アガンベンによるとそのようです。このことは『スタシス』で言及されています）。ところが、国際的な警察権の行使という奇妙な名目であれば派兵できる。というわけで、湾岸戦争のときにも多国籍軍への参加がおこなわれています。

これらの文脈を日本という文脈と結びつけてみましょう。

日本について語るときには、私自身について語るのがわかりやすいかもしれません。私は一九九〇年に大学に入り、一九九六年まで日本にいました。そして、一九九六年から二〇〇一年までパリにいました。日本にいるあいだは政治にそれほど強い関心もなく、デモに行ったこともありませんでした。

パリに行くと、日常的にいろいろなデモがおこなわれています。主張に賛同できれば、気軽に参加するようになります。そこで、いわば教育されたわけです。そのような人は少なくないと思います。いまでも国会前に行くと、約束したわけでもないのにパリ時代の友だちにばったり会うということがしばしばあります。

二〇〇一年に日本に戻ってきましたが、これはちょうどキナ臭い時期です。そうこうするうちに二〇〇三年になりました。対イラク戦争が始まる前に、デモがおこなわれました。これには、やはり参加しました。参加者はそれなりにいましたが、もちろん今回（二〇一五年反安保デモ）のような規模ではないし、雰囲気もまったく違うものでした。

その当時から、日本政府の説明は二転三転していました。極端な拡大解釈をしたり、公にする情報を恣意的に選択したりといったお定まりの操作が見られました。新聞報道も、いまよりはまだ健全でしたから、そのような政府の振る舞いに対して批判的な記事をどんどん載せていました。そのような記事があまりに多く出されるので、こちらの感覚が麻痺しそうになるほどでした。（それに対して、湾岸戦争のばあいは、クウェイトをイラクから護らなければならないという大義がいちおう立っていて、そもそも反対が少なかったということもあり、戦争批判の質が異なっていたように思います。個々の戦争の内実についてというより、むしろ作戦遂行の非現実性――まるでコンピュータ・ゲームのような――に対する批判がなされたという印象をもっています。迂闊なことは言えませんが、おそらくは

「九・一一」の衝撃がその種の批判を一挙に無効化したのではないかと思います。)

私が「例外状態」(短い論考のほう)を翻訳したとき(二〇〇四年)に付した「解題」にも、当時の文脈が綴られています。日本では、有事法制は二〇〇四年六月十四日に成立しています。私の脱稿はおそらく、ちょうどその時期です(なお、武力攻撃事態対処関連三法はさらにその一年前、二〇〇三年六月に可決されています)。

日本語を理解する私たちとしては、次のような具体的な周知の事例に思いを致せば、アガンベンの議論が想像以上に私たちの直面している問題に見合ったものであり、例外状態のまた別の化身がそこに見いだされるということは容易に理解できると思う。すなわち、「有事」と通称される「武力攻撃事態」「非常事態」などをめぐって、日本国政府が中心となって各種の閣法(官僚策定)を提出し、アガンベンの言うところの「政府にのっとった」法整備が進められてきたということ。あるいは、同政府が中心となって、既存の法律の場あたり的な拡大解釈が繰り返されてきたということ(イラクの地は「戦争状態」にあるのか、ないのか?)。そしてまた最近では、多国籍軍に参加する組織は司令官(事実上アメリカ合衆国政府の決定にしたがって活動すると想定される)によって「統一された指揮」のもとで活動するのが原則だとすでに明言されている——したがって定義上、自衛隊は独立的に活動するという立場を保てない——にもかかわらず、この「統一された指揮」という文言が恣意的に解釈できるものだという見解が政府内で構築され、自衛隊の多国籍軍参加がなしくずし的に推進されているということ。これらの現象のそれぞれにおいて小泉内閣、外務省、そしてとりわけ内閣法制局が重要な役割を果たしているということも、すでに誰もが知っている（のみならず、最悪なことに、私たちはこの状況を知ることにすでに飽きはじめている）。

このようなことはすべて、アガンベンが「法の非執行」と呼んでいることそのものではないだろうか？　キューバにあるグァンタナモ米軍基地――この土地はもともと、名曲「グァンタナメラ」で歌われていたところだが――に収容されている「テロリスト」たちに対しておこなわれていることが、じつはここでも、別の形でではあれすでにおこなわれているという事実には、ひょっとすると驚かされるかもしれない。

しかし、アガンベンの議論が現今の日本国政府をめぐる状況とこのように符合するということはじつのところ不思議なことではないし、偶然に属することではなおさらない。アガンベンの議論は、地球規模で漸進的に展開されてきている「例外状態の通常化」「議会から政府への統治の重心の移動」といった不穏な流れを検討したものであり、日本国政府も、皮肉にもその意味で「国際的」水準に到達しているというにすぎない。

そのような国際性（今日、「グローバリズム」と雑駁に呼ばれているものによって前提とされているところのもの）からどのように離脱するか、時事問題という姿をとって手を替え品を替え目を眩ませ過去を忘れさせにやってくる統治のスペクタクルにどのように抵抗するか。「法の非執行」が展開されるにつれて私たちの内に徐々に醸成されるのはシニシズムである。この日本語訳がそのようなシニシズムを打破する道を模索するためにわずかなりと役立つのであれば、原著者の（そして翻訳者の）望みはまずは達せられたと言えるだろう。[4]

私の自伝をもう少し続けます。本のほうの『例外状態』の日本語訳は二〇〇七年に出版されました。このとき、私に書評の依頼が来ました。二〇〇七年というと、対イラク戦争はだらだらと続き、対アフガニスタンの作戦もだらだらと続いている、という背景です。

日本はそのとき何をしていたのか？　日本は、アメリカ合衆国の船に給油しに行っていました。それがじつは問題になりました。日本政府の説明では、この給油は対アフガニスタンの作戦に対するものでした。アフガニスタンはすでに戦後処理の段階になっているので平和維持活動として協力できるということでした。つまり、これには何はともあれ法的根拠があった。ところが、日本の給油を受けたその船がイラクのほうに行ってしまった。対イラク戦争においてアメリカ合衆国を援助するという法的根拠は日本にはなかったので、これは問題でした。

もう一つ問題がありました。結局どれだけ給油をしたのかという話です。国会での答弁によると、二十万ガロンだということでした。ところが、じつは自衛隊は八十万ガロン給油しており、しかも、自衛隊は国会答弁が誤りだということを認識していたのに訂正せず沈黙していたのです。それが明るみに出て、「文民統制がきちんと働いていないのではないか」という批判が起こりました。

というわけで、私の書評は次のようなものになりました。

この本のダイジェストと見なせるテクストがある。作者ジョルジョ・アガンベンが二〇〇二年末におこなった講演からの抜粋であり、タイトルは同じ「例外状態」である。私がその小論を翻訳したのは三年前のことになるが（『現代思想』二〇〇四年八月号）、当時この哲学者が念頭に置いていると思われたのは当然、中東で展開するもろもろの作戦を正当化するためにアメリカ合衆国政府が推進していた当のこと、要するに「何でもあり」の統治というアクチュアリティのことだった。私は短い解題を書き、アメリカ政府の動きと軌を一にする日本国政府の動き――有事関連法の成立が最もわかりやすい出来事だった――と接続させる形で議論を紹介した。タイトルにもある「例外状態」とは、要するに私たちが「有事」と呼ばされている周知のもののことですよ。皮肉なことに日本もすでに国際化してしまったので、幸か不幸かアガンベンと議論が共有できてしまいますよ。だから参考にしてください……。

それから三年が経ったが、ご存じのとおり状況は日本国の内外を問わずまったく変わっていない。それどころか、その状況を定着させるべくあらゆる事柄がさらに進行している。私は当時、「最悪なことに、私たちはこの状況を知ることにすでに飽きはじめている」と書いたが、私たちは飽きたどころか歴史をまるごと忘れてしまったかのようだ。今日の私たちはあいかわらず、次から次へと告げられる出来事に不平の声を洩らすだけで――「自衛隊から米軍への給油量は二十万ガロンなのか八十万ガロンなのか？」「文民統制は形骸化しているのではないか？」――、テレビ画面の前で「今日はどんなひどいニュースがあるだろう？」とわくわくしている始末だ。

そんなふがいない私たちにとって、今回あらためてフル・ヴァージョンの『例外状態』（原著は二〇〇三年刊）が日本語でアクセス可能になったからといって何の意味があるだろう？アガンベンは「なぜあなたがた法学者はあなたがたの職務について黙して語らないのですか？」という叫びを、誰でも読めるように冒頭に書きつけた。だが、この作者にとって本当は法学者のことなどおそらくどうでもよい。じじつ、ここで言われている「職務」（つまり法の限界について云々するということ）は、これまで少なからぬ法学者によって――つねに不充分なしかたでではあれ――果たされてきている。この本自体、そのような法学者による不充分な試みの一大博覧会として読める。だから、この叫びは法学者へのではなく、むしろ他でもない忘れっぽい私たちへの呼びかけとして読むにふさわしい。いま、大変なことになっている例の軍事的・経済的な状況、目の前で展開されているにもかかわらず誰もが麻痺したかのようにただ茫然と見続けている当の状況、この状況を駆動させているメカニズム自体についてこれからお話ししますが、あなたがたは本当に聞く気があるのですか？　彼が言っているのは、たぶんそういうことだ。

彼が問題にしている当の状況を一言で言えば、「近現代国家が近代民主主義の法制度を参照しながら、法の枠内で法を停止することで法の外における活動――立法を離れた統治活動――を正当化する、その振る舞いの漸進的拡大、その起源と論理」とでもなる。なるほど、国家やその代表者が法から逸脱するというのは珍しいことではない。被統治者たちから認められていない専制・独裁はしばしばそのような形を取ってきた。だが、ここで問題になっているのは単にそのようなことではない。問題なのは、その法からの逸脱（法の停止）がきちんと法的に裁可されるという現象、そしてその現象がいまや常態化しているという事態、これである［……］[5]。

そして、私たちはいま、新安保法案が成立した二〇一五年九月十九日の直後にいます。自分の読書や研究がアクチュアリティとこれほど関わるようになっているということに目をふさいでしまうのならば、いったいいつ目を開けるのか、と私は自問します。このような研究が役に立つということは、本当は不幸なことです。たとえばの話、これでアガンベンの著作がいっそう読まれるようになるかもしれないというのは、現在の状況を考えれば、まったく嬉しいことではありません。しかし、やはりいまこそ読み、知見を生かさなければならないと強く感じます。

自分が現在関わっている活動について触れることを許していただければと思います。私は「安全保障関連法に反対する学者の会」と「慶應義塾有志の会」に賛同し、いまも活動しています。要するに、新安保法制に反対しています。

法案可決前の切迫のなかで、私は次のような短い見解をインターネット上で公表しましたが、その内容は例外状態に関するアガンベンの主張を下敷きにしたものでした。

あのナチですら、憲法違反によって統治したのではありません。ナチの場合は、憲法に記載のある大統領権限で憲法の諸条項を宙吊りにすることによって、全権委任法という無法を法としています。それはそれで途方もない問題ですが、悲しいかな、法治主義が侵害されていないという表向きの事実は残っています。今回の新安保法制においては、そのような最悪の手続きすら取られていません。これは最悪よりもさらに悪いということです。

行政は、明らかに憲法違反の法案を合憲であると言いつのることで、行政府に対する事実上の立法の授権を遂行しようとしています。この立法プロセス自体が、透明なインクで書かれた全権委任法だと私が言うのはそのためです。この、目に見えない法を法と認めるかどうかが問題です。私たちの依って立つ法治主義は、定義上、そのようなものを認めません。

それを有無を言わさず認めさせるという、アドルフ・ヒトラー氏さえあえてやらなかったことをやろうとしているのが安倍晋三氏です。

彼は、自分がミョウバン水で書いた全権委任法は愚か者の目には見えないと思っているのかもしれませんが、それは知性・教養という私たちの火であぶられ、いまやはっきり目に見えるものになっています。[6]

そのわずかに後、新安保法案の可決された九月十九日の前日の夜、「慶應義塾有志の会」は三田キャンパスでシンポジウムを開いていました。そこでも私は短いスピーチをしました。これは直前の短い見解をふまえ、さらにそれに補足を加えたものでした。

今日は、言説分析と政治思想研究の観点から、ごく単純な二つのことを言うためにここに参りました。

ご存じのとおり、今年六月はじめの衆議院の憲法審査会で、三人の憲法学者が、今回の法改正は憲法違反であるという見解を示しましたが、次いで政府与党はこれをなかったことにしました。憲法審査会というのは、生ずるかもしれない問題をあらかじめ避けるためにいわば法廷の予行演習、法律相談としてしつらえられているものですが、その場で憲法学者たちがせっかく教えてくれたことが無視されたわけです。

これは、立法プロセスが憲法解釈の本道を顧みなくなったという意味で衝撃的なことです。ただし、これは単にマナーを無視している、乱暴だ、というようなことではありません。

少し言葉遊びに聞こえるかもしれませんが、あえて申します。今回の「解釈改憲」は（解釈改憲というのはいままでも何度かおこなわれてきているわけですが）、厳密に言えば解釈ではないと私は考えています。解釈は停止されている。これが今日お話ししたい第一点です。説明します。

これまでの内閣法制局の判断は、そのつどデリケイトな問題をはらんではいたにしても（もちろん自衛隊のことです）、少なくとも、法解釈の最終的本拠地である司法の場において下されるだろう判断を想像力によってあらかじめなぞり、矛盾が生じないようにするために最大限の努力を払ったものでした。それがこじつけに類するものだということも時代においては言われたわけですが、是非はともかく、それは「解釈改憲」の名には値するわけです。

しかし今回は、法解釈への配慮が文字どおり存在しません。表立って言われてはいませんが、ここで事実上おこなわれているのは（いま、ちょうどそのプロセスが「参議院本会議で」おこなわれているところですが)、憲法のしかじかの条文(第九条)をそのまま停止させるということです。つまり、「解釈しない」をしている。「これは拡大解釈の最たるものだ」ということがよく言われますが、おそらくそれは間違いです。それは拡大解釈ですらないのです。

国会での政府与党の答弁を聞いて、私たちは違和感を覚えます。私に言わせればその違和感はこの点、つまり今回の「解釈」と称するものが拡大解釈ですらないという点にまずは由来しています。

百歩譲ってそれを解釈だと言いつのることを許すとしても、では誰がその解釈をできるのでしょうか。その解釈をおこなう権限をもつ者は限られ、それ以外の私たちは、問題となっている言葉を同じ意味で使うことが原理上妨げられてしまいます。野党の解釈がしごく正当であるにもかかわらずことごとく力を失っていき、政府与党の解釈と称するものが自由に意味を生み出し続けるように見えたのはそのためです。当然と思われる指摘が力によって意味を失っていくということ、明らかに誤った主張が平然と通っていくということ、そして彼らにとってはそれでもまったくかまわなかったということ、それが違和感の正体でしょう。繰り返しますが、ここでおこなわれているのは拡大解釈ではありません。文字どおりの解釈の停止です。

ここからは、一つの裏のメッセージを簡単に読み取ることができます。「今後は、解釈と呼ばれる権力・権限は我々政府与党が占有する。おまえたちの解釈はいかに正当であろうとも、採用されることがない以上、いっさい意味をもたないだろう」。これがその裏のメッセージです。そう考えなければ、政府与党が不明瞭な答弁を終わりなく、平然と垂れ流していたということの意味はわからないままでしょう。これはさすがに彼らが意図したことではないでしょうが、答弁が失敗すればするほど、この裏のメッセージは結果として強く伝わることになりました。

　これによって遂行されたのは、どのようなことでしょうか。

　政府に対して立法権を事実上、あるいはなしくずしで譲り渡すということです。これが今日お話ししたかった二点めです。

　政府に対する立法権の譲り渡しとして有名なのは、ナチの事例です。ナチのばあいは今回とは異なり、表向きはすべて合法的におこなわれています。憲法にあらかじめ記載のあった大統領権限で憲法の諸条項を宙吊りにし、そのうえで全権委任法を成立させています。これはもちろん、その後に起こったことを考えれば途方もない問題ですが、とはいえ、法治主義が侵害されていないという表向きの事実は残っています。今回は、そのような最悪の手続きすら取られていません。最悪よりも悪いということです。

　では、権力の譲り渡し（行政が立法の場を占めるということ）はどのように成し遂げられたのでしょうか？　彼らは、今回の立法プロセス自体を、目に見えない一つの全権委任法として機能させるということをしたのです。議会では、「存立危機事態」その他を誰も明瞭に再定義できず、念頭にあるはずの具体的事例をあらかじめ枚挙して条文化することすらできませんでした。しかしそれでもまったく困らないし、むしろそれでよい。なぜなら、それを規定するのは条文ではなくて、政府のそのつどの臨機応変な判断であるべきだからです。今回の立法プロセス自体が、事実上の、なしくずしの全権委任法可決に相当するというのはそういうことです。

では、私たちはどうすればよいのでしょうか。なるほど、野党によるまっとうな追及は、報道を通じて政府与党の支持を低下させることに貢献しますから、十二分に意味があります。とはいえ、それに乗っかって政府与党の答弁を嗤うようなことを続けても、それは憂さ晴らしにしかなりません。彼らはオールマイティな曖昧さを担保したいだけなのだから、仮に立法プロセスで自分が愚かに見えたとしても何も困らないのです。

政治から統治へ、立法から行政へという力点の移動はいま、世界のいたるところで見られるものですが、今日お話ししたこの二点は、現代政治における新たな戦略の誕生をしるしづけるものです。この動きに抵抗したいのであれば、新たな分析手法、新たな概念を作り出すことが必要になってくることでしょう。

日本ではいまのところ、非常事態を宣告する法的根拠は存在しません（ちなみに、自民党はいま、その根拠を憲法に盛りこもうとしています。それを、本丸である第九条改憲に先立つ「お試し改憲」などと呼ぶ者たちもいますが、「お試し」どころかそれこそがじつは最大の問題なのです）。さて、いまのところそのような法的根拠はないので、自民党はいくつかの拡大解釈をおこなってきました。有事法制のときにおこなわれたのもそのような拡大解釈です。憲法の条文を、公共の福祉のために権利を制限することができると解釈して、有事法制の合憲性を担保したということです。これは――それならばよいというわけではありませんが――ともかくも拡大解釈と呼べる何ものかです。

それに対して、今回の動きは問題外です。憲法の条文を読むかぎり、新安保法制を成立させるのとはちょうど正反対の根拠（第九条）が明らかに存在してしまっています。どうやってもそれを「拡大解釈」によって正反対の意味に転倒させることはできない。そこで、自らの愚かさ（あるいはそのような見かけ）を法案成立のプロセスに投入することによって、第九条の解釈を事実上停止させ、行為遂行的に例外状態への移行を成し遂げてしまったのです。最初に披露した見解のほうで「透明なインクで書かれた全権委任法」と呼んだのは、そのようなプロセスのことです。これはまさに、「非執行」の一つの形だと言えます。

このような批判を可能にしてくれる議論として、アガンベンの『例外状態』を、またそれに理論的基盤を提供した主著『ホモ・サケル』を読むことができる、というのが今日のお話でした。

3 安倍政権のクーデタ

最後に、こぼれ話をいたします。

安倍政権がおこなったことはクーデタなのかという議論があります。

クーデタは通常、権力の中枢を掌握していない集団（軍など）が統治権を緊急に、あるいは暴力的に掌握する行為として定義づけられます。しかし、これに当てはまらないクーデタが起こることもあります。統治をしている当の集団自体が統治権をあらためて掌握するというタイプのクーデタです。そもそも自分たちがすでに権力を掌握しているというのに、なぜどのようなことをする必要があるのか？　それは、政体を変更するため、平たく言えば、もっと力をつけるためです。

　有名なのはルイ・ナポレオンの例です。一八四八年に二月革命が起こって、七月王制から第二共和制になります。王制から亡命していたルイ・ナポレオンが戻って来ます。途中は端折りますが、最終的に彼は第二共和制で大統領になります。大統領になれたのだから、もういいではないかとも思うのですが、彼は一八五一年の末にクーデタを起こして第二帝制を打ち立て、つまりは皇帝になりました。

　安倍政権がおこなっているのも同じようなことです。ただし、安倍クーデタのばあいは非常に特殊で、一見すると何も政変らしいことは起こっていません。事実上、第九条を停止したというだけです。第九条を停止させるための法的手続きも取っていません。政体も一見したところそのままです。

　しかし、この第九条の事実上の停止というのが非常に重要です。これによって何が起こるかというと、立法権が部分的に行政府に移されるだけではなく、法の解釈権も部分的に行政府に回収されるのです。法解釈の座は本来は司法にあるわけですが、最高裁判所が判決を下すまでには何年も待たなければならないし、もしかすると最悪のばあいは最高裁判所は統治行為論（要はシュミット流の主権論）を援用して判断を回避するかもしれない。そうこうするうちに、行政はなしくずし的に自らの法解釈を既成事実化してしまおうとしています。モンテスキューが言っていたような、中学生でも知っているような三権分立というものは、ここには事実上存在しません。

一見すると何も変わっていませんが、すべてが変わっています。みなさん、どうか気づいてください。これは、まさにクーデタの名にふさわしい変化なのです。

さて、『安全・領土・人口』のフーコーによると、「クーデタ」という表現は十七世紀初頭にはいまとはまったく違う意味をもっていたといいます。「十七世紀初頭の政治思想においてクーデタとは何か？　それはまず、法や合法性を宙吊りにし停止させることです。クーデタとは普通法を超出するもののことです［……］。さらに言えば、それは普通法に反する特別な行動、いかなる秩序もいかなる司法の形式も守らない行動です。この点で、クーデタは国家理性にとって異質なものなのか？　クーデタは国家理性に対して例外となるのか？　とんでもない。というのも国家理性自体は、合法性・正当性といったシステムとはまったく同質ではないからです［……］[7]」。

　このばあいの「クーデタ」は、法を否定するわけではないけれども、法よりも上位に置かれている国家理性の働きを指しています。私たちの思い浮かべるいわゆるクーデタ、暴力的な権力の簒奪のようなものを意味しているわけではありません。このフーコーの議論にはシュミットの名は一度も登場しませんが、ここで言われている「クーデタ」は、要するにシュミットのいう主権の働きとほとんど同じものと言えます。

　この「普通法を超出するもの」としての国家理性のありようとしての「クーデタ」は、ちょうど、安倍クーデタの様相とも一致します。いま起こっているのはそのようなことなのです。

　このような二重の意味でのクーデタが、暗愚としか思われない者、法を読めない者（デモでも人々は「憲法読めない総理は要らない！」と叫んでいました）によって遂行されているというこの倒錯的な戦略に、私たちはもっと敏感にならなければならないのだと思います。

註

1 Giorgio Agamben, "L'état d'exception," trans. Martin Rueff, *Le monde* (Paris: Le monde, December 12, 2002), p. 16.〔「例外状態」高桑和巳訳、『現代思想』第三十二巻、第九号（青土社、二〇〇四年八月）一四三頁〕

2 Agamben, "L'état d'exception," p. 16.〔「例外状態」一四三頁〕

3 Agamben, "L'état d'exception," p. 16.〔「例外状態」一四三―一四四頁〕

4 高桑和巳「訳者解題」、『現代思想』第三十二巻、第九号、一五一―一五二頁。

5 高桑和巳「照らし出される例外による統治」、『図書新聞』第二千八百四十九号（図書新聞、二〇〇七年十二月八日）一頁。

6 高桑和巳「この立法プロセス事態が、透明なインクで書かれた全権委任法です」、『Independent Web Journal』（ウェブ・ジャーナル、二〇一五年九月）。〈http://www.iwj.co.jp/wj/open/anti-war-msg-00257〉

7 Michel Foucault, *Sécurité, territoire, population*, ed. Michel Senellart (Paris: Gallimard & Seuil, 2004), p. 267.〔『安全・領土・人口』高桑和巳訳（筑摩書房、二〇〇七年）三二四頁〕

学生たちに（二〇一五年）

授業後の、みなさんの貴重な時間を二、三分だけください。忙しい人、このような話が不快だという人は、どうぞ退室してください。

私は「慶應義塾有志の会」のメンバーです。この会は、先日可決された新安保法制に反対する教員、学生、塾員の集まりです。九月十六日の時点で七百名の賛同者がいます。

今日のお話は、みなさんも賛同者になってください、というお願いではありません。新安保法制については賛否があることでしょう。ぜひ自分で考え、友だちとも議論してください。みなさんが態度を決める前に、なぜ私がこのような運動に加わっているのかをご説明したいのです。

もちろん憲法違反だからというのが最大の理由なのですが、今日は、私がみなさんと共有しているこの教育の場との関わりで、一言だけお伝えしたいと思います。

私たち一部の教員が本当に怒っているのは、とりわけ、言葉をきちんと使うということがこれほど虐げられ、無視されたことはないからです。中学生でもわかる、言葉への無理強い、というより言葉の無視が横行しました。そして、どのようなまっとうな反論を展開したところで、その先に待っていたのはせせら笑いと言い逃れでした。

言葉の無視が事実上の力をもつ、ということが、メディアを通じて私たちの目の前に示されてしまった。みなさんもご覧になったでしょう。彼らはさぞスカッとしたことでしょうが、私はこれは教育的に言っても致命的な危機だと思っています。

もう言葉にまっとうな力を見いだせないのならば、みなさんはなぜ大学でまだ語学を、総合教育科目を、そして専門科目を学ばなければならないのでしょうか？　そして、なぜ私たちはみなさんにそんなものを教えなければならないのでしょうか？　もう、その必要はなくなってしまう。

不当なしかたで力を獲得してしまった人たちにただ従わなければならないとすれば、あるいはまた、その人たちにただ取り入ろうとするのであれば、もう、大学レヴェルの教養をきちんと身に着ける必要などありません。

私たちが言いたいのは、「私たちは言葉をないがしろにするそのような人たちと一緒ではない。私たちは彼らに真っ正面から抵抗して、言葉の力を護る。それによって、これまで学生のみなさんと丁寧に作りあげてきた教育の場、教養の場を護る」ということです。

以上です。ありがとうございました。次回の授業でお会いしましょう。

初出一覧

「はじめに」　書き下ろし

「「収容所時代」の生政治を問う　ジョルジョ・アガンベンの政治哲学」、『本のメルマガ』〈http://www.honmaga.net/〉二〇〇〇年三月三十日、四月十日、五月十一日。

「翻訳者あとがき」、アガンベン『人権の彼方に』（以文社、二〇〇〇年）一四九―一五二頁。

「翻訳者あとがき」、アガンベン『ホモ・サケル』（以文社、二〇〇三年）二五六―二六二頁。

「コメント」、脱構築研究会「Workshop　ジャック・デリダ『獣と主権者［I］』を読む」二〇一五年二月二十二日（東京大学駒場キャンパス）。

「ジョルジョ・アガンベンの政治的思考　『人権の彼方に』から出発して」、『Inscript』〈http://www.inscript.co.jp〉二〇〇〇年五月八日。

「訳者解題」、『現代思想』第三十四巻、第七号（青土社、二〇〇六年六月）八二―八三頁。

「訳者解題」、『現代思想』第三十四巻、第七号、一〇八―一〇九頁。

「訳者あとがき　喧騒の直前に」、アレックス・マリー『ジョルジョ・アガンベン』（青土社、二〇一四年）二九一―二九六頁。

「その他の人々を見抜く方法　ジョルジョ・アガンベンと藤子・F・不二雄」、『d/SIGN』第七号（太田出版、二〇〇四年四月）一二二―一二九頁。［以下をもとにしている。招待発表、関西学院大学二十一世紀COEプログラム「人類の幸福に資する社会調査」指定研究「幸福のフィールドワーク」第七回研究会、二〇〇四年一月二十三日（関西学院大学西宮上ヶ原キャンパス）。］

頁。

「マーティン・ルーサー・キング・ジュニアの時間」、『現代思想』第三十四巻、第七号、一七四―一八六

「デリダとバートルビー」、『d/SIGN』第九号（太田出版、二〇〇四年十二月）七八頁。

「バートルビーの謎」、アガンベンほか『バートルビー』（月曜社、二〇〇五年）一六一―二〇一頁。

「剝き出しの生と欲望する機械　ドゥルーズを通して見るアガンベン」、小泉義之ほか編『ドゥルーズ／ガタリの現在』（平凡社、二〇〇八年）六一〇―六二四頁。

「訳者解題」、『現代思想』第三十四巻、第七号、八五―九四頁。

「ドゥルーズのイロハ」、東京日仏学院「『アベセデール』、文字を超えた、動物による連続ドラマ」二〇〇七年十月二十一日（東京日仏学院）。

「フーコーとアガンベン　奇妙な文献学者の系譜」、社会思想史学会「第三十三回大会」（セッション「生政治と抵抗」）二〇〇八年十月二十五日（慶應義塾大学三田キャンパス）。

「翻訳者あとがき」、アガンベン『思考の潜勢力』（月曜社、二〇〇九年）四九七―五〇八頁。

「翻訳者あとがき」、アガンベン『王国と栄光』（青土社、二〇一〇年）五三七―五四四頁。

「アガンベンとイメージ　編訳者あとがきに代えて」、アガンベン『ニンファ　その他のイメージ論』（慶應義塾大学出版会、二〇一五年）二一三―二五〇頁。

「解題」、『総特集ゴダール』（河出書房新社、二〇〇二年）二一八―二二一頁。

「訳者解題」、『現代思想』第三十四巻、第七号、一一八―一一九頁。

「『ホモ・サケル』、『例外状態』、新安保法制」書き下ろし。［以下をもとにしている。招待講義、慶應義塾大学大学院法学研究科「プロジェクト科目Ⅰ　政治思想研究」、二〇一五年十月一日（慶應義塾大学三田キャンパス）。また、以下を引用している。「訳者解題」、『現代思想』第三十二巻、第九号（青土社、

二〇〇四年八月）一五一―一五二頁。「照らし出される例外による統治」、『図書新聞』第二千八百四十九号（図書新聞、二〇〇七年十二月八日）一頁。「この立法プロセス自体が、透明なインクで書かれた全権委任法です」、『Independent Web Journal』〈http://iwj.co.jp〉二〇一五年九月。「ミニ・スピーチ」、慶應義塾有志の会「シンポジウム　安全保障関連法案と《学問の自由》をめぐって」二〇一五年九月十八日（慶應義塾大学三田キャンパス）。」「学生たちに」、授業後、二〇一五年九月二十四日（慶應義塾大学日吉キャンパス）。

リンケ、アルミン　Armin Linke　274, 287
リンネ、カール・フォン　Carl von Linné　32
ルカーチ、ジェルジ　György Lukács　27
ルクレティウス・カルス、ティトゥス　Titus Lucretius Carus　267
ルター、マルティン　Martin Luther　67, 181
レヴィット、デボラ　Deborah Levitt　290–291
レヴィナス、エマニュエル　Emmanuel Levinas　17–18, 27, 205, 237
レーヴィ、プリーモ　Primo Levi　55, 66
レリス、ピエール　Pierre Leyris　149
ロンネベアガー、クラウス　Klaus Ronneberger　288

わ

ワイト、ジェシカ　Jessica Whyte　80
若島正　154

マッコール、ダン　Dan McCall　120, 150–151, 153, 156–157
マドックス、ルーシー　Lucy Maddox　154
マラブー、カトリーヌ　Catherine Malabou　13
マラルメ、ステファヌ　Stéphane Mallarmé　118
マリー、アレックス　Alex Murray　78, 290
マルクス、カール　Karl Marx　13–14, 27, 203–204, 213, 224
マレ、ハンス・フォン　Hans von Marées　267, 285
マンディーノ、オグ　Og Mandino　108
マンデラ、ネルソン　Nelson Mandela　187
南川三治郎　284
ミヒェルベアガー、エルヴィン　Erwin Michelberger　273, 287
ミラー、キース・D　Keith D. Miller　188–189
ミルネール、ジャン－クロード　Jean-Claude Milner　65, 237
メランドリ、エンツォ　Enzo Melandri　231–232
メルヴィル、ハーマン　Herman Melville　73, 105–106, 108, 121–122, 126, 132, 137, 148–150, 153, 155–156, 161, 192, 215, 294, 298
メンカウラー　Menkaura　102
モース、マルセル　Marcel Mauss　235
モレッリ、ジョヴァンニ　Giovanni Morelli　233
モンテスキュー、シャルル－ルイ・ド・スゴンダ・ド　Charles-Louis de Secondat de Montesquieu　337

や

山本順子　288
ユクスキュル、ヤーコプ・フォン　Jakob von Uexküll　192, 195, 205, 211, 216
ユゴ、ヴィクトール　Victor Hugo　14
與謝野文子　283

ら

ライヒ、ヴィルヘルム　Wilhelm Reich　133, 153
ライプニッツ、ゴットフリート・ヴィルヘルム・フォン　Gottfried Wilhelm von Leibniz　110–112, 114, 121, 157–158, 194, 267
ラウシェンバーグ、ロバート　Robert Rauschenberg　263
ラカン、ジャック　Jacques Lacan　152–153, 200–201, 209
ラクー－ラバルト、フィリップ　Philippe Lacoue-Labarthe　15, 20, 27
ラザリュス、シルヴァン　Sylvain Lazarus　15
ランシエール、ジャック　Jacques Rancière　15, 30
ランズマン、クロード　Claude Lanzmann　27
リンカン、エイブラハム　Abraham Lincoln　181

Husserl　205–206
ブッシュ、ジョージ・W　George W. Bush　321
プラトン　Platōn　73, 301
ブランショ、モーリス　Maurice Blanchot　14, 107–108, 118, 120, 124–125, 127, 129–130, 133, 135–136, 138, 149–151, 155, 160–162
プリーストリ、ジョゼフ　Joseph Priestley　108, 110, 158
フリードマン、モーリス　Maurice Friedman　150
フリーマン、ジョン　John Freeman 150
ブリューゲル、ピーテル　Pieter Bruegel　99–100
ブルトン、アンドレ　André Breton 201
フレイディ、マーシャル　Marshall Frady　185
フロイト、ジークムント　Sigmund Freud　131, 152–153, 163, 201, 233
ヘーゲル、G・W・F　G. W. F. Hegel 13, 119, 212, 224
ベケット、サミュエル　Samuel Beckett　139
ベッカリーア、チェーザレ　Cesare Beccaria　14
ペトロ　Petrus　247
ヘラー－ローゼン、ダニエル　Daniel Heller-Roazen　240–241
ヘルダーリン、フリードリヒ Friedrich Hölderlin　49
ベンヤミン、ヴァルター　Walter Benjamin　13, 15, 18, 20–21, 27–28, 31, 34, 46, 48, 50, 60–62, 68–69, 73–74, 82, 193–194, 197, 211, 236 –237, 253, 273, 278, 284
ポウ、エドガー・アラン　Edgar Allan Poe　95, 118
ボードレール、シャルル　Charles Baudelaire　14
ホール、マンリー・P　Manly P. Hall 278
ボッカッチョ、ジョヴァンニ Giovanni Boccaccio　253, 279
堀潤之　298
ボルヘス、ホルヘ・ルイス　Jorge Luis Borges　50, 150
ボワ、イヴ－アラン　Yve-Alain Bois 199, 209
ホワイトヘッド、アルフレッド・ノース　Alfred North Whitehead　194

ま

マーカス、モーデカイ　Mordecai Marcus　152
前野寿邦　280
マクスウェル、ジェイソン　Jason Maxwell　291
マクダナ、トム　Tom McDonough 287
マシニョン、ルイ　Louis Massignon 17
マセ、ジェラール　Gérard Macé　70
マゼッリ、ティティーナ　Titina Maselli　262–263
松浦寿夫　282
松浦寿輝　283
マックレイ、クリスチャン　Christian McCrea　290

35
ハイデガー、マルティン　Martin Heidegger　11, 41–42, 82, 194–196, 205–206, 224, 237, 300–301, 309
拝戸雅彦　280
ハヴィランド、ジョン　John Haviland　103–104
バウトウェル、アルバート　Albert Boutwell　168–169
パウロ　Paulus　57, 60, 67, 153, 180–184, 189–190, 293, 297
橋本一径　290
パスクアーリ、ジョルジョ　Giorgio Pasquali　71, 238
バタイユ、ジョルジュ　Georges Bataille　27, 32
バディウ、アラン　Alain Badiou　14, 30
パトリック、ウォルトン・R　Walton R. Patrick　120, 158
パノフスキー、エルヴィン　Erwin Panofsky　284
林道郎　282
パラケルスス　Paracelsus　253, 278
バリバール、エティエンヌ　Étienne Balibar　15, 30
バルテュス　Balthus　264
バルト、ロラン　Roland Barthes　282
バルトローニ、パオロ　Paolo Bartoloni　291
バンヴェニスト、エミール　Émile Benveniste　64, 235, 238
ビアンキ、ドメニコ　Domenico Bianchi　259
ヒトラー、アドルフ　Adolf Hitler　320, 331
ビュルゲル、ロジャー・M　Roger M. Buergel　274
ピュロン　Pyrrōn　142
ピラネージ、ジョヴァンニ・バッティスタ　Giovanni Battista Piranesi　114
ビリー、テッド　Ted Billy　152
ヒル、ナポレオン　Napoleon Hill　108
フィオローニ、ジョゼッタ　Giosetta Fioroni　261–263
フーコー、ミシェル　Michel Foucault　20–21, 25, 27, 29, 34, 37, 86, 192, 205, 211–214, 221–236, 275, 304–310, 314, 338–339
ブーブナー、リュディガー　Rüdiger Bubner　284
フェスタ、ターノ　Tano Festa　261
フェッランド、モニカ　Monica Ferrando　257, 265, 267–268, 272, 284–285
フォイヤーバハ、ルートヴィヒ　Ludwig Feuerbach　211
フォーク、ピーター　Peter Falk　39
フォンテーヌ、クレール　Claire Fontaine　273, 287, 289
不可視委員会　Comité invisible　276, 289
福本圭介　154
フクヤマ、フランシス　Francis Fukuyama　10, 59–60, 68
藤子・F・不二雄　8, 87, 94–96, 118–120
藤子不二雄Ⓐ　88
フッサール、エートムント　Edmund

Diogenēs Laertios　142
ティックン　Tiqqun　276, 288–289
ディディ－ユベルマン、ジョルジュ　Georges Didi-Huberman　276, 289–290
デイトン、エイブラム・C　Abram C. Dayton　120
テーラモルシ、ベルナール　Bernard Terramorsi　153
デ・キリコ、ジョルジョ　Giorgio de Chirico　258
デッシ、ジャンニ　Gianni Dessì　259, 261, 268, 272, 280–281
デュメジル、ジョルジュ　Georges Dumézil　236
デリダ、ジャック　Jacques Derrida　12–14, 17, 27, 30, 35, 37–45, 60, 68–69, 72–74, 119, 130–131, 133–135, 151–152, 159–163, 187, 205, 237–238, 300
ドイル、アーサー・コナン　Arthur Conan Doyle　233
トゥオンブリ、サイ　Cy Twombly　263–264, 268, 282
トゥニョーリ、アンドレーア　Andrea Tugnoli　281
ドゥボール、ギー　Guy Debord　188, 204, 213, 224, 254–255, 279, 292–293
ドゥルーズ、ジル　Gilles Deleuze　27, 50, 137, 139–141, 144, 155–156, 191–196, 204–205, 212, 214–220, 224–225, 230, 237, 299–300
ドストイェフスキイ、フョードル　Födor Dostoievskij　139
トミク、ミレナ　Milena Tomic　287–288
ドメニコ・ダ・ピアチェンツァ　Domenico da Piacenza　253, 278
豊崎光一　283
ドラゴネッティ、ロジェ　Roger Dragonetti　236, 238

な

中村紘一　153
ナポレオン、ルイ　Louis Napoléon　337
ナンシー、ジャン－リュック　Jean-Luc Nancy　11–12, 17, 27, 30, 35, 65, 275
ニーチェ、フリードリヒ　Friedrich Nietzsche　14, 60, 67–68, 192, 205, 299, 302, 309
西谷修　35
西山けい子　155
丹生谷貴志　283
ネグリ、アントニオ　Antonio Negri　15, 22–23, 30, 35
ネブカドネザル2世　Nebuchadnezzar II　99
ノイズ、ベンジャミン　Benjamin Noys　290
野崎歓　297

は

パークス、ローザ　Rosa Parks　164, 166, 177, 186
パースリ、コナル　Connal Parsley　291
パーチ・ダロ、ロベルト　Roberto Paci Dalò　273, 286
ハート、マイケル　Michael Hardt

Schöllhammer 287
ジェセル Djoser 102
シェニウー＝ジャンドロン、ジャクリーヌ Jacqueline Chénieux-Gendron 210
シェレール、ルネ René Schérer 15
ジジェク、スラヴォイ Slavoj Žižek 35
ジ・メネジス、ジェアン・シャルリス Jean Charles de Menezes 273
シモニデス Simōnidēs 258
ジュネ、ジャン Jean Genet 14
シュミット、カール Carl Schmitt 18, 31, 34, 311–312, 337–338
ジョイス、ジェイムズ James Joyce 79
ショーレム、ゲルショム Gershom Scholem 238
スキファーノ、マリオ Mario Schifano 261
スコダニッビオ、ステーファノ Stefano Scodanibbio 256, 260
鈴木聡 152
スティーヴンズ、ミッチェル Mitchell Stephens 152
スノウ、マリンダ Malinda Snow 189–190
スパイラ、アンソニー Anthony Spira 288
スピッツァー、レオ Leo Spitzer 235–236, 238
スピノザ、バルーフ・デ Baruch de Spinoza 192, 205
スミス、ウィリアム・ロバートソン William Robertson Smith 24
セガレン、ヴィクトール Victor Segalen 237
セクストゥス・タルクィニウス Sextus Tarquinius 112–113
セクストス・エンペイリコス Sextos Empeirikos 142–143
ソーンヒル、ジェイムズ James Thornhill 273
ソクラテス Sōkratēs 39
ソシュール、フェルディナン・ド Ferdinand de Saussure 65
ソロー、ヘンリー・デイヴィド Henry David Thoreau 157

た

ダーガー、ヘンリー Henry Darger 253, 276, 278
タオ、チャン・デュク Tran Duc Thao 13
田川健三 188
田崎英明 82
建畠晢 282
田中純 276
タラモ、ロベルト Roberto Talamo 291
チェッコベッリ、ブルーノ Bruno Ceccobelli 259
チェッリテッリ、クラウディオ Claudio Cerritelli 280
チェルニー、オレグ Oleg Tcherny 273, 287
千葉文夫 283
ツェヴィ、サバタイ Sabbatai Zevi 56
ディアスナス、エルヴェ Hervé Diasnas 256, 260, 272, 280
ディオゲネス・ラエルティオス

Clarke　103, 105, 146
クライスト、ハインリヒ・フォン　Heinrich von Kleist　139
クライン、メラニー　Melanie Klein　198
クラウス、ロザリンド・E　Rosalind E. Krauss　199, 209
グラミッチャ、ロベルト　Roberto Gramiccia　281
グランヴィル、J・J　J. J. Grandville　204
クレオパトラ7世　Kleopatra VII　92
クレメンズ、ジャスティン　Justin Clemens　291
クレメンテ、フランチェスコ　Francesco Clemente　259
グロイス、ボリス　Boris Groys　287
クロソウスキー、ピエール　Pierre Klossowski　264–265, 282–284, 300
ケリー、C・W　C. W. Kelly　189
ケレーニイ、カール　Karl Kerényi　236
小泉純一郎　326
小出由紀子　278
郷原佳以　150
コーエン、マーガレット　Margaret Cohen　200, 209
コールブルック、クレア　Claire Colebrook　290–291
コジェーヴ、アレクサンドル　Alexandre Kojève　10, 32, 58–59, 67–68
ゴダール、ジャン－リュック　Jean-Luc Godard　292–293, 297–298, 302
コップ、ディーター　Dieter Kopp　268
ゴドー、フロランス　Florence Godeau　150
コナー、ユージン　Eugene Connor　169
コメレル、マックス　Max Kommerell　237
コラ、ブルーノ　Bruno Corà　280
ゴルトアンマー、クルト　Kurt Goldammer　278
コンラッド、ジョゼフ　Joseph Conrad　150

さ

サール、ジョン　John Searle　37
サヴィーニオ、アルベルト　Alberto Savinio　257
サヴィーニオ、ルッジェーロ　Ruggero Savinio　257–258, 267–268, 280, 285
酒井隆史　185, 188
酒井健　282
サットン、チャールズ　Charles Sutton　120, 157
サピア、エドワード　Edward Sapir　235
ザルタルーディス、タノス　Thanos Zartaloudis　291
サルトル、ジャン－ポール　Jean-Paul Sartre　13, 27
サンテ、リュック　Luc Sante　120, 157
シービオク夫妻　Thomas A. Sebeok & Jean Umiker-Sebeok　233
シヴァン、エイアル　Eyal Sivan　27
シェールハマー、ゲオルク　Georg

大崎晴美　155
大澤真幸　35
大橋博司　278
大森晋輔　283
大和田俊之　152
岡田温司　83, 117, 288
岡部あおみ　283
奥野克仁　280
オリエ、ドゥニ　Denis Hollier　119

か

ガーンディ、モーハンダース・カラムチャンド　Mohandas Karamchand Gandhi　157
カエサル、ユリウス　Julius Cæsar 90
カザリーノ、チェーザレ　Cesare Casarino　290
ガダマー、ハンス－ゲオルク　Hans-Georg Gadamer　238
ガタリ、フェリックス　Félix Guattari 192, 212
ガッロ、ジュゼッペ　Giuseppe Gallo 259–261, 280–281
兼子正勝　283
カフカ、フランツ　Franz Kafka　22, 45, 125, 139, 150
カフラー　Khafra　102
カプローニ、ジョルジョ　Giorgio Caproni　70
カミュ、アルベール　Albert Camus 14
ガリレイ、ガリレオ　Galileo Galilei 274
カルージュ、ミシェル　Michel Carrouges　198–199, 202, 209
カルキア、ジャンニ　Gianni Carchia 268
カルネヴァーレ、フルヴィア　Fulvia Carnevale　273, 289
川崎淳之助　278
カント、イマヌエル　Immanuel Kant 64, 205
カントーロヴィチ、エルンスト・H　Ernst H. Kantorowicz　24
キア、サンドロ　Sandro Chia　259
木下誠　295–296
キャロル、ルイス　Lewis Carroll 151
ギルモア、マイケル・T　Michael T. Gilmore　154, 157
キング、コレッタ・スコット　Coretta Scott King　164
キング、マーティン・ルーサー（ジュニア）　Martin Luther King, Jr.　8, 164–170, 173–174, 177–190
ギンズブルグ、カルロ　Carlo Ginzburg　35, 233
グァルドーニ、フラミニオ　Flaminio Gualdoni　280
クーパ、ジュリアン　Julien Coupat 289
クーン、トーマス　Thomas Kuhn 228–230
クッキ、エンツォ　Enzo Cucchi 259
グッチョーネ、ピエロ　Piero Guccione　266–268, 284
クノー、レーモン　Raymond Queneau　68
クフ　Khufu　102
クラーク、マクドナルド　McDonald

人名索引

（アガンベン以外の、本文と註に登場する人名を対象としている。）

[著者略歴]

高桑和巳（たかくわ・かずみ）

1972年生まれ。慶應義塾大学理工学部准教授。専門はイタリア・フランス現代思想。著書に『フーコーの後で』（共編著、慶應義塾大学出版会、2007年）、翻訳にジョルジョ・アガンベン『人権の彼方に』（以文社、2000年）、同『ホモ・サケル』（以文社、2003年）、同『バートルビー』（月曜社、2005年）、同『思考の潜勢力』（月曜社、2009年）、同『王国と栄光』（青土社、2010年）、同『ニンファ　その他のイメージ論』（慶應義塾大学出版会、2015年）、同『スタシス』（青土社、2016年）、ミシェル・フーコー『安全・領土・人口』（筑摩書房、2007年）、カトリーヌ・マラブー編『デリダと肯定の思考』（共監訳、未來社、2001年）、イヴ－アラン・ボワ＆ロザリンド・E・クラウス『アンフォルム』（共訳、月曜社、2011年）、アレックス・マリー『ジョルジョ・アガンベン』（青土社、2014年）などがある。

アガンベンの名《な》を借《か》りて

発行………2016年4月17日　第1刷

定価………3000円＋税

著者………高桑和巳

発行者……矢野恵二

発行所……株式会社青弓社

〒101-0061 東京都千代田区三崎町3-3-4

電話 03-3265-8548（代）

http://www.seikyusha.co.jp

印刷所……三松堂

製本所……三松堂

©Kazumi Takakuwa

ISBN978-4-7872-1052-4　C0010

ジグムント・バウマン　澤井 敦／鈴木智之ほか訳

個人化社会

情報化されて個々人の選択と責任が重視される現代社会を生き抜く人々のありようを、労働や愛、暴力などを素材に読み解き、流動性が高まり不安定で不確実な社会状況を透視する。　定価5000円＋税

ジグムント・バウマン　澤井 敦訳

液状不安

安定性を喪失して流動性が高まった現代社会で、不確実性を象徴する「不安」は多様な形で私たちの生活とともにある。現代社会の不安の源泉を明視し、不安に抗する思考を描き出す。定価4000円＋税

中野敏男

マックス・ウェーバーと現代・増補版

ウェーバー社会学の核心である「意味」を問い、社会・政治・文化のあらゆる領域に現れる〈文化問題〉を解く思考を紡ぎ、現代社会と対峙する視点を鋭く析出する。解題は熊野純彦。定価5000円＋税

若林幹夫

熱い都市 冷たい都市・増補版

古代アフリカの王国、中国の都城、中世ヨーロッパの都市、アメリカの近代都市など、時空を超えて都市のありようを捉え、人々の行為や経験が蓄積する場としての社会性を解析する。定価4000円＋税